L’Infirmière

Kristian Corfixen

L'Infirmière

L'une des affaires de meurtres les plus spectaculaires de Scandinavie

SAGA Egmont

L'infirmière – L'une des affaires de meurtres les plus spectaculaires de Scandinavie

Traduit par Marina Heide

Titre Original *Sygeplejersken - En af Danmarkshistoriens mest spektakulære drabssager*

Langue Originale : Danois

ISBN : 9788727065540

1ère édition

www.sagaegmont.com
Saga est une filiale d'Egmont. Egmont est la plus grande entreprise médiatique du Danemark et appartient exclusivement à la Fondation Egmont, qui fait un don annuel de près de 13,4 millions d'euros aux enfants en difficulté.

Préface

Je n'ai jamais moi-même travaillé avec Madame Christina Aistrup Hansen. À aucun moment, je n'ai été présent à l'hôpital de Nykøbing Falster lorsqu'elle y était infirmière. Néanmoins, je me permets de décrire en détail une longue série d'événements survenus pendant ses années passées à l'hôpital, en m'appuyant sur les 3000 pages dont est constituée la documentation relative à « l'affaire de l'infirmière ». Il s'agit de documents auxquels j'ai pu accéder grâce à mon droit de regard, ou que j'ai obtenus par d'autres biais : rapports d'autopsie, examens médico-légaux, échanges de SMS et de courriers électroniques, avis d'experts, copies d'écran provenant des systèmes informatiques hospitaliers, photos, auditions, rapports de police. L'accès à cette documentation a jusqu'ici été réservé, dans sa majeure partie, à la police, aux tribunaux et aux différentes parties impliquées dans l'affaire.

Lorsque j'ai essayé de décrire ce qui s'était passé à l'hôpital de Nykøbing Falster, les rapports d'interrogatoires policiers m'ont été particulièrement précieux. J'ai eu accès à plus de 100 déclarations permettant de comprendre, d'une façon ou d'une autre, les morceaux du puzzle qui ont abouti au procès de Mme Aistrup Hansen. Plus de 70 personnes ont témoigné lors de ce procès. Leurs déclarations ont également servi de point de départ pour quelques-uns des récits figurant dans ce livre. J'ai aussi interrogé plus de 50 personnes, dont certaines à plusieurs reprises : infirmiers, médecins, experts, avocats, fonctionnaires de police, membres des familles des acteurs principaux de l'affaire, ainsi que les proches des victimes. Et, pour conclure, les protagonistes principaux, entre autres Madame Christina Aistrup Hansen elle-même, à qui j'ai rendu visite plusieurs fois en prison. J'ai également questionné le témoin principal, l'infirmière Pernille Kurzmann Larsen, dont les déclarations furent à l'origine des investigations portant sur les décès suspects survenus à l'hôpital de Nykøbing Falster, et, par conséquent, de la condamnation de sa collègue pour tentative de meurtre.

Pratiquement tous les infirmiers de l'hôpital que j'ai contactés ont commencé par me demander, avec une réticence manifeste : sous quel angle pensez-vous décrire l'affaire ?

J'ai répondu chaque fois : des deux points de vue.

Car il existe bien deux points de vue, ou deux camps, si l'on veut. Ceux du premier camp considèrent que Christina Aistrup Hansen est innocente, malgré deux verdicts, et qu'elle est victime de médisances répandues à l'hôpital. À l'opposé, un certain nombre de personnes pensent que son intention de tuer des patients au cours de ses gardes est solidement établie et que le nombre de ses victimes dépasse les quatre cas qui l'ont conduite en prison.

Je tiens à souligner que ni Christina Aistrup Hansen ni Pernille Kurzmann Larsen – ni personne d'autre – n'a influé sur le choix des épisodes que j'ai décrits ou mis en exergue dans ce récit. Personne n'a été rémunéré pour me parler, et personne n'a eu droit de rectifier ce que j'ai écrit.

Le livre est donc basé sur une approche journalistique standard. Dans la mesure du possible, je me suis efforcé de vérifier les faits et événements indiqués par mes sources. Lorsque je suis tombé sur des éléments réfutés ou contraires aux informations figurant dans la documentation ou d'autres sources, je les ai omis, à condition de pouvoir les considérer comme peu pertinents. Les points qui me semblent suspects sont clairement identifiés. Si les affirmations ne sont ni confirmées ni contredites par l'enquête policière, très étoffée, je le signale également.

Ceci dit, je sais qu'un grand nombre de lecteurs ont une autre opinion concernant un ou plusieurs points décrits dans ce livre. Beaucoup de gens s'autorisent à avoir un avis sur l'affaire. Malgré les jugements du tribunal de première instance et de la cour d'appel, l'affaire fait, aujourd'hui encore, l'objet d'un très grand nombre de théories personnelles. Durant mon travail, j'ai rencontré de nombreuses personnes qui ont fondé leur avis sur une perception des faits totalement erronée ou déformée. Elles peuvent avoir été influencées par certains titres de journaux, sans avoir lu les articles correspondants, ou par deux ou trois publications seulement, sur les milliers consacrés à l'affaire. D'autres se fient à des rumeurs. J'espère que ce livre pourra contribuer à une vision plus globale, plus sobre et plus complète d'un procès qui a beaucoup marqué les esprits au Danemark.

L'affaire de l'infirmière a eu d'importantes conséquences, et pas uniquement pour les quatre victimes de Madame Aistrup Hansen. Parmi ses collègues à l'hôpital, plusieurs se sentent encore coupables de ne pas avoir réagi plus tôt, dès les premiers soupçons. Nous comptons aujourd'hui des personnes endeuillées, parents proches de patients sans défense, qui étaient hospitalisés au sein d'une structure en qui nous avons d'ordinaire toute confiance. Un couple devra pendant de nombreuses années encore rendre visite à sa fille en prison. Une fillette de onze ans n'a plus de mère au quotidien.

L'affaire de l'infirmière est à tous points de vue profondément tragique. Elle a été aggravée par le fait d'avoir duré si longtemps sans que personne ne réagisse. J'espère que ce livre pourra éviter qu'elle ne soit oubliée, et que nous pourrons, au contraire, en tirer des leçons utiles.

Kristian Corfixen Copenhague, janvier 2019

Chapitre 1

Le commissariat reçoit l'appel à minuit moins quatre. Une femme médecin souhaite déclarer un décès apparemment inexplicable, survenu sur son lieu de travail, à l'hôpital de Nykøbing Falster. C'est une procédure standard. Les médecins sont légalement tenus de rapporter aux autorités tout cas de décès soudain qui échappe aux explications pouvant être raisonnablement déduites du dossier du patient. Tel est le cas d'Arne Herskov, dont le décès a été constaté par le médecin un peu plus de deux heures auparavant,

d'après la déclaration faite au téléphone.

Le gendarme prend note de la date – le 4 mars 2012 – et des autres informations données par le médecin :

« Arne Herskov, 72 ans. Domicile : Falkevej 78, Idestrup. Divorcé. Conscient pour la dernière fois le jour même, entre 7 heures et 9 h 39. Placé dans un respirateur après un arrêt cardiaque. Décédé le soir même. Parent le plus proche : son frère Kenny. »

Peu de temps après, une voiture de patrouille avec à bord deux policiers s'enfonce dans la nuit, en direction de la ville de Nykøbing Falster. Les deux fonctionnaires de police se présentent dans le service de soins intensifs à 1 h 20. Ils rencontrent une infirmière et un médecin qui leur indiquent quelles personnes ont eu affaire au patient au cours de la journée. Leurs noms et leurs numéros de téléphone sont consignés. Les policiers pénètrent dans la chambre où se trouve le corps de Herskov.

Les policiers constatent que la chambre, ce lieu de crime potentiel, et le mort lui-même, n'ont pas été laissés en l'état. Herskov est couché sur le dos, habillé de son jean bleu et d'un gilet à carreaux, à manches noires. On lui a remis ses propres vêtements pour éviter qu'il ne reste dans une tenue d'hôpital lorsque la famille viendra le voir. On l'a en outre désintubé.

Les policiers notent : « Le corps a été apprêté, le personnel ne sachant pas que la police devait être informée du décès ». Les policiers se rendent ensuite dans le service de médecine générale M130.

D'après les informations qu'ils ont reçues, c'est dans ce service que Herskov était soigné depuis quelques jours. Et c'est là, dans son lit, que le personnel l'a découvert, inanimé, dans le courant de la matinée ; un massage cardiaque a été tenté, avant que le patient ne soit transféré en soins intensifs. Les infirmiers qui étaient de service au moment du décès, sont rentrés chez eux depuis longtemps. À cette heure, l'infirmière Ida et l'aide-soignante Nina sont les seules à déambuler dans le couloir du service M130. Les patients dorment.

C'est leur deuxième nuit de garde d'affilée. À leur arrivée à 23 heures, les deux soignantes ont été surprises d'apprendre que le vieil homme de la chambre 134 avait subitement cessé de respirer. Elles lui avaient toutes deux rendu visite le matin précédent, avant de le laisser, avec les autres patients, aux bons soins de la relève, et de rentrer dormir. Ida lui avait parlé. Depuis le début de son hospitalisation, on avait eu du mal à le faire manger, mais ce matin-là, Herskov s'était réveillé tôt et avait réclamé, pour la première fois, une glace protéinée. « Il a pris des forces », avait pensé Ida en quittant la chambre ; cet homme si fragile s'était même permis une petite grivoiserie à son égard, ce qu'elle avait interprété comme un signe de santé. Arne Herskov commençait à aller mieux.

Nina lui avait adressé un petit geste amical de la main, en le voyant traverser péniblement le couloir, vers les toilettes. Et voilà qu'Arne Herskov est mort, tel est le message que s'entend asséner l'équipe de nuit à son retour, alors qu'elle s'informe de l'état des différents patients. Les deux femmes ont du mal à comprendre.

Ida et Nina, qui n'ont pas été averties de la venue de la police, ressentent comme une intrusion l'arrivée des deux agents devant la porte du service. Ces derniers ont beau y mettre les formes, les deux soignantes sont surprises par les questions qu'ils leur posent aussitôt au sujet du patient de la chambre 134. Nina raconte qu'elle l'a vu passer dans le couloir la veille, et qu'elle le croyait en meilleure forme. Ida évoque l'épisode de la glace protéinée. Elle a eu l'impression qu'Arne Herskov commençait à retrouver l'appétit.

« Le défunt qui, normalement, paraissait très dépressif, avait semblé "en meilleure forme" », note l'un des policiers. Voilà le bilan de la nuit. Les deux fonctionnaires passent moins d'une heure à l'hôpital avant de repartir. L'urgence de l'affaire ne semble pas justifier qu'on poursuive l'enquête la nuit même ; elle pourra tout à fait reprendre le lendemain matin, estiment-ils.

Une fois les policiers partis, Ida éclate en sanglots. Et sur le coup, elle confie à Nina une pensée qui la taraude depuis un certain temps déjà. L'état de nombreux patients du service M130 a subitement empiré. Bien sûr, ils sont malades, sinon, ils n'auraient pas été hospitalisés. Mais leur rechute est étrange à ses yeux. Et comme pour Arne Herskov, la dégradation est intervenue après le changement de garde. Étrangement, c'est surtout l'une de leurs collègues qui est toujours de garde et qui découvre les patients sans vie dans leurs chambres, avant de donner l'alerte.

Ida et Nina vont chercher le registre des décès, un cahier, comme on en utilise à l'école, dans lequel le personnel note les noms des patients qui meurent pendant leur séjour au sein du service. Une signature figure à côté de la mention de chaque décès. C'est celle de l'infirmière ou de l'aide-soignante qui a « apprêté » le patient avant l'arrivée de la famille, qui vient lui faire ses adieux. L'infirmière ou l'aide-soignante apposent sa signature dans le cahier une fois l'opération achevée.

Ida et Nina comptent les décès. Un, deux, trois, quatre, cinq.

Tous les patients victimes d'un arrêt cardiaque dans le service M130 ne sont pas signalés dans ce registre – loin de là. Beaucoup ont été transférés ailleurs quand leur état s'est aggravé. Comme Arne Herskov, en soins intensifs. Mais tous ceux qui ont expiré dans le service M130, sont répertoriés.

Six, sept, huit, neuf, dix.

Ida et Nina comptent le nombre d'apparitions du même nom. Onze, douze, treize.

Sa signature est la plus fréquente.

Quatorze, quinze.

Et ce, bien qu'elle soit infirmière, car ce sont le plus souvent les aides-soignantes qui prennent en charge les morts, du moins le jour, lorsque les infirmiers sont occupés à d'autres tâches.

Seize, dix-sept, dix-huit, dix-neuf.

« C'est complètement fou », pense Ida. Vingt, vingt-et-un. Vingt-deux.

Vingt-deux.

Vingt-deux.

Leur collègue, l'infirmière Christina, a émargé le registre devant les noms de vingt-deux des patients décédés dans le service M130 au cours des derniers dix-huit mois environ. La signature d'aucun autre employé du service n'apparaît aussi souvent. Alors que Christina n'est pas embauchée à plein temps.

Cette nuit-là, Ida exprime enfin tout haut son soupçon devant une autre personne, à savoir que Christina pourrait avoir tué volontairement ses patients.

Chapitre 2

Le centre hospitalier, construit en briques rouges, est situé dans la périphérie nord de la ville de Nykøbing Falster, à environ un quart d'heure de marche de la fin de la zone piétonne. Il est entouré de places de parking, de haies de troènes, de maisons individuelles et mitoyennes et de petits immeubles.

Seules les heures de changement de garde à l'hôpital provoquent quelques embouteillages dans les carrefours. Lors de sa construction dans les années 1950, on a pu exploiter tout le terrain jusqu'à l'eau, ce qui permet à l'hôpital avec ses six étages d'avoir une vue imprenable sur l'étroit de Guldborg, à travers ses fenêtres aux encadrements blancs. L'hôpital de Nykøbing Falster est peut-être petit, mais les patients comme les visiteurs et les personnels soignants qui déjeunent à la cantine, salle 3, sont unanimes : la vue est très belle, y compris pour les patients se trouvant du bon côté du couloir, qui peuvent l'apprécier si on relève le dossier du lit. En ouvrant la fenêtre, on sent le vent de la mer. La verte île de Lolland s'étend de l'autre côté du chenal. Seul un brouillard épais peut empêcher de la voir. Outre ceux de Falster même, les patients arrivent de Lolland, mais aussi de Møn et de l'extrême Sud du Sjælland.

L'hôpital totalise environ 26 000 hospitalisations par an. C'était le tour d'Arne Herskov le 17 février 2012.

Son cadet Kenny a été à l'origine de cette hospitalisation. Arne avait dû entendre le bruit de la Peugeot beige de Kenny lorsqu'elle a emprunté le petit chemin qui menait vers sa maison. Son frère avait prévu de rester quelque temps dans sa voiture, pour écouter à la radio la transmission du match de foot du vendredi. Il voulait juste connaître la fin du match, avant d'ouvrir la portière, de sortir dans le froid du mois de février, de traverser la pelouse et d'ouvrir la porte principale pour voir Arne. Mais dès que Kenny a éteint le moteur, il a clairement entendu la voix d'Arne qui appelait au secours depuis l'intérieur de la maison.

Kenny l'a trouvé par terre dans la salle de bain, où il était visiblement tombé. Désorienté, il n'a pas pu dire combien de temps il était resté sur les dalles sans pouvoir se relever. Son corps avait refroidi. Kenny a immédiatement appelé les secours. Les secouristes sont arrivés rapidement. Et la Peugeot était encore chaude lorsqu'il a mis le contact pour suivre l'ambulance qui faisait retentir la sirène vers l'ouest, dans les champs de Falster. Le jour où l'ambulance est partie en emportant Arne, personne n'aurait imaginé qu'il ne rentrerait jamais dans sa petite maison, derrière les buissons de la rue Falkevej.

Il est arrivé à l'hôpital au cours de l'après-midi. Avec ses 61 kilos, le patient enfonçait à peine le drap blanc sur le matelas quand on l'a déposé dans un lit au service de soins intensifs. Arne était trop maigre. « En sous-poids », a noté le médecin dans le dossier. Le personnel a complété le dossier en indiquant qu'Arne souffrait de déshydratation et d'hypotension. Et ses résultats d'examen semblaient suggérer une congestion pulmonaire. Le médecin a décidé qu'Arne devait prendre des antibiotiques trois fois par jour pour faire reculer l'infection. En dehors de cela, le traitement, comme l'expliqueront les soignants plus tard à Kenny et aux trois autres frères et sœurs, était facile à appliquer : Arne devait avoir plus de gras sur les os. « Traitement nutritif », tel était le plan signalé dans le dossier d'Arne. Les infirmiers devaient également veiller à ce qu'il absorbe une grande quantité de liquide. Arne avait l'habitude d'en consommer pas mal, mais pas le genre de liquide contenu dans la poche de perfusion suspendue à côté de son lit d'hôpital. Il avait une passion pour la bière. Il la rapportait à la maison dans le panier de son scooter à trois roues, avec les plats préparés à réchauffer au four, achetés chez le boucher Schous à Marielyst. Et lorsqu'Arne, l'été, était assis devant le bar à barbecue à Sildestrup Strand, les bouteilles vertes s'accumulaient à côté de lui. Toujours de la Carlsberg en bouteille, disait le gérant du kiosque situé à côté du banc, où Arne pouvait passer des heures pendant que le soleil auréolait ses cheveux blonds teintés de rouge. Ce client lui manque encore aujourd'hui. Ses propos ne devenaient jamais bêtes, quel que soit le nombre de bouteilles qu'il ait ingurgitées. Beaucoup de gens se souviennent d'Arne en raison de sa forte consommation de bière. Mais lorsqu'on demande à sa sœur Birthe s'il était alcoolique, elle répond par la négative.

« Jamais de la vie », déclare-t-elle. « C'était un bon vivant. »

Les résultats des premiers examens corroboraient bien cette impression. Le corps du patient était marqué, spécialement par l'alcool qui avait laissé son empreinte sur son foie. Et puis, les cigarettes. Un jour, Arne avait expliqué à un médecin qu'il fumait 30 à 40 cigarettes par jour depuis ses 15 ans, fait noté dans le dossier. Ainsi que sa toux. Cette toux qui faisait que les voisins en face pouvaient se dire, lorsqu'ils prenaient leur café du soir : « Tiens, Arne est rentré. »

Parmi les maisons de vacances et les habitations à l'année, construites en bois, Arne occupait l'angle de la rue, là où se trouvaient les arbres les moins soignés. Sa maison était à l'origine un mobil-home qui, depuis quelques années, avait été agrandi au moyen d'une annexe en béton, qui pouvait contenir un poêle.

Ce poêle envoyait sans cesse une fumée noire vers les cimes, dès que le temps refroidissait. Depuis la porte principale, il n'y avait que quelques centaines de mètres jusqu'à la plage. Mais Arne restait la plupart du temps à l'intérieur, sauf pour ses expéditions en scooter avec panier. C'était à ces moments-là que les voisins pouvaient le voir, dans le petit chemin qui menait à sa maison, lorsqu'il sortait ou rentrait. Lorsque les voisins arrivaient enfin à lui dire correctement bonjour – ce qui pouvait prendre plusieurs années, dans le cas des nouveaux arrivants – ils découvraient que ce monsieur solitaire était plutôt bavard.

Il avait des attitudes clivantes. Il était très sérieux lorsqu'il parlait des maisons de soins et de la façon dont la société traite les aînés. Et beaucoup de gens de la famille avaient entendu ses opinions sur les substances – la drogue – qu'Arne maudissait depuis toujours ; il ne comprenait jamais que des gens puissent s'y adonner.

Cependant, son expression s'adoucissait lorsqu'il racontait sa vie de jeune homme, à l'époque où il découvrait le monde depuis des bateaux portant le logo de la société Maersk. Ou quand il racontait son enfance, avec ses frères et sœurs, entre les bistrots bruns de Nørrebro. Ou sa vie de vendeur de fleurs et de légumes sur le « Grønttorvet », le grand marché de Copenhague, avant qu'il ne travaille comme éboueur. C'est là, dans le café « fumeurs », qu'il avait rencontré celle qui était devenue sa femme. Son humeur était gaie comme un bistrot à quelques heures de la fermeture. Il aimait les fêtes ; il pouvait se mettre à chanter des couplets et des chants de marin comme quelqu'un qui passe du bon temps. C'était aussi le cas quand il était à la maison, seul, et que l'un des frères venait spontanément le voir ; il était en train de déguster son plat préféré, un ragoût préparé par le boucher. Mais tout cela avait changé ces temps derniers. Arne était malheureux.

On dit que la perte d'un enfant est la pire chose qui puisse vous arriver en ce monde. Arne avait vécu cela. Quelques mois avant qui ne tombe par terre dans la salle de bains, on lui avait annoncé la mort de son fils unique, Jimmy.

Le décès de Jimmy a été la plus grande tragédie de la vie d'Arne. Il laissait un grand vide dans son existence de retraité et une boule dans sa gorge, qu'il ne parvenait pas à avaler, quel que soit le nombre de bières qu'il consommait. Vis-à-vis de ses frères et sœurs, il n'avait pas caché qu'il avait, réellement, renoncé à la vie. Il était devenu si triste, déclarant qu'il en avait assez d'être seul. Les deux frères lui avaient apporté beaucoup de bois cet hiver, mais Arne avait du mal à trouver de quoi réchauffer son âme. Il n'avait plus le courage de s'occuper de ses plats préparés, seule la bière passait. En noyant son moral. Ses frères et sœurs commençaient à s'inquiéter. Ils trouvaient rassurant qu'il soit hospitalisé et entouré de professionnels qui pouvaient prendre la relève.

Au moment de son hospitalisation, Arne était pâle et tremblant. Il avait tellement froid, répétait-il aux infirmiers. Mais il s'était vite avéré qu'il n'était pas mourant.

« À mon sens, le problème le plus aigu est le fait que le patient n'ait pas mangé pendant un mois », notait un médecin dans le dossier après trois jours aux soins intensifs. Au quatrième, son état n'était plus critique, ce qui avait entraîné son transfert vers le service de médecine générale M130. Ici, le personnel devait simplement faire en sorte qu'il soit moins maigre.

Le service M130 réunit certains des patients les moins vaillants de l'hôpital ; essentiellement des personnes souffrant de maladies de l'estomac et des intestins. Il peut y avoir des cancéreux, mais aussi des alcooliques et des drogués. Ceux dont le foie est atteint. Ceux qui doivent subir une cure de détoxication. Et certains qui luttent, dans la vie, avec d'autres problèmes que le diagnostic qui a motivé leur hospitalisation. Les patients du service de médecine générale constituent une clientèle plutôt lourde, selon la terminologie des infirmiers : certains visages sont souvent déjà connus du personnel lorsqu'ils arrivent dans le service pour la deuxième, voire la dixième fois. Et ils y restent aussi volontiers plusieurs semaines, plus longtemps que les personnes hospitalisées dans d'autres unités de l'hôpital.

Le service comprend deux couloirs, le « 30 » et le « 50 », qui court perpendiculairement, avec des chambres des deux côtés. Arne s'est vu attribuer une chambre sur le couloir 30, juste en face des toilettes. Au début, le personnel trouvait le nouveau patient taciturne, un homme qui ne voulait que dormir et n'avait ni l'envie ni la force de rien faire d'autre. Mais au fil des jours, plusieurs personnes ont remarqué qu'Arne commençait à s'animer.

« Le patient semble moins atone aujourd'hui, il parle plus spontanément », lit-on dans son dossier, quatre jours après son arrivée à l'hôpital. Une infirmière du service M130 ajoute le jour même :

« Le patient se redresse plus haut dans son lit et mange ce que l'on lui sert. »

Arne continuait à tousser, il était souvent pris de vertiges et devait encore recevoir de l'oxygène et être nourri à la sonde. Mais il était plus facile de l'amener à manger quelque chose en plus.

« Recommence à avoir de l'appétit et mange plus », « a réclamé à manger aujourd'hui », note le personnel les jours suivants.

L'aide-soignante Louise a également vu que le moral d'Arne était en voie de revenir progressivement, à mesure qu'il grossissait légèrement. Quand elle a rencontré le patient de la chambre 134 pour la première fois, il lui a raconté que Jimmy était mort et qu'il n'était pas sûr de vouloir vivre lui-même. Quand les médecins et infirmiers passaient le voir, il parlait souvent de sa tragédie. Plusieurs intervenants ont noté qu'il paraissait dépressif. Mais un jour, Arne a déclaré à Louise qu'il avait commencé à se faire une joie de rentrer. À ce moment, il était hospitalisé depuis deux semaines. À présent, plusieurs personnes du service avaient remarqué qu'un changement s'opérait en lui. D'une manière générale, il avait l'air plus joyeux.

Il parlait davantage. Il était plus vif. Avant le week-end, son état physique était suffisamment bon pour que le personnel ait pu commencer à envisager la fin de son séjour à l'hôpital.

Une infirmière notait dans le dossier d'Arne, le jeudi 1er mars 2012, 13 jours après son arrivée à l'hôpital :

« Il est attendu que le patient quitte l'hôpital au début de la semaine prochaine. »

Quand Kenny est venu voir son frère le vendredi, il a pu constater que le traitement avait l'air de porter des fruits : Arne était toujours un peu confus, mais il avait pris du poids. Sa nièce Marie-Louise a également remarqué que son oncle était devenu plus gai. Il était enjoué, souriant, bavard, et lui a sorti une histoire drôle.

Ses deux autres frères et sœurs, Birthe et Vagn, sont passés le voir le samedi, son 16ème jour de séjour à l'hôpital. Ils lui ont dit qu'ils avaient préparé sa maison pour son retour de l'hôpital : la belle-sœur avait lavé les draps, les rideaux, etc. La maison était comme neuve.

Mais Arne était toujours trop maigre. Dans le couloir, une infirmière a dit à Birthe qu'il serait probablement préférable que son frère passe par un endroit où l'on veillerait à ce qu'il mange assez, peut-être une maison de soins ou un autre établissement similaire. Il suffirait qu'il y reste quelques jours, avant de rentrer chez lui. Son frère Vagn se tenait, souriant, de l'autre côté du lit, lorsque Birthe a présenté ce projet à Arne. Il savait bien comment qu'il réagirait ; ils se souvenaient de toutes les fois où Arne avait parlé des maisons de soin pour personnes âgées comme du mal absolu.

« Si seulement j'avais occupé la chambre 5, je serais parti aussi sec. » Voici la réponse d'Arne, d'après le souvenir de Birthe. Elle sourit quand elle y pense aujourd'hui. C'était bien lui, ce genre de déclarations.

Le lendemain de la visite de Birthe et Vagn, à 9 heures, le personnel a commencé à préparer le café du dimanche matin.

La relève avait eu lieu deux heures auparavant. Les collègues Ida et Nina étaient rentrées chez elles, et l'aide-soignante Louise est arrivée, avec les infirmiers Peter et Christina. Louise avait (l'une des premières opérations de sa garde) donné à Arne le plat le plus danois qui soit, à savoir la soupe au pain noir et à la bière, et ils étaient convenus qu'elle l'aide à prendre un bain, plus tard dans la journée. Puis, elle l'avait laissé seul dans la chambre pour qu'il puisse manger tranquillement. Quand elle était revenue au bout d'un quart d'heure, Arne avait demandé, en montrant son assiette vide : « Tu es contente, maintenant ? » Il avait tout fini, et souriait. Il était vraiment sur le point de retrouver le moral.

Les deux infirmiers qui avaient repris le travail avec Louise à 7 heures du matin, avaient depuis longtemps consulté les dossiers des patients et effectué leur tour du service. C'était à Christina qu'il revenait de donner aux patients, dans leurs chambres, les médicaments à prendre régulièrement. Entre-temps, l'autre l'infirmier, Peter, était également allé voir Arne, pour lui apporter une serviette de bain et des vêtements propres. Il avait également pris sa température, sa tension artérielle, vérifié sa respiration et mesuré le taux d'oxygène dans le sang. Rien à signaler. L'équipe de nuit avait transmis le même constat à celle du matin.

Peter avait terminé le premier son tour de service, et commencé à préparer le café pour ses collègues dans la salle du personnel. Les employés des deux couloirs avaient pour habitude de prendre le petit déjeuner ensemble, une fois terminées les premières tâches de routine. Les collègues sont arrivés progressivement. Cette garde avait l'air calme. Aucun patient dans un état critique.

Soudain, l'alarme a retenti. Quelqu'un avait tiré deux fois sur la corde dans l'une des chambres, déclenchant l'alarme « arrêt cardiaque ». Peter, Louise et les autres ont remonté le couloir 30 en courant, avant de passer les deux chambranles rouges et disparaître dans la chambre 134. Leur collègue Christina était assise sur le bord du premier des deux lits de la chambre, tournant le dos à l'entrée. Elle avait déchiré la chemise d'Arne pour lui faire un massage cardiaque.

Pendant qu'elle poussait sur la cage thoracique d'Arne, Louise a déplacé le lit pour l'éloigner du mur, afin que tout le monde puisse bien accéder au patient. Peter préparait les médicaments et les seringues. Une aide-soignante du couloir 50 a trouvé un masque pour que le patient puisse recevoir plus d'oxygène. Une troisième infirmière regardait la scène. C'était la première fois qu'elle avait à vivre une tentative de réanimation. Fraîchement diplômée, elle venait d'arriver dans le service. Christina lui avait demandé de rester et d'observer ce qui allait se passer. Apprendre le déroulement de ce genre de choses était utile, lui avait dit sa collègue, plus expérimentée.

Les brancardiers et les médecins sont arrivés tout de suite. Christina a fait quelques pas en arrière, mais restait en position clé. Elle a décliné le nom du patient, les chiffres clés de ses examens et la raison de son hospitalisation, et a expliqué qu'elle l'avait trouvé sans vie et essayé de le réanimer. Quand tous les professionnels, avec toute leur expérience réunie étaient rassemblées pour ranimer un homme, même les infirmiers et les médecins les plus chevronnés pouvaient perdre le contrôle. À titre d'exemple, Peter semblait énervé lorsque Christina lui donnait des ordres. Ses mains tremblaient, et il a laissé tomber à terre l'appareil de tension. Dans ce type de situations, Christina savait se distinguer. Elle n'avait pas peur de prendre la direction lorsque d'autres hésitaient. Ce sens de l'initiative était apprécié. Christina se montrait très dynamique dans les moments critiques, comme l'avaient remarqué beaucoup d'intervenants dans son service.

Les soignants ont réussi à relancer le cœur du patient. Il a immédiatement été transféré dans le service de soins intensifs qui l'avait vu arriver 12 jours auparavant. Sa cage thoracique abîmée, avec 11 côtes cassées, bougeait légèrement. Le corps respirait, mais il lui fallait l'aide d'un respirateur, et le personnel a eu du mal à comprendre la raison de cette aggravation. Pourquoi le corps d'Arne avait-il lâché ? N'était-il pas en voie d'amélioration ?

Une femme médecin a soulevé les paupières du patient pour voir si ses yeux pouvaient livrer une explication. Les pupilles étaient rétractées, de taille très réduite. Cela l'intriguait. Le patient aurait-il eu trop de morphine ?

Les employés du service de soins intensifs de l'hôpital avaient à plusieurs reprises pu trouver des opioïdes et des benzodiazépines dans le sang des patients qui leur arrivaient sans vie du service M130. La morphine contient des opioïdes. Les benzodiazépines se trouvent, entre autres, dans le médicament Stesolid. Or plusieurs fois, les médicaments administrés n'avaient pas été prescrits, ni indiqués dans le dossier des patients. Ils ne figuraient pas non plus dans le système d'enregistrement électronique des médicaments que les infirmiers signaient lorsqu'ils administraient des médicaments. Les employés du service de soins intensifs étaient donc particulièrement vigilants concernant les patients qui provenaient du service M130.

Il était connu de tous que le service M130 était sous pression, ce qui augmentait le risque d'erreur. On savait aussi que le service comptait de nombreux toxicomanes, et même si c'était très rare, il arrivait que des patients emportent des substances qu'ils détenaient à la maison, ce qui était difficile à contrôler pour le personnel. Néanmoins, on avait souvent l'impression que les torts étaient imputables aux infirmiers. Par exemple, certaines tentatives de désintoxication échouaient. Une fois, un patient s'était vu administrer du Klopoxid en quantités bien trop importantes. Le Klopoxid est un médicament qui sert à compenser les problèmes d'abstinence liés à l'alcool. Les infirmiers l'administrent à raison de 50 et 200 milligrammes réparties sur quelques heures. Or le patient en avait reçu deux grammes ! C'était absurde. Avec une telle dose, l'arrêt cardiaque n'avait plus rien d'étonnant. De la même manière, la morphine avait eu parfois des conséquences désastreuses. À l'hôpital, ce sont toujours les infirmiers qui donnent les médicaments. Mais la règle générale veut qu'ils soient d'abord prescrits par un médecin. Ce sont donc les médecins qui décident à quels moments et en quelles quantités ils doivent être pris. Le traitement n'est fixé que lorsque le médecin rédige une ordonnance dans le dossier du patient. Par exemple, s'il s'agit de morphine, le médecin ajoute la mention « i.v » si ce médicament, connu pour sa puissance, doit être administré par perfusion et non sous forme de comprimés.

Les infirmiers sortent les médicaments des pièces à pharmacie que comptent les différents services. Les médecins n'ont pas accès à ces dépôts fermés à clé. Ils sont le domaine réservé des infirmiers. Ceci vaut aussi pour l'hôpital de Nykøbing Falster. Dans les pièces dédiées aux des médicaments, les infirmiers vont chercher les ampoules sur les étagères, pour les casser et aspirer dans une seringue les millilitres prescrits. Quand la dose prescrite a été prélevée, le reste du médicament est versé dans le lavabo. L'ampoule brisée est jetée. Finalement, les infirmiers apposent leur signature dans le système électronique d'enregistrement des médicaments une fois que ceux-ci ont été administrés aux patients dans leur chambre. Ils doivent toujours le faire lorsqu'un patient a reçu un médicament. Cette règle figure parmi les premiers principes enseignés dans les écoles d'infirmiers.

Il n'était inscrit nulle part dans le dossier d'Arne ni dans le système d'enregistrement des médicaments qu'il doive recevoir de la morphine. Cependant, après avoir vu ses pupilles, une anesthésiste lui a administré un antidote. Ce qui a entraîné la réaction habituelle lorsque le corps découvre une substance chimique qui lui convient : la pression artérielle a augmenté. Les pulsations cardiaques se sont accélérées. On avait l'impression qu'Arne avait plus de facilité à respirer. Et puis, le changement des pupilles : Elles se sont agrandies et commençaient à réagir à la lumière. Le personnel a réussi à faire un test urinaire. L'analyse montrait non seulement des opioïdes liés à la morphine, mais aussi des traces de benzodiazépines, ce qui pouvait indiquer qu'Arne avait également reçu du Stesolid.

Ces découvertes les ont surpris. Les médecins ont plusieurs fois consulté le dossier du patient et les médicaments enregistrés par voie électronique, pour être totalement sûrs d'avoir tout vu. Mais non. Ni la morphine, ni le Stesolid ou d'autres médicaments contenant des opioïdes ou des benzodiazépines, n'avaient été prescrits, notés ou cités. Les médecins du service ont ensuite cherché à comprendre pourquoi ces substances avaient été administrées au patient. Leur première explication était tout simplement l'erreur : Arne avait eu les médicaments prévus pour l'autre patient de sa chambre. Cela pouvait peut-être expliquer qu'Arne ait été en « vu en vie, au maximum 15 minutes avant qu'on le retrouve en situation d'arrêt cardiaque », comme il était dit dans le rapport le concernant. Un médecin a cependant ajouté à 13 h 30 :

« Nous avons pris contact avec les infirmiers du service qui expliquent que l'autre patient de la chambre ne reçoit aucun de ces médicaments. »

Deux heures et demie plus tard, le mystère restait intact.

« Il n'est pas exclu que le patient ait reçu/ait pris le mauvais médicament. Nous n'avons pas d'autre explication, du fait que l'urine du patient contenait des opoïdes et des benzodiazépines », écrit un nouveau médecin qui reprend le travail d'investigation.

L'arrêt cardiaque d'Arne l'avait mis dans le coma. Son cerveau qui avait manqué de l'oxygène longuement s'était abîmé. Le scanner et plusieurs autres examens supplémentaires n'ont plus laissé de place au doute : Arne ne serait plus jamais lui-même. L'hôpital a réussi à contacter Kenny, qui a promis d'apprendre aux autres membres de la famille que les médecins ne pouvaient plus rien faire pour Arne. Le soir même, lui et les autres sont venus dans le service de soins intensifs.

« La famille a été informée du fait que les lésions du patient ont provoqué la défaillance de pratiquement tous ses organes vitaux et que toute poursuite du traitement serait sans espoir. La famille explique que le patient ne souhaite plus vivre, et qu'elle souhaite qu'il puisse trouver la paix. Elle accepte que nous mettions terme au traitement actif et que nous nous limitions aux soins palliatifs », a noté un médecin chef de service à 21 heures, après avoir parlé avec Kenny et les autres membres de la famille.

Le soir même, la famille a entouré Arne lorsque les médecins ont débranché les machines qui le maintenaient en vie. Kenny était là. Vagn était là. Deux de ses nièces étaient aussi présentes. Ils ont vu le patient arrêter de respirer une fois les appareils éteints.

Le décès d'Arne Herskov a été déclaré le dimanche 4 mars 2012 à 21 h 30, à l'hôpital de Nykøbing Falster.

La police n'a pas réussi à comprendre comment la morphine et le médicament Stesolid avaient pu faire leur chemin jusqu'aux veines d'Arne.

Sept employés de l'hôpital ont été entendus, pour la plupart ; le lendemain de l'arrêt cardiaque. Deux fonctionnaires de police sont venus dans le service M130, et on leur a prêté une salle de réunion, où ils ont entendu des témoins pendant quelques heures. Parmi les personnes interrogées figurait l'infirmier Peter, qui se trouvait dans la salle du personnel au moment où a retenti l'alarme d'arrêt cardiaque. Ainsi que Christina, la personne qui avait déclenché l'alarme.

Concernant cette dernière, les agents ont écrit les phrases suivantes dans le rapport d'interrogatoire suivant :

« La personne entendue a expliqué qu'en parcourant les chambres le dimanche matin, elle a trouvé fermée la porte de la chambre du défunt. En entrant dans la chambre, elle a entendu l'autre patient lui déclarer : "Il dort beaucoup aujourd'hui". Le témoin explique qu'elle est allée voir le défunt, qui était couché sur le dos sans respirer. »

Selon les notes prises par les agents, Christina avait joué le rôle de « chef de groupe » ce week-end-là, ce qui signifiait qu'elle devait approuver tous les médicaments administrés aux patients. Arne avait reçu un médicament pour soigner le foie et des vitamines pendant son séjour dans le service M130. C'était tout, a dit Christina.

« Le témoin déclare que le défunt n'a reçu, dans son service, aucun des médicaments détectés par l'analyse d'urine. Sinon, elle l'aurait su. » Voici le compte-rendu rédigé par l'agent à la suite de l'audition de l'infirmière, qui n'a duré que 20 minutes.

Aucun des collègues n'a fait la moindre allusion à d'éventuels soupçons à l'égard de Christina. Pas même Ida ou Nina qui avaient décidé de ne pas raconter à la police qu'elles avaient consulté le registre des décès et commençaient à s'interroger concernant leur collègue.

La police n'a plus donné de nouvelles au service. Après une courte enquête, les autorités ont choisi de classer sans suite le décès d'Arne. Même si l'autopsie confirmait la découverte faite par les médecins, selon laquelle le sang du défunt patient contenait tant de la morphine que du Stesolid, en contradiction avec les prescriptions figurant dans son dossier.

L'hôpital a procédé à une enquête interne pour élucider ce mystère. Selon ses conclusions, Arne avait dû se procurer lui-même quelques substances au sein du service, qu'il aurait prises en surdosage, de sa propre initiative. Ces conclusions ont été communiquées aux proches d'Arne, qui les ont trouvées absurdes.

Arne avait toujours été un adversaire féroce des drogues et substances de toutes sortes.

Chapitre 3

L'hôpital de Nykøbing Falster, le plus petit de la région du Sjælland, est situé dans un coin de la carte du Danemark qui, statistiquement, compte plus de malades que la moyenne nationale.

Les médecins qui ont travaillé ailleurs ont noté une particularité qui les a tout de suite frappés quand ils sont arrivés dans cet hôpital : à Nykøbing Falster, le nombre de patients pour lesquels ont été établis plusieurs diagnostics est plus important qu'ailleurs. L'hôpital accueille un grand nombre de personnes socialement fragiles et en butte à des problèmes supplémentaires qui ne sauraient se résoudre par le biais d'un lit d'hôpital. Et comparé à d'autres hôpitaux : plus de personnes qui finissent comme une illustration tragique de ce qui se passe quand on attend trop longtemps avant de consulter un médecin. Ici, les patients sont généralement « plus lourds », d'après ce qui se dit dans l'hôpital le plus méridional du pays. Ce type de patients est surreprésenté à Lolland.

C'est ici, sur la quatrième île du Danemark en termes de superficie, caractérisée par un paysage parfaitement plat, qu'on trouve les logements les moins chers. Par conséquent, l'île de Lolland est devenue, au fil des dernières années, un genre de terminus pour beaucoup de gens qui n'ont pas les moyens de vivre ailleurs. D'après un certain nombre de récits publiés dans les médias, cette évolution a été fortement encouragée par les autorités municipales en banlieue de Copenhague. Il s'avère que leurs chargés de dossier conseillent Lolland comme destination pour des personnes qui déclarent avoir des difficultés pour payer leur loyer. L'île est donc devenue un endroit où les communes plus aisées « déposent » des familles précaires, comme a l'affirmé un centriste frustré, conseiller municipal à Nakskov, lorsque lui et les collègues ont découvert cette procédure.

Depuis les années 1990, un nombre exceptionnellement élevé de bénéficiaires de prestations sociales ont afflué vers l'île, alors que des familles jeunes et plutôt privilégiées la quittaient. Le résultat est que Lolland détient aujourd'hui le record danois en termes de ventes judiciaires et de chômage des jeunes, avec la plus grande proportion d'allocataires des aides sociales directes. Si l'on y ajoute la mauvaise hygiène de vie assez répandue parmi les habitants, l'île est en tête de toutes les statistiques à connotation négative, par exemple celles du grand rapport publié en 2017 par les autorités nationales concernant la santé, les maladies et le bien-être des Danois. L'île de Lolland s'est de nouveau distinguée par une série de chiffres préoccupants. Selon le rapport, c'est à Lolland qu'on trouve la plus grande proportion de personnes qui ne satisfont pas aux recommandations minimales en termes d'activité physique. C'est ici qu'on trouve le plus de gens qui ne voient que rarement ou peut-être jamais leurs amis. L'île a les plus grands taux d'obésité, et de tabagisme. Concernant le diabète, les pathologies dorsales ou les longues maladies, elle est parmi les trois régions en tête du classement.

Les autorités municipales commencent à être excédées par la mauvaise image de la commune. Il en va de même de la commune de Guldborgsund, où habitent près de la moitié des patients de l'hôpital de Nykøbing Falster. Le ressenti est le même à l'hôpital.

Lorsque l'on sollicite sa direction pour savoir de quoi elle peut être fière, le chef du secrétariat énumère les six points suivants : « Un beau bâtiment neuf », récemment inauguré, un « service d'urgence qui fonctionne bien », le fait que l'hôpital se place bien, dans plusieurs domaines, dans ce qu'on appelle les « bases de données sur la qualité clinique », le service de pédiatrie, loué par les patients, ainsi que les « excellentes évaluations » dont bénéficient les internes et les étudiants de l'Université de Copenhague qui ont travaillé dans cet établissement.

Les 1400 employés peuvent également se targuer de la position de l'institution, située à la périphérie de Nykøbing Falster et vue comme une pierre angulaire dans le tissu local. Avec ses 270 lits, l'hôpital couvre un secteur de 150 000 personnes, et il est éloigné de toute structure alternative. C'est à la fois le plus petit hôpital de la région de Sjælland et celui dont relèvent le plus grand nombre de personnes.

Quelles que soient les performances des médecins, infirmiers et autres employés, le public retient surtout des récits négatifs le concernant. Il a plusieurs fois été désigné comme l'établissement où meurent le plus de patients par rapport aux pronostics. Le journal B.T. lui a attribué la deuxième place sur la liste des « hôpitaux danois à haut risque ». Deux ans plus tard, Ekstra Bladet a désigné l'hôpital de Falster comme « le pire du pays ». En 2016, suite à ce qui se disait dans la presse, la région a dû mettre un moratoire sur les opérations chirurgicales dans le service de gastro-entérologie de l'hôpital en raison du nombre de graves erreurs commises. À une autre occasion, le directeur de l'hôpital a dû intervenir dans les médias, en expliquant que les patients pouvaient tranquillement confier leur sort à l'hôpital de Nykøbing Falster. Ce type de déclarations est devenu trop courant, et casse la confiance des employés en leur petit hôpital.

Il affronte également des problèmes de recrutement. L'école d'infirmiers située à l'autre bout de la ville attire des étudiants et fournit tous les ans à l'hôpital une main d'œuvre essentiellement locale. En revanche, il est plus difficile d'engager des médecins.

L'hôpital de Nykøbing Falster figure souvent parmi les institutions les moins populaires de la région de Sjælland lorsque les jeunes médecins doivent tirer au sort pour savoir où effectuer leur internat. Et quand ils sont prêts à solliciter un poste fixe, ils sont peu nombreux à choisir Nykøbing Falster. L'hôpital doit donc solliciter des remplaçants ou recruter des médecins étrangers pour pouvoir boucler le planning. C'est précisément ce problème qui a été évoqué comme l'une des raisons pour lesquelles le service de chirurgie de l'hôpital a été le théâtre d'autant d'erreurs.

L'attractivité de l'hôpital a également diminué à cause du manque de services spécialisés. Cette réalité est rappelée au personnel lorsqu'il doit sans cesse transférer les patients vers d'autres hôpitaux, dès qu'ils souffrent de complications. Sauf s'il s'agit de problèmes cardiaques, puisque l'un des cardiologues danois les plus connus travaille actuellement à l'hôpital de Nykøbing Falster. Son nom est Peer Grande. Il y a quelques années, l'hôpital a réussi à l'attirer, avec d'autres grands noms de l'hôpital national de Copenhague. Cette belle histoire a cependant un côté plus sombre : les cardiologues n'ont envisagé de s'exiler dans le Sud qu'après avoir été licenciés par leur établissement d'origine, qui a porté plainte contre eux pour vol et abus de bien sociaux. Le docteur Peer Grande a par la suite été reconnu coupable d'avoir dépensé deux millions de couronnes (environ 270 000 euros) affectées à la recherche pour payer, entre autres, ses voyages privés, ses montres Rolex et ses notes de restaurant.

Ces dernières années, l'hôpital de Nykøbing Falster a pris plusieurs mesures pour attirer les médecins. Une navette de cars est organisée pour véhiculer jusqu'à l'hôpital, moyennant un prix de 5 euros, ceux qui habiteraient Copenhague, opération réalisée sous le slogan : « Arriver à l'hôpital en dormant. » On a installé un hôtel pour ceux qui ont le courage de rester plusieurs nuits, et la direction a même trouvé le budget nécessaire pour que la cantine reste ouverte le soir. Mais les problèmes de recrutement ne sont pas réglés, même si les annonces parlent de la « belle vue sur le détroit de Guldborg ». Et même si la page de recrutement komsydpaa.dk essaie s'efforce d'intéresser des médecins en faisant valoir que les patients, en raison de leur spécificité démographique, présentent plus de pathologies et de situations complexes qu'ailleurs dans le pays. Le problème de recrutement reste intact, même si l'hôpital déclare jouer « un rôle particulièrement important » dans cette région, étant donné les difficultés que rencontrent les malades pour se rendre dans les autres institutions de soins en raison des distances géographiques. L'hôpital avait les mêmes problèmes de recrutement lorsque la jeune infirmière Christina Aistrup Hansen a été embauchée en 2009. Avant même que Christina n'ait rédigé son mémoire de bachelor, elle avait été affectée au service M130. Très tôt, son chef lui avait promis qu'elle aurait un poste une fois passé le diplôme. Elle avait donc obtenu son premier poste d'infirmière à l'hôpital de Nykøbing Falster, l'été de son diplôme de fin d'études. Elle avait 24 ans.

Son lieu de travail était totalement différent des hôpitaux qu'elle avait fréquentés pendant ses stages. Le manque de personnel était criant, y compris au sein du service M130, mais cet état de fait avait pour conséquence de permettre aux nouvelles recrues d'accéder rapidement à plus de responsabilité et à des tâches plus variées. Christina venait d'ailleurs. Elle avait fait ses études à l'école d'infirmiers de Herlev, et avait travaillé à l'hôpital de cette même ville dans le cadre de ses études. En comparaison, l'hôpital de Nykøbing Falster semblait incroyablement petit, pas seulement en taille – il suffit de 12 minutes pour parcourir l'ensemble – mais aussi au sens humain : tout le monde avait l'air de connaître tout le monde. Lorsqu'on prend l'ascenseur dans ce qui est le plus haut bâtiment du pays, l'hôpital de Herlev, on est généralement entouré, dans la cabine, de personnes inconnues. C'est tout le contraire dans les ascenseurs de l'hôpital de Nykøbing Falster.

Christina s'est bientôt liée d'amitié avec une poignée d'employées du service M130. Elle a très vite aimé son travail. Elle était appréciée par sa supérieure hiérarchique et on saluait son professionnalisme. Les médecins remarquaient favorablement cette infirmière brune qui se faisait une réputation à l'hôpital pour son côté ambitieux et son sens du travail. Mais Christina était également connue pour susciter la controverse. Ce côté de sa personnalité s'était révélé au bout d'environ deux ans dans le service M130. Plusieurs jeunes infirmiers du service avaient commencé à dire qu'ils ne l'aimaient pas. Soudain, certains d'entre eux ne voulaient plus travailler avec Christina. Elle les mettait mal à l'aise, disaient-ils à leur chef. Il y avait en elle quelque chose qui ne tournait pas rond, disaient-ils.

Après un peu plus de trois ans en M130, Christina a décidé de changer de service. Elle est descendue d'un étage pour solliciter un poste aux urgences, où elle a obtenu le poste dont elle rêvait, sûre qu'elle y ferait du très bon travail. Ce qui s'est confirmé. Elle a de nouveau reçu des compliments, y compris de la part des médecins qui souhaitaient travailler avec elle. Jusqu'à ce qu'arrive la catastrophe.

À l'hôpital de Nykøbing Falster, le service des urgences est constitué d'un très long couloir qui se termine par les portes coulissantes par lesquelles entrent les ambulanciers, transportant de nouveaux patients sur des civières.

Ce service d'urgences est censé être le plus long du pays. Son épine dorsale est un long couloir, avec un revêtement en lino et des portes larges des deux côtés. Entre les deux extrémités du couloir, on traverse trois sous-sections, dénommées Urgences 1, 2 et 3. Trois services non séparés par des portes, et dont les chambres donnent sur le large couloir éclairé par des tubes fluorescents. Environ 100 employés arpentent tous les jours ce couloir, dont on ne voit pratiquement pas la fin lorsqu'il est rempli de soignants en blouses blanches, de lits et d'équipements divers. Il y a d'abord les Urgences 1. C'est ici qu'on reçoit les patients, qu'on recoud des doigts sectionnés, qu'on plâtre les jambes cassées et qu'on nettoie les plaies, dans les box à proximité de la salle d'attente. C'est ici aussi que se trouve le bureau des urgences. Les portes coulissantes en verre satiné s'ouvrent sur les ambulances par lesquelles arrivent les cas graves : victimes des accidents de la route, d'une crise cardiaque ou d'un AVC, patients souffrant de problèmes pulmonaires à cause du tabagisme et de tout ce qui peut provoquer un état de santé critique.

Aux Urgences 1, les nouveaux patients se voient attribuer une couleur selon le système établi par l'hôpital pour signifier leur situation. Cette tâche est confiée à une infirmière spécialement formée pour évaluer l'état des patients : les patients auxquels on attribue la couleur rouge sont ceux dont l'état semble critique, et pour qui il faut immédiatement appeler un médecin. La couleur orange signifie une moindre urgence. Le jaune, un état moins grave encore. Le vert signifie « peu urgent ». Une fois la couleur notée dans le dossier, le patient, à moins d'être dans un état suffisamment critique pour un transfert direct en salle de traumatologie, est dirigé vers les box des Urgences 2 ou 3.

Ces deux sous-services comportent chacun 16 lits. Au cours d'une journée, les brancardiers peuvent amener entre 50 et 80 nouveaux patients qui doivent être admis dans une chambre. Cette arrivée massive n'est possible que parce que les patients ne restent aux urgences qu'un temps très réduit, au maximum 48 heures, avant d'être transférés vers un autre service ou de quitter l'hôpital. Telle est la règle. Aux urgences, on ne peut donc travailler que si l'on supporte de voir sans cesse de nouveaux visages. Mais cette particularité attire aussi une certaine catégorie du personnel. Il qualifie le couloir des urgences de « sens unique », parce que les patients ne viennent jamais d'un autre service : ils arrivent en ambulance et ne font que traverser les urgences avant d'être redirigés. C'est ici que la cadence est la plus forte. C'est ici qu'il s'agit de stabiliser, voire de maîtriser rapidement la souffrance des patients. S'y ajoute un travail de détective, tâche fondamentale pour les médecins et infirmiers des urgences 2 et 3, où l'on s'efforce surtout de tenter de comprendre les pathologies des patients entrants.

Le médecin-chef de service, Niels Lundén, aime déambuler entre les chambres pour résoudre ce qu'il appelle lui-même « l'énigme du diagnostic ». Il fait partie des médecins qui acceptent de rester avec le titre de « médecin urgentiste », qui n'est pas le plus prestigieux dans une carrière. Il n'est pas parmi ceux qui ont pour but de parader entre les chambres de services plus en vue. En revanche, il a toujours été attiré par ce qui se passe au service des urgences, devant lequel s'alignent les ambulances. Le travail de détective. Et l'adrénaline. Les situations qui peuvent subitement échapper au contrôle, permettant à un vrai professionnel de réfléchir rapidement et de prouver ses compétences. Il sait bien qu'une telle affirmation peut sonner désagréablement à certaines oreilles, mais Lundén se sent « heureux » d'avoir un travail où il peut consacrer le plus clair de son temps aux cas les plus graves, les patients « rouges » et « oranges ». Il préfère les jours de grande affluence : c'est alors qu'il a le sentiment que sa contribution peut être déterminante. De même pour les alarmes d'arrêt cardiaque. Elles ne lui font pas peur.

Quand il a été embauché, à 41 ans, par le service des urgences de l'hôpital de Nykøbing Falster, il est resté, plusieurs années, le seul médecin à y travailler de manière permanente. Il s'est senti immédiatement à l'aise, dans le long couloir. Il n'a jamais été de ceux qui se plongent avec gourmandise dans les traités de médecine ou qui se lancent, par exemple, dans un débat sur les maladies infectieuses tropicales. Ses études ne l'ont passionné qu'après avoir pris une tournure plus pratique. Niels Lundén a travaillé quelques années comme généraliste, avant d'obtenir un remplacement au service des urgences à l'hôpital de Nykøbing Falster. Et c'est ici qu'il a découvert sa véritable vocation. Le travail est concret, sans bla-bla. Ici il se sent utile, et a le sentiment d'une certaine réussite, alors que les autorités n'ont pas encore inclus la spécialisation en médecine d'urgence dans la formation.

Grâce à son poste à temps plein, Lundén s'est rapidement fait une renommée. Il passe pour l'un des meilleurs médecins dans son domaine, que les autres médecins ne voient que brièvement, lorsqu'ils sont appelés aux urgences depuis l'une des branches du dédale des couloirs menant dans son service.

Niels Lundén est venu à Nykøbing Falster par un pur hasard, à cause d'un tirage au sort. À l'époque, il habitait la capitale et étudiait la médecine à l'Université de Copenhague. Le dispositif d'internat, qui oblige les étudiants de médecine à servir un certain temps dans un hôpital, a voulu qu'il soit transféré vers ce petit hôpital du Sud.

Et il y est resté pour une femme rencontrée quelques années plus tard et dont il a eu un enfant. Leur relation tourne court, mais après avoir été nommé définitivement aux urgences, il tombe amoureux de Pernille. Leur relation connaît un début un peu difficile. Au départ, Lundén pense que c'est une infirmière fraîchement recrutée, mais il s'avère que Pernille n'a pas terminé ses études et qu'elle poursuit ses stages. Une différence d'âge de plus de vingt ans les sépare. Au début, leur liaison est gardée secrète. Mais ils persévèrent. Pernille persévère dans sa passion pour le chef de service, qui a peut-être des cheveux gris, mais peut avoir l'air d'un enfant, dit-elle, en souriant, pour défendre sa décision auprès de ses amies. En fin de compte, Pernille et Niels choisissent de passer outre à la peur des médisances. Ils officialisent leur relation, et achètent une grande maison sur l'île de Lolland, au milieu des champs, un peu à l'extérieur de la ville de Maribo. C'est une bâtisse suffisamment grande pour accueillir des invités et loger les enfants – Pernille a aussi un enfant avec l'homme qui l'avait, à l'époque, incitée à quitter Odense pour Lolland – et le fils qu'ils auront bientôt.

Leur avenir personnel semble sans nuages, tout comme à l'hôpital, où Pernille a commencé à occuper un emploi à durée indéterminée le lendemain de l'obtention de son diplôme d'infirmière.

Le jour où Christina Aistrup Hansen arrive dans le service des urgences, Lundén est frappé par sa beauté. Des cheveux longs colorés en noir profond. Une bonne couche de mascara sur les cils. Un tantinet ronde, avec des formes qu'on remarque. Elle est douée. Elle semble être compétente. Et elle fait apparemment bonne équipe avec les autres infirmiers du service.

Christina est très impliquée dans son travail. Elle a toujours un quart d'heure, voire une demi-heure d'avance quand elle vient prendre sa garde. Quand elle ne travaille pas, il est fréquent qu'elle appelle ses collègues pour demander des nouvelles des patients.

Les malades identifiés par la couleur rouge l'intéressent particulièrement, c'est-à-dire ceux considérés comme les cas les plus graves. Christina a visiblement envie d'être près de ces patients-là. Elle veut se tenir prête, au cas où quelque chose de plus grave encore leur arriverait. Et elle a du mal à le cacher. Certains de ses collègues trouvent cette attitude indécente quand elle devient trop voyante, par exemple, lorsqu'elle demande aux soignants de la section Urgences 2 s'ils ont des patients particulièrement mal en point ce jour-là. En revanche, il est bien commode de pouvoir compter sur Christina, bonne infirmière, dans les situations de crise qui exigent une grande réactivité. Christina est douée, sur ce point, tout le monde est d'accord, même si les avis divergent sur la manière particulière dont elle le fait savoir.

L'infirmière en chef du service M130 a tellement apprécié Christina qu'elle lui a accordé un congé pour qu'elle puisse revenir si les urgences lui plaisaient moins que prévu. Mais tel n'est pas le cas. Les gardes aux urgences sont bien plus passionnantes que celles du M130, où les patients peuvent rester quatre ou six semaines d'affilée sans grand résultat. En revanche, aux urgences, la cadence est celle que Christina avait connue à Herlev. L'idée de revenir en

M130 s'éloigne au fur et à mesure qu'elle voit les patients arriver dans le long couloir.

Lorsque Pernille entre au service des urgences, Christina y travaille depuis un peu plus d'un an et demi. Dès le premier jour, elle remarque les atouts de Christina : elle s'occupe si bien des nouvelles recrues quand elles arrivent dans le service. « As-tu besoin de quelque chose ? » « Veux-tu que je prenne la relève ici ? » « Sais-tu vraiment où se trouve telle et telle chose, ou veux-tu que je te le montre ? » Christina, qui a bientôt cinq ans d'ancienneté à l'hôpital, est très serviable. Vis-à-vis de Pernille, également.

Pernille, âgée maintenant de 27 ans, a obtenu son certificat quatre mois auparavant. Avant d'arriver aux urgences, elle a d'abord été affectée au service M130. Ses collègues du M130 lui ont beaucoup parlé de Christina. Mais elles n'ont pas vraiment eu l'occasion de se parler avant de faire partie toutes deux du planning des gardes. Au départ, Pernille trouve Christina charmante, mais un peu particulière. Elle n'est pas parmi les infirmières qui se fondent dans les murs blancs de l'établissement. Avec ses cheveux noirs, son épaisse couche de maquillage et ses hauts souvent avantageusement moulants sous sa blouse, elle se fait remarquer : les brancardiers se retournent vers elle quand ils traversent le service avec un lit de plus.

Ses collègues femmes se souviennent surtout des histoires qu'elle raconte à propos des patients, truffées, pour la plupart, de scènes incroyables, où elle a réussi à maîtriser la situation, grâce à sa compétence, malgré le côté dramatique des faits. Elle met vraiment le ton dans ces récits un peu théâtraux. Presque toujours, l'une des collègues commente :

« Mais qu'est-ce qu'elle a comme malchance ! » Car c'est vrai. C'est souvent lors de ses gardes à elle que les situations les plus critiques interviennent. Pernille vit cela de près.

Les deux infirmières ont souvent les mêmes gardes de nuit. Elles constituent un binôme habitué : en arrivant le soir, elles se voient confier, avec une aide-soignante, la responsabilité des Urgences 3, à un moment où le service compte le moins de personnel. La garde débute d'ordinaire à 19 heures pour finir à 7 heures du matin.

Pernille se trouve souvent dans la salle du personnel le matin, lors de la relève par l'équipe du jour. Elle commence à se dire que malgré la diversité des récits de Christina, ils tournent toujours autour de la même chose : Christina elle-même. Ils parlent moins du patient que de la façon dont Christina réussit à comprendre le danger et comment elle agit.

Pernille a l'impression que certaines collègues soupçonnent Christina de dramatiser ses récits, au-delà de ce qui est vraiment arrivé aux patients. Mais chaque fois que Pernille interprète le sourire en coin chez un collègue comme un signe qu'il penserait comme elle, cette personne peut soudain déclarer : « Qu'est-ce qu'elle est douée ! » Ce qui laisse Pernille seule avec sa méfiance. Elle ne la dévoile jamais à Christina. Puisque les autres infirmières semblent gober ses histoires, elle se dit qu'elle n'a pas le droit de la critiquer. Il peut y avoir un certain humour noir parmi le personnel des urgences et à l'hôpital en général. Des façons de parler qui peuvent être perçues comme inconvenantes par les personnes extérieures, qui, en passant devant la salle des soignants, peuvent entendre évoquer la mort, de la maladie et des patients en termes un peu surprenants. Cependant, les employés des hôpitaux expliquent qu'il s'agit de l'expression d'un mécanisme de survie chez ceux qui doivent côtoyer le poids du tragique. Cette rhétorique est bâtie comme une défense contre des situations insupportables vécues ponctuellement par les familles quand elles viennent à l'hôpital pour un proche, mais qui sont le lot quotidien du personnel, notamment aux urgences.

Sur ce registre, Pernille et Christina savent bien qu'elles sont en phase. Les mêmes commentaires. Comme un match de ping-pong. Quand Pernille pense à la façon dont elle communique avec Christina, deux mots lui viennent à l'esprit : « rimshot ! ». C'est le son émis par les baguettes du batteur pour souligner une plaisanterie qui vient d'être dite. Elles ont une vraie complicité dès qu'elles enfilent la blouse blanche pour faire une garde nocturne de 12 heures, qu'elles raccourcissent mentalement par de nombreuses blagues.

Elles sont devenues de bonnes collègues, mais ne sont pas amies. Les SMS qu'elles s'envoient sont purement professionnels ; ils parlent des patients et de leur état, pour échanger des informations lorsqu'elles n'ont pas les mêmes gardes. Si toutes deux sont de garde aux Urgences 3, il arrive qu'elles viennent et repartent ensemble, dans la petite Peugeot 107 noire que conduit Pernille. Leur relation s'arrête là. Elles ne se voient pas en dehors du travail.

Il y a quelque chose de gênant avec Christina. Quelque chose que Pernille a du mal à exprimer, mais qui l'amène à avoir une attitude de plus en plus réservée à son égard. Cette méfiance est, au départ, uniquement due au fait que Pernille, désormais plus expérimentée en tant qu'infirmière, se sent de plus en plus à même de percer les petits mensonges de Christina. Les efforts incessants que déploie celle-ci pour attirer l'attention commencent à l'agacer.

Mais elle continue à apprécier de travailler avec Christina.

Jusqu'à ce que survienne un doute.

Le soupçon vient comme un éclair alors qu'elle a un peu de plus neuf mois de service derrière elle. Mais quand il s'installe concrètement, il est si terrible que Pernille ne sait pas comment y faire face.

Ce soupçon est né pendant un week-end au milieu du mois de février 2015. Pernille travaille vendredi, samedi et dimanche. Cette fois-ci, aux Urgences 2. Christina est également de garde, au même endroit, mais pour une fois, les deux infirmières doivent travailler en décalé. Pernille travaille de 7 heures à 19 heures, avant de remettre les patients aux bons soins de Christina, qui reprend le service à 19 heures avec une autre infirmière.

Ce week-end-là, plusieurs patients des Urgences 2 cessent de respirer.

Parmi eux, une vieille dame qui a été placée dans la chambre 21, dans un état de confusion mentale. Pernille constate que ses analyses sanguines montrent des valeurs très alarmantes. Mais au cours de la garde, le personnel réussit à stabiliser la patiente. Les autres prélèvements sanguins, effectués à seulement une demi-heure d'intervalle, indiquent une nette amélioration. Pernille fait un dernier prélèvement une demi-heure avant de rentrer chez elle.

Il montre que l'état de la patiente s'est arrangé, comme explique Pernille à Christina au moment de la relève.

Mais 12 heures plus tard, lorsque Pernille est sur le point de reprendre le service, la patiente est transférée en soins intensifs. D'après Christina, sa respiration a subitement cessé. Pernille a du mal à le comprendre. Ce même week-end, d'autres cas similaires vont se présenter : Pernille laisse à sa collègue un patient dont l'état, pour elle, progresse, mais qui chute brutalement après son départ de l'hôpital.

Un patient arrive paniqué aux urgences ; il est persuadé que ses douleurs thoraciques sont la preuve que son cœur, déjà examiné par le passé, a commencé à battre n'importe comment. Quand on le branche sur les dispositifs de surveillance du service, le personnel peut le rassurer : tout est normal. Jusqu'à la relève. Puisqu'ensuite, son cœur se met à se comporter bizarrement, et on le transfère au service de cardiologie.

Un autre patient a été hospitalisé dans un état de grande faiblesse en raison d'une infection avancée à la jambe. Celle-ci est pratiquement en état de décomposition. Mais l'homme, âgé d'un peu plus de 70 ans, refuse l'amputation, qui pourtant est sa seule chance de guérison. Son entêtement sur ce point finira probablement par le tuer, à un moment donné, selon l'évaluation faite par Pernille au moment où elle reçoit le patient et ses proches. Elle leur explique qu'en buvant, le patient peut réduire sa déshydratation et que les antibiotiques peuvent apporter un certain mieux, mais que ce traitement ne peut pas supprimer l'infection, qui finira par être fatale. Plus tard, pense Pernille. Jusqu'à ce qu'on lui dise que l'homme est décédé dans une chambre individuelle quelques heures après le changement de garde.

Un autre patient a été hospitalisé pour une rétention urinaire. Lui aussi est victime d'un arrêt cardiaque au cours de la nuit, à peine une heure après le patient souffrant d'une infection à la jambe. C'en est trop pour Pernille. Bien sûr, les gens meurent à l'hôpital. Mais les prélèvements sanguins et les appareils onéreux dont dispose l'hôpital donnent au personnel une indication approximative sur le délai, lui évitant ainsi d'être exposé à de trop mauvaises surprises.

Or ce week-end, il n'y a pas eu qu'une seule surprise de cette nature, mais quatre. Quatre en un seul week-end. Carina, l'autre infirmière, rentre chez elle, bouleversée.

Elle a travaillé de nuit avec Christina. Et lorsque Pernille prend le service le matin, Carina lui raconte qu'elle a parlé avec la vieille dame de la chambre 21, peu de temps avant qu'elle ne soit retrouvée sans vie. L'infirmière était rentrée dans la chambre parce que la patiente avait tiré la sonnette d'alarme placée à côté du lit. Elle sentait qu'elle avait besoin de faire pipi, a-t-elle dit à Carina. Cette dernière lui a rappelé qu'elle avait une sonde en montrant le petit tuyau qui courait sous sa couette et qui lui permettait de rester tranquille. Contente de l'explication, la patiente s'est remise en position couchée. Dix minutes seulement après cette entrevue, son alarme d'arrêt cardiaque a retenti. Carina et Pernille se tiennent devant la machine qui prépare le café pour la garde suivante, en se regardant sans mot dire, jusqu'à ce que Pernille demande :

« Mais qu'est-ce qu'elle fabrique, avec eux ? »

Carina ne répond pas. Et elle ne demande pas à Pernille à qui elle vient de faire allusion. Pernille interprète le regard inquiet de Carina comme une confirmation de sa propre pensée.

Pernille remarque que Christina cherche à établir une complicité entre elles : c'est curieux, à quel point l'état des patients empire quand elles partagent la même garde.

Les faits sont là. Il arrive souvent que les deux infirmières travaillent ensemble dans des moments de crise. Les SMS relevés montrent qu'elles soulignent ce phénomène à plusieurs reprises. Elles appellent cela « une malédiction ».

« On a donc eu un groupe vide, et rempli 200 et int... Je pense qu'on est victime d'un sort », écrit Christina, par exemple, à Pernille, le 15 février 2015.

Ce message est envoyé une heure après la prise de service de Christina et une heure après la conversation entre Pernille et Carina devant la cafetière. « Un groupe vide » signifie qu'il n'y a plus de patients dans les chambres où elles ont travaillé et dont elles étaient responsables. Dans le jargon de l'hôpital, « 200 » et

« int », qui d'après le message de Christina venaient de se remplir, signifient, respectivement, le service de cardiologie et celui des soins intensifs. Christina a ajouté dans son message une émoticône qui cligne de l'œil.

Pernille a répondu : « Merde alors ! Effectivement, il doit y avoir une malédiction. »

Peu de temps après, elle adresse un autre SMS à Christina : « Je croise les doigts pour que ta/votre nuit soit tranquille. Malgré les sorts, etc. Je vais me coucher. »

« Dors bien », a répondu Christina, en ajoutant :

« Nous sommes à l'affût. Demain, on aura un service vide. » Message suivi d'une icône qui représente un petit diable.

Pernille n'écrit pas d'autres messages. Mais le lendemain matin, elle trouve un nouveau message sur son téléphone, envoyé à 5 h 28, au moment où Christina est encore de service aux urgences. Le message contient l'image des petits morceaux de papier bleus fixés au tableau d'affichage blanc par des aimants. Les infirmières les appellent des « fiches d'orteil ». Ce sont des bouts de papier qu'on fixe à l'orteil droit des patients qui doivent partir pour la chambre froide. Si le patient est décédé au service des urgences, on crée un double pour la fiche en question, afin de le fixer au panneau d'affichage que Christina a photographié avec son smartphone.

La photo comprenait quatre fiches.

« Le tableau après notre week-end », écrit Christina en commentaire en envoyant la photo à sa collègue. Elle joint au message une icône représentant un ange.

Pernille ne sait pas quoi répondre. Elle commence à trouver la situation fort désagréable.

Chapitre 4

Katja est l'une des collègues avec qui Pernille travaille le plus. Elles ont fait connaissance aux urgences, où Katja, fraîchement diplômée, venait de prendre son premier poste, alors que Pernille était encore étudiante. Depuis, selon un rituel presque quotidien, Katja gare sa voiture dans le chemin d'accès à la maison de Pernille, enfile la laisse à son labrador sur la banquette arrière et entre sans frapper pour demander si elle veut l'accompagner pour une petite sortie.

C'est lors de l'une de ses promenades que Pernille met pour la première fois des mots sur ses soupçons.

Pernille a toujours le regard de Carina sur l'estomac quand les deux amies franchissent la porte principale de la maison. Elle n'a pas encore digéré les arrêts cardiaques du week-end dernier. Et Pernille a décidé qu'il faut mettre sa meilleure amie au courant de sa folle théorie.

Elles arrivaient aux îles Maribo. À cet endroit, elles ne rencontrent généralement personne. Ici, elles peuvent se parler entre quatre yeux, sans spectateurs, à part les chiens qui explorent les buissons au bout de la laisse tenue par les deux amies. Pernille finit par lâcher : « Je pense que c'est Christina qui fait ça. »

C'était Katja qui avait commencé à parler de leur collègue. Qu'elles étaient incroyables, les histoires que racontait Christina à propos de ses gardes dramatiques. Katja, qui ne travaillait que rarement en même temps que l'infirmière aux cheveux noirs n'a jamais rien vécu de semblable.

Pernille a d'abord tenté des approches plus indirectes en posant des questions du genre : « N'est-ce pas étrange que ce soit pendant les gardes de Christina que les patients sont au plus mal ? » Mais Katja n'a pas réagi. En suivant le sentier, Katja a réorienté le propos en disant que l'agitation de Christina pour sauver les patients a un côté totalement comique. Plusieurs membres du personnel peuvent partager ce type de remarques, qui se termine en général par un sourire indulgent. Mais à présent, Pernille voit la gravité de la situation.

« Je pense que Christina tue les patients exprès. Je le pense vraiment, bon Dieu ! »

Son amie n'en aurait pas eu elle-même eu l'idée d'associer aussi clairement les interventions de Christina aux arrêts cardiaques est un pas que Katja n'a jamais franchi dans sa tête. Mais maintenant, le lien est assez clair. Elle commence par être surprise. Puis, elle s'étonne de n'être pas plus étonnée, et de ne pas avoir rejeté automatiquement ce qu'elle vient d'entendre. C'est un vrai hiver de février, et elle frissonne malgré ses nombreuses couches de vêtements. Quelque chose a l'air de se révéler juste. Même s'il n'est vraiment pas possible d'y croire, elle s'entend dire :

« Ça colle. »

Puis, au cours de leur promenade, elles arrivent à l'endroit où le paysage s'ouvre et où l'on voit loin. Katja n'est pas convaincue. Ni Pernille elle-même. Elles promettent de garder leur soupçon secret. Car une fois les rumeurs lancées à l'hôpital, une vie pourrait être détruite. Elles ne veulent pas exposer Christina ni qui que ce soit d'autre à un tel risque.

En revanche, ici, devant la mer, elles se disent qu'elles vont désormais surveiller leur collègue.

Katja vient de partir. Le froid du dehors a à peine eu le temps de s'évaporer des poils du chien que Pernille prend place sur le divan pour parler de Christina à son compagnon.

Les deux amies étaient convenues que personne d'autres ne devait entrer dans le secret avant qu'elles aient plus prendre leur collègue en flagrant délit. Mais Niels doit être au courant, pense Pernille. Le médecin peut fournir un accès aux preuves.

Il croit d'abord qu'elle plaisante. « Très drôle », sourit-il, sans que son sourire réussisse à atteindre ses yeux. Mais Pernille insiste. Niels le laisse parler. En écoutant. Puis, il devient furieux.

On ne dit pas des choses pareilles au sujet d'une collègue. Et on garde le silence, dit-il, presque en criant ; il ne parle pas comme un compagnon, mais comme un chef de service qui a besoin de mettre les points sur les i vis-à-vis de ses infirmières. Tu comprends ça ? Tu comprends ça ? Niels le répète tant de fois que Pernille finit par être submergée par la honte.

Mais elle n'arrête pas son récit. Elle raconte l'histoire des patients du week-end. Elle explique que la vieille dame de la chambre 21 allait de mieux en mieux, mais a fini par être transférée en soins intensifs dès que Pernille a pris sa garde, 12 heures plus tard. Elle parle de l'homme à la jambe infectée qui, soudain, ne respirait plus. Et du patient soigné pour une rétention urinaire, et qui est décédé dans son lit d'hôpital.

Niels travaillait lui aussi ce week-end-là. Il a vu la patiente de la chambre 21, dont il a jugé l'état stable, mais lors du staff matinal, c'est le cas du patient de la chambre 20, souffrant de rétention urinaire, qui a fait l'objet de la discussion.

L'équipe précédente s'était déclarée hésitante quant à la vraie raison du décès. Niels a posé des questions. Car on ne meurt pas d'un problème de rétention urinaire, en tout cas pas à l'hôpital. Mais rien n'indiquait qu'il y ait eu erreur. Tout avait été fait selon les règles de l'art. Les procédures avaient été respectées. Les prélèvements sanguins effectués.

Niels s'est tout de même posé des questions. Face à l'attitude des autres médecins, il a eu envie d'aller plus loin, estimant absurde qu'un patient hospitalisé pour un problème de rétention urinaire finisse dans les statistiques des décès du service. Mais il a ensuite regardé les médecins plus jeunes et moins expérimentés qui avaient été en charge de ce patient, et qui étaient assis autour de la table avec lui. Son regard s'est ensuite porté sur les deux médecins plus expérimentés qui, en vertu des règles, avaient été convoqués et avaient mis leur grain de sel. Tous à la ronde ont signifié, par un signe de la tête, que tout était normal, une fois posée la question à laquelle il fallait réfléchir et répondre. Ils sont passés au point suivant.

Néanmoins, le médecin avec qui Niels partageait son bureau n'a pas été épargné par un accès de nervosité que Niels avait, au départ, réussi à refréner. Il a juré : « Mais bon Dieu, qu'est-ce que s'est passé avec ce patient ? Ça n'a pas de sens ! » Puis, il a lui-même consulté le dossier du patient. Il a enfin vu une information qui l'a tranquillisé : les analyses montraient l'effet de certains enzymes cardiaques dans le corps du patient – une sorte de facteur de stress dans le muscle cardiaque. L'homme aurait donc aussi été victime de quelques problèmes cardiaques qui, selon une forte probabilité, auraient fini par le tuer. « Une arythmie inattendue », pensait Niels. Ça peut arriver à tout le monde. C'est comme si on éteignait un contact à l'intérieur de l'organisme : subitement, la personne en question peut tomber sur sa pelouse, dans son salon ou dans le bus sans qu'il y ait eu de signes précurseurs dans les minutes précédentes. Ce patient a donc subi une attaque de ce genre pendant qu'il était sur son lit d'hôpital. C'est étrange, mais pas impossible, s'est dit Niels. Ça rimait à quelque chose.

Il explique tout ceci à Pernille. Il n'a absolument rien trouvé dans le dossier qui ait l'apparence d'un crime. Pour la même raison, le médecin chef de service n'a pas demandé d'autopsie. « Une arythmie cardiaque soudaine », répète-t-il à sa compagne.

Niels lui promet cependant de consulter les systèmes informatiques de l'hôpital, à la recherche d'éléments douteux concernant les autres cas, les infirmiers n'ayant pas accès aux dossiers une fois les patients partis du service. Il ne trouve rien de frappant lorsqu'il examine ces systèmes au cours des jours suivants, ce qu'il explique pour calmer Pernille. Rien ne laisse subodorer le moindre acte criminel.

Il parvient enfin à la convaincre qu'elle doit laisser ce week-end derrière elle. En revanche, ils concluent un accord : sans mettre les autres au courant de leurs constatations éventuelles, ils vont voir s'il y a moyen de démasquer Christina dans une situation de flagrant délit. Pernille s'efforcera de surveiller sa collègue étroitement lors de la prochaine garde de nuit partagée. Ce n'était qu'à ce moment-là qu'ils décideront ou non d'appeler la police. C'est la meilleure solution. Notamment pour le couple : Leur avenir à l'hôpital pourrait être compromis s'ils accusaient à tort une collègue de quelque chose d'aussi grave que des meurtres prémédités sur des patients.

Pernille consulte son calendrier de gardes, avec Niels. La prochaine garde commune pour elle et Christina aura lieu dans moins d'une semaine et demie. Pernille a l'estomac noué. Néanmoins, quelques jours après, elle envoie un SMS à Christina, en joignant une photo du planning des gardes affiché dans la salle du personnel, qui montre le nom des deux infirmières, dans deux cases côte à côte, remplies d'une belle écriture. Elle a envoyé son message le 19 février, au soir, un peu plus d'une semaine avant la garde.

« J'ai peur », écrit Pernille à Christina. En ajoutant une icône représentant un singe qui se cache les yeux. Pernille a le sentiment de franchir une limite en envoyant ce SMS. Mais elle veut faire croire à Christina que tout est comme d'habitude. Que les deux infirmières peuvent continuer à entretenir leur jargon particulier et plaisanter au sujet de la « malédiction » qui règne aux urgences quand elles ont une garde nocturne.

Christina réagit un peu plus d'une demi-heure plus tard. Dans sa réponse, l'infirmière envoie cinq émoticônes – quatre avec un air apeuré, et une qui sourit.

Puis, le message :

« Ça sera terrible. »

Chapitre 5

Avant la garde de nuit, Niels et Pernille ont parlé de la manière dont elle devra se comporter. Pernille va tenter d'observer les faits et gestes de Christina, notamment l'endroit où elle se trouvera quand l'état des patients se détériora. Elle devra notamment veiller aux éventuelles preuves que Christina pourrait laisser derrière elle, et peut-être aussi vérifier que des médicaments importants ne sortent pas du local à pharmacie lors de la garde. Elle devra aussi jeter un œil dans les petites poubelles qui se trouvent à plusieurs endroits du service, permettant au personnel de se débarrasser des ampoules et seringues utilisées.

Peut-être pourra-t-elle trouver un indice.

Pernille espère de tout cœur qu'elle ne découvrira strictement rien. Que cette garde de nuit sera l'occasion de se débarrasser de tout cela, comme de toute idée qui s'avère imaginaire une fois examinée sérieusement. Dans ce cas, promet-elle à Niels, elle essaiera d'oublier ses soupçons.

Au fur et à mesure que la garde de nuit approche, Niels trouve sa compagne de plus en plus énervée. En revanche, lui-même réagit autrement. Après avoir été totalement sceptique et joué le rôle du chef de service qui appelle à la modération, il est à présent tendu. Il doit admettre que ce projet, concocté par le couple, lui donne un coup d'adrénaline. Et si c'était vrai ? Et si tous deux étaient les seuls à avoir confondu Christina ? Niels a déjà essayé d'imaginer les possibles retombées médiatiques.

Dans un premier temps, le plan est reporté, car Christina se déclare malade, le vendredi. Mais aucun avis de congé pour maladie n'étant parvenu au service le lendemain, le plan pourra finalement être exécuté. Concentre-toi, pense Pernille, le samedi 28 février, lorsqu'elle saisit le volant froid de sa voiture avec des mains un peu tremblantes pour aller à l'hôpital et entamer sa garde de nuit, prévue pour 19 heures. Aucun de ses collègues ne peut s'apercevoir qu'elle projette quelque chose. Sinon, elle perdrait probablement toute chance de pouvoir confondre Christina.

Bien entendu, Christina est en avance comme d'habitude. Elle est en train de se faire informer sur l'état des patients, dans la salle du personnel, lorsque Pernille, en uniforme et chaussures de sport, arrive dans la pièce pour les saluer, à 18 h 50.

L'infirmier Anders, qui va terminer sa garde du jour, de 12 heures, explique que tout est calme et sous contrôle dans le service. Aucun patient ne se trouve en état critique aux Urgences 3.

Les soignants se partagent les chambres, comme à l'accoutumée, toujours selon deux groupes – le « bas » et le « haut », correspondant chacun à une moitié des 16 lits du service. Ce partage permet aux soignants de se concentrer sur les patients du groupe qui leur a été attribué ; ils n'ont, en principe, rien à faire dans une chambre qui est affectée à l'autre groupe, à moins d'être appelé à l'aide.

Christina et Pernille sont les deux « chefs de groupe », c'est-à-dire que les personnes hospitalisées sont « leurs patients », comme on le dit. C'est aux chefs de groupe que les médecins s'adressent pour discuter de l'état des patients. Ce sont eux qui ont la vue d'ensemble, mettent à jour les dossiers et, à titre d'exemple, veillent à ce que les médicaments prescrits soient administrés.

Christina s'est vu attribuer le « groupe du bas », à savoir les chambres 30 à 34, deux chambres individuelles et trois chambres doubles, laissées auparavant sous la responsabilité d'Anders. Parmi ses patients, Mme Maggi Margrethe Rasmussen, âgée de 72 ans, hospitalisée dans la chambre 34 au cours de la matinée, en raison de fortes douleurs allant des avant-bras jusqu'aux omoplates.

Les symptômes ont d'abord fait penser à un infarctus du myocarde, mais sont finalement dus à une fibrillation cardiaque. À présent, l'état de Mme Rasmussen s'est stabilisé. Elle est sous monitoring, ce qui permet aux infirmiers de surveiller ses valeurs à partir de leur bureau. Sa respiration est normale, ainsi que sa pression artérielle.

Pernille et Christina prennent place devant leurs ordinateurs respectifs et consultent les dossiers. Il n'y a pas beaucoup de documents à lire, tout le service ne compte qu'une poignée de patients. L'infirmière de jour responsable des patients des chambres 35 à 38, informe Pernille de l'état de M. Viggo Holm Petersen. Ce patient est celui qui nécessite le plus d'attention. M. Viggo Holm Petersen, âgé de 66 ans, est gravement malade. Il a un cancer. Et on informe Pernille que si, à un moment donné, il est victime d'un arrêt cardiaque, il ne doit pas être réanimé ni transféré au service de soins intensifs. Cette décision a été prise par un médecin, et figure dans le dossier. Les valeurs du patient sont tout simplement trop mauvaises.

Tina Hansen, sa compagne, se trouve dans sa chambre avec d'autres membres de la famille. Pernille est entrée, en se présentant. N'étant pas débordée, elle a le temps de répondre à leurs questions. Holm Petersen gémit un peu dans son sommeil. Est-ce normal ? Oui, explique Pernille. Mais elle promet qu'un médecin notera dans le dossier du patient qu'on doit lui administrer si besoin est une dose d'antalgiques et d'anxiolytiques, de la morphine et du Stesolid. Elle finit par obtenir qu'une femme médecin, d'ailleurs d'origine étrangère, promette de s'en charger. Cette dernière, l'un des nouveaux visages du service, a cependant des doutes sur la quantité à prescrire. Elle oublie de vérifier. Et elle finit par ne rien faire. Rien n'est indiqué dans le dossier du patient.

Les infirmiers font leur travail habituel. Pernille se tient dans le local à pharmacie pour préparer une nouvelle dose d'antibiotiques, qui doit être associée au sérum physiologique, pour ensuite être installée dans la poche de perfusion suspendue près du lit du patient.

Christina fait le tour de ses chambres. Une troisième infirmière, Marlene, et une aide-soignante s'activent également dans le service. Tout est calme. Pernille aussi. Jusqu'à ce que Christina vienne apporter des nouvelles de l'un de ses patients. À ce moment, Pernille n'est au travail que depuis 20 minutes environ. Elle se trouve dans le bureau des infirmiers, avec Marlene, lorsque Christina vient lui dire qu'Anna Lise Poulsen, la patiente de la chambre 31, a cessé de respirer. Christina n'a pas vérifié le pouls de la patiente, mais elle pense avoir compris ce qui se passe depuis l'encadrement de la porte, dit-elle. Christina regarde Marlene. Marlene a pris le travail à 15 heures. Elle a vu exactement les mêmes patients que ceux qui relèvent désormais de la responsabilité de Christina, est elle est entrée plusieurs fois chez Mme Poulsen. Ce que Christina dit, l'intrigue.

Anna Lise Poulsen est une femme de 86 ans, arrivée en ambulance au cours de l'après-midi. On est allé la chercher dans son EHPAD parce qu'elle suffoquait. Elle a été hospitalisée en tant que patiente « rouge » avec des lèvres violettes et un cœur qui battait la chamade. Mme Poulsen est très faible et communique difficilement. Elle souffre d'une congestion pulmonaire, peut-être aussi d'une septicémie. Elle est en outre en état de démence, et peut être considérée comme mourante. Le médecin a écrit dans son dossier qu'il recommandait des « soins pleins d'attention ». Quand un médecin note cette expression dans un dossier, ce n'est pas pour souligner la nécessité évidente pour les soignants de montrer de l'empathie à l'égard des patients. C'est bien plus grave. Une prescription formulée ainsi signifie qu'il s'agit d'un patient qui souffre d'une maladie incurable et dont le médecin estime que tout autre traitement que palliatif est inutile et même déconseillé. À partir de ce moment, le personnel a pour tâche unique de veiller à ce que le patient ne souffre pas durant le temps qu'il lui reste à vivre. Voilà ce que recouvre le terme de « soins pleins d'attention ». Cette tâche incombe aux infirmiers.

En prescrivant ces soins, le médecin ajoute des antalgiques ou des anxiolytiques, que les infirmiers devront donner au besoin. On appelle cela la prescription « PN », d'après l'abréviation latine « pro necessitate », « par nécessité ». Une prescription PN signifie que le médecin laisse, pour une fois, les infirmiers décider s'il convient d'administrer les médicaments. Mais ceux-ci doivent impérativement figurer dans le dossier du patient, pour éviter le risque de doubles doses.

Concernant le dossier de Mme Poulsen, le médecin a indiqué qu'il convenait d'arrêter le traitement par antibiotiques et qu'il fallait lui enlever son tube à oxygène. Si, à un moment donné, elle arrêtait de respirer, le personnel ne devrait ni déclencher l'alarme ni tenter de la réanimer, conformément, par ailleurs, aux souhaits de la famille. Le médecin avait échangé avec sa fille au téléphone.

« Elle et le fils de la patiente sont persuadés que celle-ci ne souhaiterait pas subir un traitement dont l'unique issue serait de revenir à son état d'avant l'hospitalisation », note le médecin dans le dossier après l'entretien avec la famille. Le médecin prescrit, dans le cadre du PN, une dose maximale de 2,5 mg de morphine et de 2,5 mg de Stesolid, à condition que l'infirmier considère qu'il est utile de procéder à un « traitement antalgique/anxiolythique. La patiente a déjà reçu 2,5 mg de Stesolid, à 14 h 15, par perfusion dans le bras gauche. Cela s'est passé environ trois quarts d'heure après son hospitalisation, en raison de son état de grande agitation. La patiente, extrêmement sensible, s'est plainte violemment lorsque le personnel la touchait. Grâce à la prise de Stesolid, elle a réussi à se détendre, et se montre apaisée depuis.

Même si l'on s'attend à ce que Mme Poulsen décède rapidement, Marlene est surprise que Christina trouve la vieille femme de la chambre 31 sans vie.

Environ deux heures avant le changement de garde, Marlene a demandé à la patiente si elle a faim. Elle est réveillée, et acquiesce en articulant le peu de mots qu'elle possède dans son état présent. Mais quand l'infirmière commence à la nourrir à la cuillère, elle est surprise par la quantité de purée de pommes de terre qu'avale la patiente. Et elle boit bien. Elle mange également deux desserts : le « koldskål » (dessert danois avec du lait, de l'œuf, du sucre, de la vanille et du citron). Puis, deux tranches de glace à la vanille. « Une grosse portion », note l'infirmière dans le dossier à 17 h 30, une fois que la patiente s'est recouchée et a fermé les yeux. Son état est évoqué lors du staff. Il est à l'ordre du jour parce qu'Anders, le chef de groupe des infirmiers, a vu Mme Poulsen assise dans son lit. Anders est d'avis qu'elle a repris vie, ce qui confirme les observations de Marlene au sujet du repas. L'un des médecins a eu des doutes. Après la réunion, lui et sa collègue sont revenus vers la chambre de Mme Poulsen pour réévaluer sa situation. La prescription « soins pleins d'attention » reste en vigueur. Mais Marlene veille sur elle pour vérifier qu'elle est toujours en vie. Environ toutes les vingt minutes, lorsqu'elle passe dans le couloir, elle jette un coup d'œil à la patiente : elle remarque chaque fois que la patiente caresse sa couette ou sa chemise de nuit des doigts de la main droite. Elle a donc encore quelques forces, pense Marlene. Et elle la voit pour la dernière fois à peu près au moment où Pernille et Christina viennent d'arriver pour prendre leur garde. Ses doigts bougent sans cesse.

Marlene et Christina se rendent dans la chambre – individuelle – de Mme Poulsen. Marlene s'étonne que Christina ait pu voir du couloir que la patiente ne respirait plus. Et elle est encore plus étonnée par le fait que sa collègue n'entre pas dans la chambre pour examiner la patiente. Les deux collègues s'assoient de part et d'autre du lit. Il est difficile de trouver une pulsation cardiaque sur le corps de la patiente. Elles fixent une petite pince sur l'un des doigts de Mme Poulsen pour mesurer le rythme cardiaque et la quantité d'oxygène présente dans le sang. L'appareil montre qu'elle n'est pas décédée. Elle respire très faiblement. Mais la valeur d'oxygène est très faible, constate Marlene. « Dieu, qu'elle est devenue pâle », pense-t-elle. Mme Poulsen est en effet bien plus pâle que quelques heures auparavant, lorsqu'elle a eu à manger.

Il est à présent impossible de communiquer avec elle. Christina propose donc qu'on habille Mme Poulsen avec son propre pull-over pour qu'elle soit plus présentable pour ses proches. Ils devraient arriver bientôt. Un médecin les a appelés il y a un bon moment. Pour qu'ils puissent lui dire au revoir.

La famille a du mal à comprendre ce que dit le médecin au téléphone. Elle a un accent très prononcé, et Mona Jørgensen, la fille de la patiente, lui demande plusieurs fois de répéter. Elle finit par lui demander d'aller chercher un collègue capable de mieux parler. Le deuxième médecin, également étranger, est lui aussi difficile à comprendre. Mais Mme Jørgensen saisit l'essentiel : si elle veut avoir le temps de faire ses adieux à sa mère, il faut qu'elle vienne immédiatement à l'hôpital.

La famille est préparée à l'idée que Mme Poulsen n'en ait plus longtemps à vivre.

La veille, Mme Jørgensen est venue voir sa mère à l'EHPAD de Rødby. Mais cette dernière est restée allongée sur le dos en respirant bruyamment lorsque la famille est venue lui souhaiter un bon anniversaire – c'était le jour de ses 86 ans. Mme Jørgensen et sa cousine n'ont pas réussi à lui parler pendant qu'elles prenaient le café à côté du lit. C'est pourquoi Mme Jørgensen, quand elle arrive à l'hôpital ce samedi, est surprise lorsqu'une infirmière vient d'abord lui dire que sa mère a bien mangé, plus tôt dans la journée.

Mme Jørgensen a emmené sa fille. Elles sont parties de Copenhague peu de temps après que le médecin a raccroché. Elles sont arrivées aux urgences 19 h 20 environ. À ce moment, la patiente était couchée dans son lit. Aux yeux de sa fille, elle est exactement celle qu'elle a vue à l'EHPAD la veille : totalement absente, les bras posés le long du corps, et des mâchoires incapables de tenir la bouche fermée. Elle a l'air de quelqu'un qui vit ses derniers instants. Après un entretien avec les médecins, la porte de la chambre est fermée.

Mme Jørgensen et sa fille se tiennent à côté du lit, avant d'aller chercher deux cafés fumants dans le coin agencé pour cet usage, à l'intention des familles. Elles sont assises et se parlent, dans le silence créé par la mise hors tension des appareils qui, normalement, servent à relier la personne malade à la vie. Peu de temps après, elles s'aperçoivent que la respiration de la patiente change. Elle diminue. Elle ralentit. L'intervalle entre les mouvements respiratoires se prolonge. Puis ils deviennent saccadés. Avant de s'arrêter.

Elles réussissent à lui dire un dernier au revoir. Elles entrouvrent la fenêtre, et restent assises un moment, sans parler. Ensuite, la fille de Mme Jørgensen sort de la chambre pour trouver une infirmière et lui dire que sa grand-mère vient d'expirer.

Une femme médecin arrive.

À 20 h 37, Mme Anna Lise Poulsen, de la chambre 31, est déclarée morte. C'est le deuxième patient dont le médecin constate le décès ce soir-là, aux Urgences 3. Quelques minutes plus tôt, elle est venue voir un homme âgé qui venait lui aussi de mourir.

M. Holm Petersen s'est subitement senti mal après le départ de sa famille, vers 20 heures.

Peu de temps avant, Tina Hansen, la compagne de Holm Petersen, est venue voir les infirmières au bureau. Christina et Pernille étaient assises devant leurs ordinateurs respectifs, pour confirmer l'administration de médicaments et noter des informations dans les dossiers des patients, lorsque Tina Hansen est apparue dans l'embrasure de la porte. Elle demande à Pernille si la famille ne peut pas rentrer et dormir, puis revenir le lendemain. Celle-ci n'y voit pas d'inconvénient : Tina Hansen et sa belle-fille sont déjà restées de nombreuses heures à l'hôpital, et Pernille promet de les prévenir si l'état de Viggo vient à se détériorer. Rien ne laisse présager que le patient, âgé de 66 ans, soit sur le point de mourir.

On est allé le chercher le matin même, dans sa maison de briques rouges, sur l'île de Lolland. Il ne s'était guère levé de sa chaise ces derniers jours. Pourtant, Tina Hansen l'avait vu progresser une fois qu'il était rentré de l'hôpital de Næstved, où il suivait un traitement contre un cancer de la vessie. Auparavant, il avait été traité pour un cancer de la cavité buccale que les médecins avaient réussi à guérir, et la famille espérait que la nouvelle maladie se termine de la même façon. Cependant, depuis cinq jours, la tendance s'est renversée. Tina Hansen a constaté que Holm Petersen a commencé à avoir du liquide dans les poumons, ce qui crée un bruit parasite lorsqu'il parle. Probablement une congestion pulmonaire, ont souligné les médecins de l'hôpital de Nykøbing Falster lorsqu'ils l'ont examiné. Il fallait donc lui administrer des antibiotiques, plus de l'oxygène et tout le nécessaire. Le médecin a également noté dans le dossier : Holm Petersen n'est pas « candidat à la réanimation » en cas d'arrêt cardiaque, son état général étant trop faible.

On a informé sa compagne de la situation, mais elle a l'impression qu'il va mieux après avoir passé environ quatre heures à l'hôpital. Les valeurs des marqueurs d'inflammation qu'elle a entendu les infirmiers urgentistes mentionner dans l'ambulance au cours de l'après-midi sont en train de baisser. Ces éléments défilent dans la tête Tina Hansen lorsqu'elle marche vers la gare de Nykøbing Falster avec sa fille, après avoir quitté Pernille, l'infirmière. En chemin, elle appelle une amie pour dire que tout va probablement s'arranger. Viggo est en train de remonter la pente. Quand elles voient la gare apparaître dans le virage juste après le McDo, le téléphone de Tina sonne. Elle ne reconnaît pas le numéro affiché. C'est l'hôpital. Elles se mettent pratiquement à courir, en arpentant les mêmes chemins qu'à l'aller.

Christina a quitté le bureau peu de temps après le départ de la famille de Holm Petersen. Pernille reste étudier les écrans qui couvrent la moitié du mur ; ils montrent l'état des différents patients détecté par leurs équipements respectifs. Il y a la surveillance cardiaque. Les pinces attachées aux doigts envoient également un signal. Un brassard est réglé pour gonfler à intervalles réguliers et prendre la pression artérielle, puis envoyer le signal correspondant à des écrans installés au bureau et dans le local à pharmacie.

Les infirmières ont remis en fonction les appareils de surveillance dans la chambre de Holm Petersen. Et l'écran qui envoie les signaux le concernant se met à sonner, indiquant qu'une des valeurs relevées est tombée en dessous du seuil d'alarme : il s'agit du taux d'oxygène dans le sang du patient. En raison de sa congestion pulmonaire, le seuil d'alarme a été baissé un peu par rapport à la moyenne. À présent, le chiffre est inférieur à 80. L'écran sonne. Pernille tourne la tête pour voir. La valeur d'oxygène du patient continue à descendre.

Il peut arriver que quelques fois, l'alarme se déclenche lorsque le petit instrument de mesure se détache du doigt. Pernille entre dans la chambre 35 et vérifie l'équipement. Après avoir corrigé l'attache, elle vérifie l'écran situé à côté du lit du patient, mais cela ne change rien. Il n'y a aucune réaction. À présent, l'infirmière ne peut rien ni ne doit rien faire. Le patient respire, mais à intervalles très longs. Une très longue pause. Et puis, une inspiration spontanée. Une très longue pause. Inspiration. Pernille regarde autour d'elle. Y a-t-il quelque chose de louche dans la chambre ? Pas directement.

Elle voit que la poche de perfusion contenant des antibiotiques installée par l'équipe du jour est vide, ce qui semble normal. Elle veut la remplacer par la nouvelle poche qu'elle a préparée et dont le mélange a infiltré suffisamment longtemps, dans le local à pharmacie. Ensuite, elle regarde le tube relié au dos de la main du patient.

Sur presque tous les patients hospitalisés au service des urgences, on attache un port-à-cath, appelé également cathéter veineux, sur le dos de la main ou à l'intérieur du coude. Le port-à-cath constitue l'accès direct au système circulatoire des patients. Il est constitué, sur sa face avant, d'une aiguille fine insérée dans le corps et fixée par un sparadrap qu'on pose sur la peau. L'arrière du port-à-cath comprend un tube fixé sur la poche de perfusion qu'on a installée sur un support au-dessus du lit du patient et dans laquelle le personnel peut introduire des médicaments et des liquides. Plus bas sur le tube, à environ deux tiers de sa longueur, un petit dispositif en plastique, appelé cathéter latéral est fixé, pouvant recevoir des médicaments de manière permanente, ce qui évite de piquer le patient avec une seringue pour chaque nouvelle dose. Ce cathéter latéral comprend une sorte de robinet à trois voies. Avant d'insérer les médicaments, les infirmiers doivent tourner et ouvrir ce robinet, et lorsqu'ils l'ont refermé, ils doivent apposer un bouchon sur la perfusion de manière à protéger le patient contre les bactéries.

Pernille constate que le bouchon n'a pas été mis en place. Elle regarde de plus près. Le petit compartiment dans lequel les infirmiers insèrent les médicaments contient des restes d'un liquide trouble, qui a dû être injecté. Le liquide est blanc, d'une couleur laiteuse. Quelle substance lui ressemble ? Pernille essaie de se rappeler les médicaments posés sur les étagères du local à pharmacie. Elle ne voit qu'une substance blanche, qui est épaisse, gluante et par ailleurs assez puissante : le Stesolid. Le sang du patient contient-il du Stesolid ? Pernille a le sentiment que son propre sang se fige dans ses veines. Que peut-elle faire ? Ce qu'elle craignait est-il en train d'arriver ? Elle ne peut s'expliquer pourquoi Holm Petersen aurait eu besoin de Stesolid. C'est un médicament très fort, généralement administré à des patients en proie à des inquiétudes ou à des crampes soudaines, non à des personnes alitées qui se réveillent et se rendorment tranquillement. Pour la première fois, Pernille se trouve face à quelque chose qui pourrait constituer une preuve. Mais est-ce suffisant ?

Pernille tente de réfléchir : deux personnes sont censées veiller sur Holm Petersen. Elle-même, chef de groupe et donc responsable. Puis, l'aide-soignante, qui s'occupe des chambres 35 à 38. Mais celle-ci a été très prise par un patient de la chambre 38, qui avait uriné abondamment dans son lit, et qui est lourd et presque impossible à déplacer suite à un AVC.

Christina est la seule personne à pouvoir être entrée dans la chambre pour injecter la substance blanche dans la perfusion du patient. Pernille se sent assez sûre de son fait. Elle se penche sur le lit et photographie la perfusion latérale avec son iPhone. Elle voit sur son téléphone qu'il est 20 h 19. C'est à ce moment qu'elle est vraiment persuadée d'avoir trouvé la première preuve de la culpabilité de Christina.

Elle enlève le port-à-cath de la main du patient et détache le support de perfusion au-dessus du lit. Elle sort de la chambre, arpente le couloir et essaie de marcher calmement vers la salle de nettoyage en portant la perfusion comme s'il s'agissait de quelque chose d'extrêmement fragile.

Bien entendu, elle voudrait tout simplement avoir l'air d'une infirmière qui est en train de faire son travail habituel, en l'occurrence le changement de perfusion.

On stocke, dans la salle de nettoyage, des bassins et différents objets, ainsi que des caisses destinées aux déchets médicamenteux. Pernille place la perfusion du patient avec le tube et ce qui ressemble à un reste de Stesolid dans le compartiment suspendu à l'intérieur de l'une des grandes boîtes jaunes en plastique. Elle est sûre de la retrouver à cet endroit quand il fera jour. Il lui reste dix heures de garde.

Holm Petersen n'est pas encore mort. Pernille sait qu'il existe un antidote contre le médicament dont elle soupçonne la présence dans les veines du patient. Mais elle ne va pas chercher la substance en question. En revanche, elle ne sait pas si Christina était dans la chambre 35 au moment des faits. La « preuve » déposée dans la chambre de nettoyage est-elle vraiment convaincante ? Elle ne dit pas que c'est Christina qui a donné ce médicament. Il faut qu'elle garde la tête froide. Elle décide de continuer comme si de rien n'était. Ensuite, elle se rend dans le local à pharmacie pour prendre les nouveaux antibiotiques. Il lui semble presque inutile d'installer la poche alors que Holm Petersen, selon toute probabilité, est mourant. Mais elle se sent obligée de faire quelque chose. Ensuite, elle rentre dans le bureau. Le fait qu'elle n'ait pas tenté de sauver Holm Petersen la hante depuis.

Peu de temps après, Christina arrive dans le couloir. Elle fait signe à Pernille de venir dans la chambre de Holm Petersen, et les deux infirmières entrent. Le médicament contenu dans la poche au-dessus de son lit n'est pratiquement pas descendu dans le tube. Le patient ne respire plus.

Il relève de la responsabilité de Pernille, et c'est donc elle qui lui prend le pouls. Il ne bat plus. Elle soulève ses paupières et éclaire les pupilles à l'aide d'une petite lampe. Elles ne réagissent pas. Pendant ce temps, Christina observe. Terriblement mal à l'aise, Pernille sent comme un instinct de survie s'emparer d'elle, un genre de pilote automatique qui fait d'elle une infirmière en train de faire son travail, sans plus de façons.

Les infirmières ouvrent la fenêtre, comme à chaque décès, pour que l'âme du défunt puisse quitter la chambre, d'après ce qu'on dit. Et un rituel muet se met en route dans la chambre 35. Pernille et Christina apprêtent le défunt. Elles débranchent les appareils qui ont donné l'alerte vingt minutes plus tôt, et enlèvent les tubes et le port-à-cath de la peau du patient. M. Holm Petersen est revêtu d'une chemise fraîche. Les infirmières plient le drap supplémentaire de la manière habituelle pour pouvoir couvrir le visage du patient lorsqu'il devra quitter la chambre. Elles allument une bougie électrique et posent sur le chevet le livre de cantiques, qui a sinon tendance à disparaître. Comme si souvent auparavant, Pernille et Christina s'entraident. Pernille ne remarque rien sur sa collègue. Christina a son air habituel. Dénué d'émotions. Elle est, à vrai dire, de bonne humeur, pense Pernille. Christina pense que Pernille est comme d'habitude, et dira ultérieurement qu'elle n'a rien remarqué d'anormal dans son attitude.

Pernille appelle Tina Hansen. Lorsqu'elle et sa fille reviennent à l'hôpital, M. Holm Petersen vient d'être déclaré mort. Elles sont choquées. Il était bien réveillé aux alentours de 17-18 heures, lorsque Tina, sa fille et son gendre étaient avec lui dans la chambre. On a assis le petit garçon du gendre dans le lit, et Viggo lui avait chatouillé le ventre avec l'index. Ils ont ri. Viggo était toujours heureux en présence d'enfants. Et Tina Hansen a remarqué que la lueur d'humour commençait à revenir dans son regard, plutôt éteint ces derniers jours. Elle l'a embrassé en disant « à plus tard », puisque les infirmières assuraient que rien ne laissait supposer une autre évolution.

Pernille entend la fille de Tina qui s'effondre en pleurs en voyant, par l'embrasure de la porte de la chambre 35, son beau-père apprêté par les infirmières.

Le médecin déclare M. Holm Petersen mort à 20 h 30. Elle traverse ensuite le couloir pour faire la même chose pour Mme Poulsen. Lorsque Pernille, plus tôt au cours de la nuit, a entendu Christina dire, au bureau, que la vieille dame de la chambre 31 ne respirait plus, elle a envoyé un SMS à Niels Lundén.

« Elle a son premier mort... ».

À 21 heures, un nouveau message est apparu sur le téléphone du médecin.

« Numéro 2. Et je n'ai plus de doutes. »

Pernille entre dans le local à pharmacie pour appeler Niels. Quand la porte électrique se referme automatiquement et qu'elle se trouve au milieu des ampoules et des boîtes de médicaments de couleurs différentes, son professionnalisme disparaît. Elle s'effondre dès qu'elle arrive à parler de vive voix avec l'homme qu'elle aime. Et elle le répète sans cesse, en déambulant dans le petit entrepôt :

« Elle le fait, nom de Dieu. Je sais qu'elle le fait. Elle le fait avec du Stesolid. Elle utilise du Stesolid, Niels. Elle le fait, putain ».

Le compagnon essaie de calmer Pernille. Il décide de prendre le contrôle de la situation, puisque Pernille semble l'avoir perdu.

Il élabore un plan : Pernille devra achever sa garde sans que Christina découvre qu'elle est démasquée. Et il demande à sa compagne de chercher plus de preuves, de la même sorte que la perfusion et la photo sauvegardée sur le téléphone qu'elle serre contre l'oreille. Niels se rendra ensuite le lendemain matin à l'hôpital, pour rencontrer Pernille et faire le point. Quoi qu'il arrive pendant cette garde, Pernille devra la finir, afin qu'ils puissent tout passer en revue et être totalement sûrs avant d'appeler la police, explique Niels.

Pernille sent que leur conversation lui fait du bien. Elle se sent moins seule. Et ce qui compte le plus : Elle entend, dans sa voix, qu'il a changé d'attitude et qu'il la croit, pour la première fois.

Ils sont interrompus par l'ouverture de la porte coulissante déclenchée par le badge d'une autre infirmière. C'est Christina. Elle remarque forcément l'énervement de Pernille. Celle-ci termine le coup de fil en disant que leur chien va mal, et qu'elle doit retourner au travail.

Apparemment, Christina a avalé le prétexte, pense Pernille, en sortant dans le couloir et en clignant des yeux. L'exécution du plan peut continuer. Peu de temps après, l'alarme d'arrêt cardiaque retentit. Elle provient de la chambre 30, qui relève de la responsabilité de Christina.

Chapitre 6

Svend Aage Petersen venait d'arriver dans la chambre.

Il a déjà été hospitalisé par le passé pour une bronchopneumopathie chronique obstructive. Mais aujourd'hui, il a un air inquiet lorsque les ambulanciers l'amènent un peu avant 23 heures. Le patient, âgé de 86 ans, a essayé de leur dire qu'il ne voulait pas aller à l'hôpital. Heureusement qu'ils ne l'ont pas écouté. À peine transféré du brancard dans son lit, il commence à avoir du mal à respirer.

C'est l'infirmière Marlene qui l'installe dans la chambre. Elle reconnaît son visage, maintenant tout gris, sous le masque à oxygène qui lui a été posé dans l'ambulance. Marlene estime que Petersen doit immédiatement être vu par un médecin, même si sa collègue de l'accueil l'a placé dans la catégorie « patient jaune ». Un médecin arrive donc sur place, et prescrit un traitement susceptible d'améliorer son état.

Arrivée à son tour dans la chambre, Christina demande si elle peut se rendre utile. Elle aide à enlever quelques-unes des couches de vêtement que le patient portait quand il était encore à marcher avec son déambulateur. Marlene doit ensuite aller chercher les médicaments prescrits, alors que Christina reste. Juste avant le départ de Marlene, Christina lui dit qu'il n'y aura sans doute pas longtemps à attendre avant qu'elles ne soient obligées d'actionner l'alarme d'arrêt cardiaque. Elle a raison, pense Marlene. C'est aussi comme ça qu'elle-même voit l'état du patient. L'alarme retentit peu de temps après.

Dès qu'ils entrent dans le service, les membres du personnel se connectent à une boîte de secours alimentée par batterie. Le petit dispositif électrique, de couleur grise et muni d'un afficheur, doit être fixé quelque part sur l'uniforme, généralement sur le bord d'une poche du pantalon du soignant. On l'appelle « l'alarme » ou « le hurleur ». Tout le monde doit le porter.

Il y a aussi les petits appareils qui émettent deux signaux sonores courts à l'attention des infirmiers, lorsque le patient tire sa sonnette dans la chambre pour avoir de l'aide. Le hurleur est surtout important en cas d'arrêt cardiaque.

Si un infirmier des urgences découvre qu'une personne alitée ne respire plus, il doit appuyer sur un bouton rouge fixé au mur. Il sait qu'en quelques secondes, les collègues vont arriver en courant dans la chambre. Le fait d'appuyer sur le bouton a pour effet que tous les professionnels de l'hôpital regardent immédiatement le boîtier et courent vers la chambre dont le numéro est affiché à l'écran. Il s'agit d'une alarme d'arrêt cardiaque. Les hurleurs émettent obstinément leurs bips.

Une alarme d'arrêt cardiaque n'active pas de sirène dans le service. C'est donc seulement lorsqu'ils entendent les pas précipités des soignants sur le sol en lino que les autres patients et les visiteurs présents dans le service savent qu'il se produit quelque chose de grave. Les collègues les plus proches arrivent les premiers. Vient ensuite une équipe dédiée, qui est d'astreinte dans tout l'hôpital, constituée de médecins et parfois d'infirmiers anesthésistes. L'équipe comporte également deux brancardiers, pour pousser le lit au besoin et faciliter le massage cardiaque. L'équipe apporte un défibrillateur, un appareil muni d'électrodes qui effectue des massages cardiaques pour relancer le cœur. Elle transporte également un masque capable d'introduire de l'oxygène dans les poumons et un autre appareil qu'elle peut attacher à la cage thoracique du patient et qui reprend le massage quand les bras fatiguent.

Tout est orchestré d'avance ; en principe, rien ne doit être laissé au hasard. Mais certains de ceux qui le plus fréquemment accourent expliquent qu'on ne s'habitue jamais totalement à ce type de situations. Même après des centaines d'alarmes, on peut avoir une sensation de précipitation et de chaos, sachant que chaque seconde compte. Même les personnels expérimentés ne sont pas à l'abri d'un traumatisme lié à ces interventions. D'autres ont l'air d'y prendre plaisir.

Les hurleurs font du bruit. L'équipe d'intervention pour arrêt cardiaque accourt. Deux infirmiers sont venus du service d'anesthésie. En arrivant dans la chambre, ils voient des médecins, des brancardiers et d'autres employés des urgences entourer le patient, à qui Christina est un train d'administrer de l'oxygène au moyen d'un masque. Christina décline l'identité du patient. Elle se tient très droite et parle distinctement. Le massage cardiaque est déclenché. Pousse, pousse, pousse, pousse, pousse, respire. Ils continuent. Mais le patient ne se réveille pas. Ils lui attachent l'appareil de massage cardiaque mécanique, en vain. Inutile de continuer, finit par lâcher une infirmière. Et un médecin décide d'arrêter les efforts de réanimation. Le patient est mort.

Deux infirmières en anesthésie restent discuter avec Christina dans le couloir, alors que les autres collègues quittent la chambre 30. Elle leur raconte que plusieurs personnes sont décédées aux urgences au cours des quelques heures de travail qu'elle a derrière elle. Et il n'est que 23 h 30 environ. C'est une garde très dure, dit Christina. Elles acquiescent. Elle leur demande si elles pensent qu'elle a fait ce qu'elle pouvait, là-bas, dans la chambre de Petersen. Mais oui, répondent-elles. « Arrête, tu es douée », disent-elles, en le pensant vraiment. Elles n'ont aucune raison de dire le contraire : Christina a contrôlé la situation, s'est montrée efficace et rapide, alors que deux de ses collègues se contentaient plutôt de regarder. Et Christina, très en forme, a pu donner un petit résumé des différents rythmes cardiaques du patient, avant que son cœur ne lâche. C'était impressionnant.

Les deux infirmières du service d'anesthésie, toutes deux proches de la soixantaine, ont toujours considéré Christina comme compétente. Ce qu'elles se disent en rentrant vers le propre service. La première, qui a derrière elle vingt ans au service d'anesthésie de l'hôpital, raconte à sa collègue qu'elle a essayé, avec Christina, de traiter de nombreux patients en état critique, aussi bien aux urgences que dans le service M130, où la jeune infirmière a travaillait auparavant. Christina a toujours l'air de maîtriser la situation.

Aucune des deux n'a remarqué quoi que ce soit de particulier ni d'étrange dans le comportement de l'infirmière, ce soir-là. Mais l'une d'elles a vu autre chose dans la chambre de Petersen : l'une des autres infirmières des urgences, celle qui se tenait au bout du lit en notant les médicaments administrés pendant les tentatives de réanimation. C'est la même qui a mis le médicament dans une seringue au cas où les collègues en auraient besoin. Dans la confusion, elle a perdu une canule qui a heurté son pied et légèrement blessé un orteil. Toute cette situation l'effrayait visiblement. Elle n'est pas parvenue à cacher la peur dans ses yeux. C'est de Pernille qu'il s'agit.

Pernille voit bien que Christina discute avec les deux infirmières du service d'anesthésie. Elle ne peut pas entendre ce qu'elles se disent, mais elle aperçoit les gesticulations dont Christina accompagne son récit. C'est comme si elle racontait une histoire passionnante. Elle doit raconter la situation dont tout le monde a vu l'issue, pense Pernille, en se rendant au bureau avec le « kit d'arrêt cardiaque ».

Celui-ci, appelée également kit d'urgence, est une longue boîte en carton contenant différents médicaments dont le personnel peut avoir besoin lors d'une tentative de réanimation. Le local à pharmacie comprend toujours deux kits de ce type. Ils sont parfaitement bien préparés, et s'ouvrent en se déchirant, de façon à rendre immédiatement visibles les ampoules enveloppées dans la mousse extrudée. Tout le monde connaît la procédure : en cas d'arrêt cardiaque, un infirmier doit immédiatement aller chercher l'un de ces kits et faire en sorte qu'on puisse rapidement accéder à des médicaments comme l'adrénaline, le chlorure de calcium et le cordarone. L'adrénaline peut servir à faire monter la pression artérielle, activer la circulation sanguine et stimuler un cœur qui ne bat plus. Le cordarone sert à contrôler un muscle cardiaque qui se contracte de manière irrégulière, avec une arythmie. Toutes ces substances, extrêmement puissantes, sont capables de réanimer les patients. Mais elles peuvent aussi tuer, si on les injecte à quelqu'un qui ne souffre pas de la pathologie que le médicament est censé traiter.

Les kits d'arrêt cardiaque sont toujours plombés. S'ils ont été ouverts, ils doivent être remplacés par ceux qui sont entreposés dans la salle de stockage aux Urgences 1. Pernille veut changer le kit qui a été ouvert chez M. Petersen. Mais avant cela, il convient de préparer sa chambre avant que la famille n'arrive ; elle se rend donc au bureau et pose le kit à côté de son clavier. Elle place sur la table de l'autre chef de groupe le papier où elle a noté le nom des médicaments utilisés lors de la tentative de réanimation. C'est Christina qui doit les inscrire dans le dossier du patient.

Christina et Pernille s'aident mutuellement à apprêter le défunt. Elles le peignent, défroissent ses draps, lui ferment la bouche, ouvrent la fenêtre, croisent les mains sur sa poitrine, retirent les tubes et équipements divers. Les deux collègues essaient de se dire des banalités, comme si tout était normal. Christina demande à Pernille où elle a mis le kit d'arrêt cardiaque. Pernille répond qu'elle comptait le remettre à sa place très vite. En ajoutant qu'en attendant, elle l'a posé sur la table au bureau.

Quand Pernille revient, le kit a disparu. On lui dit que Christina l'a remplacé en se rendant aux Urgences 1. Pernille s'étonne. Elle se dit que Christina n'a pas uniquement fait cela pour rendre service. Ou bien elle a voulu saisir l'occasion de remonter le couloir en passant par les Urgences 2, pour pouvoir de nouveau raconter l'épisode dramatique de l'arrêt cardiaque et attirer l'attention sur elle. Ou a-t-elle profité de l'occasion pour enlever des médicaments du kit ? Ç'aurait été astucieux. Elle aurait pu mettre deux ampoules dans la poche de sa blouse sans que personne ne le voie. Et personne ne regarde le contenu des kits remplacés.

Pernille n'a pas beaucoup de temps pour réfléchir à ses théories, puisque cette garde, qui a commencé dans le calme, devient de plus en plus agitée. Une nouvelle patiente arrive dans le couloir. Couchée sur son drap blanc, elle se tord de douleur, transpire et se plaint bruyamment. Il est manifeste que son mal vient de l'estomac.

On l'installe dans l'une des chambres gérées par Pernille. Celle-ci appelle le médecin qui l'autorise à donner des antalgiques à la patiente. Peut-être souffre-t-elle d'une perforation du canal biliaire à la suite d'une opération récente pour lui enlever ses calculs vésiculaires. On lui donne de la morphine en quantité importante, mais les douleurs persistent. Les infirmières décident d'essayer le Pethidin, un antalgique puissant, similaire à de la morphine, mais qui est rarement utilisé aux urgences, et n'est donc non disponible dans le local à pharmacie des Urgences 3. Pernille demande à Christina d'aller chercher ce médicament au service de soins intensifs. C'est intentionnel. Pernille ne veut pas quitter la chambre. Elle est persuadée que Christina a fait du mal à des patients ce soir et cette fois, elle est face à quelqu'un de jeune que Christina ne doit vraiment pas toucher.

L'infirmière revient avec une seringue. Pernille la prend, en remerciant. Mais une pensée l'assaillit : Comment peut-elle savoir que c'est le bon médicament qui a été introduit, derrière son aspect de liquide transparent, anonyme sous le plastique ? Pernille étudie la canule. Ose-t-elle l'enfoncer dans la canule ? Dans une situation normale, avec n'importe quel autre collègue, elle n'aurait pas hésité. Ses mains tremblent. Dans les autres situations, elle a réussi à discuter avec Christina comme si de rien n'était. Mais à présent, Pernille sent le besoin de protéger cette femme inconnue couchée dans le lit devant elle. Elle craint pour la patiente.

D'un côté, elle a envie de dire « stop », en insistant : « Tu ne toucheras pas à celle-ci. » Mais de l'autre, elle n'a pas de preuves concrètes contre Christina. Elle est persuadée de sa culpabilité, mais ne l'a pas vue faire quoi que ce soit d'indéfendable. Pour toute preuve contre sa collègue, elle n'a qu'une quantité presque insignifiante de liquide contenu dans une poche de perfusion qui attend dans la salle de nettoyage. Est-ce suffisant ? Est-ce assez pour arrêter dès maintenant ? Si Pernille omet d'administrer à la patiente le médicament dont elle a besoin, cela risque d'étonner. Que peut-elle répondre au médecin lorsque celui-ci lui demandera pourquoi elle ne veut pas donner le médicament prescrit ? Son projet d'éviter d'éveiller les soupçons de Christina n'est-il pas en train de capoter ? Elle éprouve un intense besoin de voir son compagnon. De se sentir dans une équipe à deux. De lui demander : Suis-je devenue folle ?

Doucement, elle enfonce en silence le piston. La patiente se calme rapidement. Elle va mieux. Tout le service retrouve la paix.

Chapitre 7

Après minuit, il ne reste que trois infirmières aux Urgences 3 : Pernille, Christina et une troisième collègue qui est venue à 23 heures pour relayer Marlene et l'aide-soignante. C'est à peu près à ce moment que les infirmiers ont l'habitude d'aller dormir à tour de rôle. Quelques fois, elles se reposent dans les grands fauteuils de la vaste salle de conférence.

Mais si une chambre individuelle est libre, elles y entrent, éteignent la lumière et se couchent dans le lit. Officiellement, elles n'ont pas le droit de dormir plus de 29 minutes, et à condition que le service soit au calme, ce qui est le cas actuellement aux Urgences 3. Beaucoup de lits sont libres, et il n'y a pas besoin de veiller sur les patients. La femme souffrant de maux d'estomac ne se plaint plus après son retour du scanner. Le patient de la chambre 37, Henrik, est également sous contrôle. Il est arrivé en ambulance le soir même parce qu'il avait abusé d'un nouveau médicament antiéliptique qui lui avait été prescrit. Le surdosage avait provoqué des crampes incessantes dans les jambes. Maintenant, sous Stesolid, son corps est totalement détendu.

Étant donné le calme qui règne dans le service, Pernille et Christina comptent pouvoir dormir une heure, voire plus. À 1 h 30 environ, Christina entre dans une chambre et referme la large porte derrière elle.

Pernille tâte la poche de son pantalon, sent qu'elle a son téléphone prêt, et remonte le couloir. Aux Urgences 2, ce sont Carina et Mette qui travaillent cette nuit. Pernille les connaît bien. Les trois collègues se dirigent vers l'entrée arrière du service, car l'une d'elles veut fumer. C'est en principe interdit, mais ici, de l'autre côté de la porte, dehors, dans un coin du dallage abrité, elles ne sont pas visibles.

Carina demande si les choses se sont calmées dans le service de Pernille. Les collègues n'ont pas pu s'empêcher de remarquer que plusieurs patients sont morts aux Urgences 3 au cours de la soirée. Pernille fait oui de la tête, en ajoutant :

« Oui, c'est calme parce que Christina dort. »

Cette réponse ne surprend pas outre mesure les deux collègues. Ce genre de propos se dit souvent dans le service. Quelqu'un pourrait par exemple demander : « Tu dois travailler avec Christina ? Il y aura du boulot ! » On appelle « gardes Christina » les gardes spécialement mouvementées, avec de nombreux cas critiques. Mais personne ne sous-entend qu'elle rendrait les patients plus malades. Absolument pas. C'est juste une sorte de loi naturelle qui veut que le service des urgences à l'hôpital Nykøbing Falster soit agité chaque fois que le nom de Christina Aistrup Hansen est indiqué dans le planning des gardes.

« Tu ne pourras pas tout simplement la laisser dormir ? » demande Carina.

Pernille ne répond pas. Le silence s'installe alors que Carina essaie de lire dans les yeux de Pernille. Elle guette d'autres paroles, puisque les deux collègues ont échangé un regard plein de sous-entendus à côté de la cafetière, le lendemain de ce week-end difficile qui a vu plusieurs décès dans le service. Mais Pernille ne dit rien de plus.

Carina ne sait pas que ce week-end-là a déclenché quelque chose chez sa collègue, un soupçon qui a donné lieu à l'enquête qu'elle mène cette nuit. Et qu'elle essaie maintenant de le cacher en évitant de rougir. Pernille a l'impression d'avoir réussi à se dissimuler. Mais Carina trouve qu'elle n'est pas comme d'habitude. Pernille est quelqu'un qui a l'air d'être à l'aise dans le service : de grands gestes, un langage corporel énergique. Toujours prête pour une plaisanterie. Mais à présent, elle se tait. Préoccupée par des pensées qu'elle n'a pas envie de partager. Pernille ne sait pas que Carina nourrit exactement les mêmes soupçons.

Carina Caroc est l'une des plus jeunes infirmières des urgences. Quand elle a été embauchée par « le long couloir », elle a été surprise par le côté dramatique du travail. Après les deux premières semaines, elle commence à accepter que le fait de courir, même souvent, vers une chambre dont l'occupant a eu un arrêt cardiaque, fasse partie du job, jusqu'à ce qu'elle demande à quelques infirmières plus expérimentées combien d'alarmes de ce type sont courantes lors de leurs gardes. Elle découvre ainsi que les urgences peuvent, par moments, ne pas connaître cette agitation.

Pendant ses cinq premières semaines, elle partage presque toutes ses gardes avec Christina. Celle-ci est devenue sa « formatrice ». Carina apprend rapidement que Christina s'intéresse avant tout aux « patients rouges ». Elle peut facilement laisser tomber tout ce qu'elle a entre les mains lorsque ces patients arrivent dans le couloir. Carina ressent parfois un grand soulagement quand Christina va se coucher au milieu de leur garde de nuit. Les autres infirmières savent qu'en cas de crise, il faut certes réagir rapidement, mais qu'il n'est pas forcément utile d'imiter l'ambiance de travail dans une cuisine de restaurant en pleine effervescence, où fusent les ordres du chef. En revanche, le silence règne quand Christina dort.

Après sa période de formation, Carina explique à son supérieur hiérarchique, en termes diplomatiques, qu'elle se sent suffisamment rassurée pour ne plus avoir besoin de faire ses gardes avec Christina. À cette occasion, Carina ne dévoile pas son déplaisir face aux réactions de sa formatrice lorsque le travail prend une tournure dramatique : une expression presque violente passe dans le regard de Christina.

Carina est parmi les infirmières du service qui estiment que Christina mentait, y compris, d'après Carina, en ce qui concerne les médicaments administrés. Elle se souvient, par exemple, d'une garde de nuit, durant laquelle une femme arrive aux urgences pour une arythmie. Au départ, Christina interprète les consignes du médecin dans le sens où il convient de donner de l'Adénosine, une substance extrêmement puissante, à effet immédiat, qui disparaît rapidement. Tel un éclair, ce médicament provoque un arrêt cardiaque momentané pour tenter de mettre le cœur à zéro et de stabiliser ses battements. Lors de la garde de nuit, Christina appelle

Carina pour lui demander : « Tu n'as pas envie de voir ? » Christina a l'air excitée. Elle semble même prendre du plaisir. Cependant, le médecin revient sur sa décision concernant l'Adénosine, en la remplaçant par la Digoxine, un médicament à effet plus lent qui évite de provoquer un arrêt cardiaque, et qui est donc totalement dénuée d'effet spectaculaire. Le lendemain, en faisant son rapport à l'équipe de la relève, Christina signale que le patient a reçu de l'Adénosine, ce que Carina trouve étrange : il suffirait que les collègues vérifient dans le dossier pour savoir quel médicament a été administré.

Au fur et à mesure de son expérience dans le service, Carina estime qu'elle a acquis un certain flair pour déceler le risque qu'un patient cesse de respirer, jusqu'à ce qu'elle se retrouve avec Christina pour une nouvelle garde. Carina est maintes fois prise au dépourvu lorsque l'alarme retentit, ce qui dément son instinct professionnel. En fin de compte, elle n'arrive plus à écarter une idée lancinante : Les situations dramatiques qui voient accourir Christina, sont-elles déclenchées par elle-même ? Quelle idée absurde ! Aussi absurde que le soupçon qu'elle essaie d'écarter après l'incendie qui s'est déclaré dans le service, en septembre 2014.

Lors de l'une de ses gardes de nuit, l'alarme se déclenche soudain à cause de la présence de fumée dans une chambre. Christina accourt avec l'extincteur. Elle veille à l'évacuation des patients, informe la direction et envoie par la suite tant de messages d'information que personne ne peut douter qu'elle soit le maître de la situation. Pourtant, Carina ne réussira jamais à comprendre une chose : la fumée est venue d'un sac à linge posé par terre auquel la patiente de la chambre aurait mis feu elle-même. Telle est la conclusion qui prévaut par la suite. Mais Carina se pose des questions. Elle a elle-même eu affaire à la patiente juste avant l'incendie. Celle-ci, alcoolique, diminuée, dormait profondément à cause des médicaments de désintoxication qu'elle a reçus. Mais une fois que Christina reprend la responsabilité de la chambre parce que Carina est occupée ailleurs, l'alarme incendie sonne seulement 20 minutes plus tard. Et Carina se dit immédiatement : cette patiente qui ne tient pas sur ses jambes, commenta-t-elle pu quitter le lit ? Carina la considère comme totalement sédatée ; dormant profondément, elle ne se rend même pas compte qu'elle est évacuée lorsque le personnel vient pousser son lit à toute vitesse dans le couloir. Christina lui explique que la patiente, juste avant que l'incendie ne se déclare, lui a brûlé la main au moment où elle voulait lui arracher un briquet – elle voulait fumer une cigarette dans son lit. Mais Carina ne l'a pas crue. Et elle considère comme un hasard troublant que cet incident intervienne quelques jours seulement après que les infirmiers affectés aux urgences ont suivi une formation « incendie ».

L'incident n'a laissé qu'une petite trace par terre, mais marque Carina profondément. Elle s'en ouvre à son père. Il lui demande si elle possède des éléments susceptibles de prouver la culpabilité de Christina. Elle doit admettre qu'il n'y en a pas. De même pour les évolutions dramatiques concernant l'état de santé des patients. Elle envisage d'en parler à la direction. Cette idée lui traverse l'esprit plusieurs fois. Mais elle ne peut pas imaginer que quelqu'un la prenne au sérieux puisqu'il ne s'agit que de vagues sentiments négatifs. Par conséquent, elle ne le fait jamais.

Carina appréhende ses gardes lorsque le nom de Christina est indiqué sur le planning, mais elle garde cela pour elle. Après le week-end du milieu de février, marqué par les quatre cas mystérieux et cet échange de regards entendus entre elle et Pernille, dans la salle du personnel, Carina se sent pourtant sûre de ne pas avoir fabulé. Quelque chose ne tourne pas rond – vraiment pas. Mais elle n'a aucune idée de la façon dont elle peut le prouver.

Pendant qu'elle fume sa cigarette en frissonnant derrière la porte arrière du service, elle essaie de voir dans le regard de Pernille si celle-ci partage quelques-unes de ses pensées. Mais Pernille ne dit rien. Et Carina sent de nouveau ses propres doutes. Puis, elles changent de sujet. Elles ne parlent plus de Christina. Les trois infirmières se rendent aux Urgences 2 pour prendre une petite collation nocturne, un répit dans une garde que Pernille décrira par la suite comme la pire de sa carrière. Les trois infirmières restent bavarder une heure environ.

Réveillée, Christina se trouve de nouveau dans le couloir lorsque Pernille prend une chambre pour dormir, aux alentours de 3 h-3 h 30. Juste avant, elle s'est rendue dans le local à pharmacie. Elle a essayé de compter le nombre d'ampoules de Stesolid stockées dans les boîtes en carton blanches et violettes sur l'étagère. Elle a également noté les quantités présentes de morphine, de Cordarone et d'Adrénaline. Pernille imagine que Christina pourrait utiliser ce type de substances, dont même une petite dose peut avoir des conséquences graves. Après avoir dormi, Pernille ira vérifier si quelque chose a disparu.

Elle baisse la lumière à l'aide de l'interrupteur près de la porte. Elle dépose son boîtier d'alerte en entrant dans la chambre. Si l'alarme se déclenche, elle peut l'entendre, puisque sa chambre est juste à côté de la salle du personnel où beaucoup de boîtiers d'alerte supplémentaires sont en charge, qui retentiraient en chœur en cas d'arrêt cardiaque, pense-t-elle. Elle se couche et ferme les yeux. Mais elle ne parvient pas à trouver le sommeil. Elle reste allongée une heure ou une heure et demie en remuant dans sa tête les différents scénarios et en essayant d'y voir plus clair. Est-elle vraiment en mesure de prouver quelque chose ? Lorsqu'elle était dans la chambre de Holm Petersen, Pernille a déjà réfléchi à l'éventualité de tout arrêter et d'alerter les autorités. Pourquoi n'a-t-elle rien fait ? Elle essaie de se persuader d'avoir bien agi, en tentant de défendre son calcul selon lequel le décès de Holm Petersen n'aurait pas suffi à faire condamner Christina. La pire des choses serait que le piège, trop faiblement fondé, ne fonctionne pas quand la police serait arrivée sur place. Alertée, Christina irait travailler dans un autre hôpital, où elle pourrait recommencer, juste plus prudemment. C'est pour cette raison que Pernille est restée sur l'idée de mener à bien sa garde sans faire de remous. Le fait de laisser Christina poursuivre cette nuit, a-t-il changé quelque chose ? Après le décès de Mme Poulsen, Pernille n'a pas réussi à dénicher quoi que ce soit qu'un policier considérerait comme preuve. Il en est de même concernant M. Svend Aage Petersen. Quelque chose lui aurait-t-il échappé ? Peut-être si elle… Mais soudain, elle n'est plus seule avec ses pensées, car la porte s'ouvre avec précipitation, faisant venir dans la chambre la lumière des tubes fluorescents du couloir. C'est Christina. L'état d'une autre patiente s'est sérieusement aggravé. C'est celle de la chambre 34.

Lorsque Pernille entre dans sa chambre, Mme Maggi Margrethe Rasmussen est couchée à moitié hors du lit, avec un sac devant la bouche.

Quand 'elle l'a vue pour la dernière fois, cette patiente, âgée de 72 ans, marchait dans le couloir vers les toilettes, avec pour seule aide son déambulateur. À présent, elle se plaint de vertiges tout en vomissant. Pernille s'accroupit à côté du lit pour faire un prélèvement sanguin. En même temps, elle entend Christina parler au téléphone avec le médecin, Marina. Cette dernière a été appelée dans le service plusieurs fois au cours de la garde de nuit, trois fois pour constater un décès. À présent, on lui dit de se dépêcher parce que Mme Rasmussen a des douleurs thoraciques. C'est ce que Christina entrera par la suite dans l'ordinateur : « Douleurs thoraciques », à 5 h 04. Mais Pernille affirme qu'elle a demandé, lorsqu'elle était accroupie à côté de son lit, si elle ressentait des douleurs, à quoi la patiente a répondu « non », mais qu'elle souffrait de violents vertiges. Une troisième infirmière qui arrive un peu plus tard dans la chambre, obtient la même réponse. Mme Rasmussen n'a pas mal, assure-t-elle. Mais elle dit, en suffoquant, qu'elle a de plus en plus mal à respirer.

Après avoir plaqué de petites électrodes sur la poitrine de la patiente pour mesurer son activité cardiaque, le personnel constate que les battements sont rapides et irréguliers, comme dans une soirée techno, aurait dit, paraît-il, un cardiologue en étudiant l'électrocardiogramme. « Qu'est-ce que tu lui as donné ? » se demande Pernille, en observant que la situation a rendu Christina extrêmement opérationnelle. Elle contacte tous azimuts plusieurs services, redemande des examens et se plaint ouvertement du médecin qui met beaucoup de temps à venir. Christina se retrouve de nouveau placée au centre de l'attention. Elle est en train de faire la démonstration de ce qu'elle sait faire, pense Pernille.

Christina veut transférer la patiente vers le service de cardiologie. Ses collègues l'entendent discuter sans relâche avec le médecin. C'est un fait dont elle est coutumière. Plusieurs médecins ont eu des altercations avec Christina, qui, à la différence de ses collègues peut laisser de côté le respect de la hiérarchie, et remettre en question un traitement prescrit par médecin. Certains considèrent que c'est une marque d'engagement professionnel. D'autres trouvent cela profondément agaçant.

Cette nuit, Christina ne se retient pas. La façon dont le médecin gère la situation ne lui convient pas. Peu après 5 heures, elle note dans l'ordinateur :

« Marina ne veut pas examiner la patiente. » Christina ajoute :

« Marina est appelée pour la 117ème fois, toujours aucune initiative de sa part. Il a été dit à très clairement à Marina que son manque de réaction n'était pas acceptable, ni pour la patiente ni pour le personnel. La patiente n'est plus une personne à faible risque et doit par conséquent être examinée par les cardiologues. »

Le médecin arrive enfin dans la chambre 34 pour examiner Mme Rasmussen. Elle s'occupe activement de prescrire des examens, attendre des réponses et définir le diagnostic. Mais peu de temps après, elle sort de la chambre, et Christina la critique ouvertement, suffisamment fort pour que Pernille l'entende. Elle comprend sa frustration. Pourquoi la patiente n'est-elle pas transférée dans le service de cardiologie ? Il paraît qu'ils manquent de lits, répond le médecin, qui promet de trouver une solution.

Une fois Christina sortie à son tour, Pernille regarde autour d'elle pour trouver des preuves. Elle retire le sac du dispositif mural en métal qui sert de poubelle. Peut-être contient-il l'explication de l'aggravation soudaine de l'état de la patiente. Pernille plie le sac poubelle, tourne rapidement vers la droite quand elle est dans le couloir et se dirige vers la salle de stockage, à l'extrémité du service. Après avoir fermé la porte derrière elle, elle se penche pour ouvrir le sac et bien examiner le contenu, visible à travers le plastique fin mais un peu trouble. Une seringue de 12 mm s'y trouve par-dessus tout le reste. Le piston est poussé à fond. Pernille cligne des yeux. À l'embout, elle a l'impression de voir les restes d'un liquide blanc. Est-ce du Stesolid, cette fois aussi ? Si c'est le cas, ce n'est pas normal qu'on ait utilisé une seringue aussi grande. Quand les infirmiers donnent du Stesolid, ils l'injectent généralement par doses de 1 mm. Que fait la substance blanche dans une seringue qui peut en contenir 12 fois plus ? Pernille prend une photo à travers le plastique, avec son téléphone.

Une autre poubelle est installée au mur de la salle de stockage. Elle soulève le sac qu'elle a pris et place son secret dans cette poubelle.

Chapitre 8

Madame Rasmussen allait bien au cours de la soirée. Marlene, l'infirmière qui avait également veillé, en compagnie de Christina, sur Mme Poulsen et les autres patients du « groupe bas », lui avait apporté des gâteaux, du café et du thé pour elle et pour l'autre patiente installée dans cette chambre. Les deux femmes alitées avaient mangé et bu, tout en bavardant. Quand Marlene les avait laissées en sortant, elle avait l'impression qu'elles passaient du bon temps. Elle ne se faisait donc aucun souci pour Mme Rasmussen lorsqu'elle a quitté le service à minuit environ.

Mme Rasmussen peut certes chercher ses mots. C'est comme s'ils se mélangeaient dans sa tête. Elle a ce problème depuis quelques mois, en raison d'un AVC suite auquel elle boite, avec une motricité réduite du côté droit. Lors de son hospitalisation le matin même, les médecins ont soupçonné un nouvel AVC. Mais il s'est rapidement avéré qu'elle souffrait de fibrillation et de tachycardie, ce qui a motivé un traitement à base de Digoxine. Son état n'ayant pas été jugé critique, elle n'avait pas été transférée dans le service de cardiologie. Vu ses progrès, plus personne ne la considérait comme une patiente à haut risque. Sa situation est stable. Au cours de l'après-midi, un médecin des urgences a noté dans son dossier :

« Peut sortir demain si le rythme cardiaque est satisfaisant. » Mais dans ce cas, pourquoi son état a-t-il empiré ? Les médecins n'arrivent pas à le comprendre, étant donné les chiffres qui s'affichent sur leurs appareils.

Pernille entre dans le local à pharmacie, et recompte. Il semble qu'il y manque encore quatre ampoules d'Adrénaline et une contenant du Stesolid, qui ont dû être enlevées pendant qu'elle dormait. Elle scrute la chambre. Puis, elle remarque le kit d'arrêt cardiaque. L'un des kits a été ouvert. En vérifiant, Pernille découvre qu'il y manque une ampoule de Cordarone, le médicament ultra puissant administré aux patients souffrant de troubles cardiaques et qui sert surtout en réanimation. Pernille prend une photo de la boîte où l'ampoule aurait normalement dû se trouver, sur la couche de mousse. Son iPhone lui montre l'heure : 5 h 10.

Pernille essaie d'imaginer ce que les substances auraient provoqué si elles avaient été injectées à la patiente de la chambre 34. L'adrénaline aurait probablement stimulé son muscle cardiaque suffisamment fort pour qu'il fonctionne correctement au cours des 10 à 15 minutes que dure l'effet du médicament. Mais Pernille a du mal à imaginer comment le corps aurait réagi ensuite si on lui avait administré du Cordarone après le Digoxine, un autre médicament cardiaque. Elle scrute les étagères de la petite pièce remplie de boîtes en carton et de flacons de médicaments. Il ne semble pas qu'il y ait d'autres éléments manquants. Mais il existe aussi un local à pharmacie plus haut, aux Urgences 2, pense Pernille, dont elle ignore complètement le contenu.

10, 20, presque 30 minutes se déroulent sans que le personnel parvienne à diagnostiquer le problème de Mme Rasmussen. Installée dans le bureau, Pernille observe sans répit l'écran qui indique les battements du cœur de la patiente. Jusque-là, pas de modifications. Mais subitement, quelque chose change. Quelqu'un présent dans la chambre de la patiente a dû appuyer sur le bouton qui met en pause la fonction d'alarme de l'équipement. Les infirmiers le font au moment où ils doivent déplacer le patient dans son lit, pour éviter que le signal sonore ne se déclenche si l'attache fixée au doigt du malade lâche à cause de ce mouvement. Lorsque l'infirmier active le bouton pause, aucune alarme n'est générée, même si les valeurs mesurées tombent en dessous du seuil d'alerte. La fonction d'alarme se remet en marche automatiquement après environ deux minutes. Un compteur s'affiche dans le coin supérieur de l'écran de surveillance, indiquant le temps qu'il reste avant la réactivation.

Pernille regarde le compte à rebours. Qui a actionné le bouton de pause d'alarme ? Qui est dans la chambre ? Peu de temps avant, Pernille a vu Christina dans le couloir. Celle-ci, venue des

Urgences 2, était en train de rentrer dans son service, alors que Pernille obliquait vers le bureau. Pernille sort pour aller vers la chambre de Mme Rasmussen, juste en face. Elle se surprend à faire attention au bruit généré par les semelles de ses chaussures, jusqu'au seuil de la chambre 34.

Christina est penchée sur le cathéter vert qu'elle a placé dans l'intérieur du coude de la patiente une demi-heure auparavant, lorsque Pernille a été appelée au secours. Elle a le dos tourné vers l'entrée, mais il semble qu'elle tripote quelque chose. C'est étrange. Mme Rasmussen n'est pas censée recevoir de médicaments maintenant.

« As-tu besoin d'aide ? »

Pernille s'étonne de parler aussi fort. Mais cet éclat de voix a son origine dans un réflexe qui l'habite : elle veut forcer la collègue à arrêter l'opération en cours, quelle qu'elle soit.

Christina est également surprise. Elle sursaute, et semble totalement désarmée, comme si elle ne savait pas où se mettre ni où placer ce qu'elle a entre les mains. Ses bras bougent. Elle a l'air de se dépêcher de finir quelque chose, mais Pernille n'arrive pas à voir quoi. Elle avance d'un pas. La distance entre les deux infirmières est d'environ un mètre et demi. Elle tend le cou pour mieux voir. Soudain, Pernille les voit : deux seringues. Christina les tient dans sa main gauche qu'elle a pliée sous sa poitrine et qu'elle tente de cacher avec l'autre bras. Quand Christina se retourne, Pernille voit deux pistons qui dépassent et sont si près de la poignée des seringues que le contenu éventuel n'y est forcément plus. Les deux pistons sont poussés à fond. À juger par l'extrémité des pistons ronds, Pernille estime qu'il s'agit de deux seringues à 20 millilitres. Toutes deux avec un piston dont le diamètre est celui d'une pièce de cinq couronnes. Sachant que les seringues de la taille immédiatement en dessous ont le diamètre des pièces de deux couronnes, Pernille n'a pas de doute. Elle voit des pièces de cinq couronnes. Deux pièces de cinq couronnes. Deux grandes seringues de 20 millimètres.

Christina dit qu'elle a juste corrigé quelque chose. Un silence gêné s'installe. Les secondes sont longues et Pernille ne sait pas non plus où se mettre. Elle finit par glisser que Christina doit juste lui dire si elle a besoin de quelque chose. Pernille pense qu'elle attirera le soupçon de sa collègue si elle reste là, à calculer les millimètres d'après les pièces de monnaie, ne serait-ce qu'un millième de seconde de plus. Puis Pernille quitte la chambre pour rentrer dans le local à pharmacie. Elle retrouve les écrans qu'elle peut surveiller – seule. Elle regarde le monitor de Mme Rasmussen. Après deux ou trois minutes, la teneur en oxygène commence à baisser. Elle part de 90 et quelque. 80. Elle continue à chuter. 70. Chute encore. 60. Pernille regarde les chiffres fixement. Puis elle entend la voix de Christina. Celle-ci appelle quelqu'un depuis la chambre, et sa voix est facilement compréhensible, même si la porte du local à pharmacie est fermée. « Pernille ! » Le couloir est de nouveau plongé dans le silence. Puis l'alarme d'arrêt cardiaque retentit.

Mette, une autre infirmière, arrive en courant des Urgences 2. Peu de temps avant, Christina lui a demandé d'aller chercher un défibrillateur dans la salle réservée aux équipements cardiaques, et de le placer dans la chambre 34. Elle est donc en route et se trouve à seulement à 10 ou 15 mètres de la pancarte qui pointe vers la chambre de Mme Rasmussen lorsque l'alarme est déclenchée. En entrant, elle voit que le lit a été écarté du mur et la tête de lit détachée. La chemise de la patiente a été écartée des deux côtés de sa poitrine, qui est à nu. Christina a déroulé un paravent pour que l'autre patiente de la chambre ne puisse voir ce qui se trame. Les préparatifs sont faits.

Mette fixe le monitor fixé au-dessus du lit. Le pouls de la patiente est à 69. En regardant Christina, elle remarque que ses pupilles sont dilatées.

Marina, la femme médecin, arrive. Elle était au téléphone avec un spécialiste de l'Hôpital national de Copenhague au sujet de l'électrocardiogramme de la patiente lorsque l'alarme a retenti à 5 h 30, ce qui l'a obligée de raccrocher. L'équipe dédiée aux crises cardiaques arrive également sur place, légèrement essoufflée. Bientôt, une autre chambre des Urgences 3 se remplit donc de soignants accourus depuis plusieurs services afin d'essayer de sauver la vie d'un patient. Beaucoup d'entre eux ont déjà été là pour Monsieur Petersen quelques heures auparavant.

Dans le local à pharmacie, Pernille saisit le kit d'arrêt cardiaque non ouvert. Il faut l'apporter dans la chambre de Mme Rasmussen, sur la table roulante blanche. Maintenant. Mais l'infirmière hésite. Elle a du mal à se motiver pour la suite. Dans quelques secondes, elle va arriver dans une chambre où ses collègues se battront de toutes leurs forces pour sauver la vie d'une autre patiente. Il y aura des analyses, on consultera le dossier, mesurera les valeurs et on tirera des conclusions, on administrera un massage cardiaque et des médicaments. Mais ils seront trompés. Car ceci est un théâtre médical constitué d'acteurs qui pensent travailler, à tout moment, dans le but unique d'aider les patients, mais qui, cette nuit, sont réduits à un rôle de figurants. Terriblement mal à l'aise, Pernille, en passant la porte coulissante, reprend le rôle de l'infirmière qui doit apporter sur scène le kit d'arrêt cardiaque.

Carina arrive en courant dans le couloir : « Mais merde, qu'est-ce qui se passe, encore ? En guise de réponse, Pernille lâche la table roulante, dans un geste qui dit qu'elle n'en sait rien. Elle voit Christina en train d'aider la patiente à respirer à travers un masque à oxygène dont la partie arrière est munie d'un ballon qu'elle resserre sans cesse.

En un premier temps, on hésite. L'alarme d'arrêt cardiaque s'est déclenchée, mais le monitor de la patiente montre que son cœur bat toujours, certes lentement. La patiente est immobile, les lèvres bleues. Elle ne respire pas, et ne répond à aucune sollicitation. Cependant, son pouls est toujours là. Les brancardiers commencent le massage cardiaque. Dès l'arrivée d'un médecin de la chambre, on leur donne l'ordre d'arrêter, puisque le cœur ne s'est pas encore arrêté.

Les médecins ont du mal à comprendre ce qui ne va pas. La patiente a-t-elle eu une dose excessive de Digoxine ? Est-ce une intoxication ? On lui prescrit des médicaments susceptibles d'aider, au cas où. Un autre médecin arrive. La patiente est à présent entourée de dix personnes. La moitié sont des médecins qui s'interrogent.

Mme Rasmussen a-t-elle eu de la morphine ? Un médecin pose la question. D'abord, personne ne répond. Même pas Christina. La plus expérimentée des infirmières du service se dit : « Mais ça, ma belle, tu dois le savoir. » Plusieurs personnes présentes s'étonnent du silence de Christina ; en tant qu'infirmière responsable de la chambre 34, elle doit connaître la réponse. Puis, soudain et avec un ton qui sonne presque spontanément, Christina répond qu'elle a donné à Mme Rasmussen 2,5 mg de morphine, sans que ce soit encore inscrit dans le dossier. Pernille reçoit immédiatement l'ordre d'aller chercher l'antidote dans le local à pharmacie.

Christina louche vers Marina, de l'autre côté du lit, en disant qu'elle l'a appelée au moins dix fois sans réponse. Un autre médecin, plus expérimenté, leur demande de reporter cette discussion à un autre moment. Christina s'adresse à un autre médecin, en déclarant qu'elle comptait, en tout cas, lui parler ultérieurement, parce que cette nuit s'est déroulée d'une manière inacceptable. Carina ne répond pas. Elle regarde Christina avec surprise. Ce n'est pas le moment de mener ce type de discussion.

Il faut toujours aider la patiente a prendre de l'oxygène à travers le masque qui est à présent tenu par une infirmière du service d'anesthésie. Elle continue à apporter de l'oxygène aux poumons de Mme Rasmussen, et plusieurs soignants présents remarquent que ce geste semble porter ses fruits : la patiente reprend soudain des couleurs sous son masque. Mais elle ne se réveille pas. L'antidote contre la morphine n'aide pas non plus.

Le médecin demande : a-t-on donné du Stesolid ? Non. D'autres benzodiazépines ? Non plus. De toute manière, ces substances ne figurent pas sur la liste des médicaments administrés à Mme Rasmussen. Mais alors, que s'est-il passé ? Les yeux de la patiente ne bougent pas, et les pupilles sont totalement rétractées. A-t-elle eu une embolie ou une hémorragie cérébrale ? C'est probable. Elle a déjà eu ce genre de problèmes, et c'est précisément cela que le personnel était censé surveiller cet après-midi. A-t-elle eu une hémorragie cérébrale due à ses anticoagulants ?

Les médecins arrivent bientôt à la conclusion d'une « catastrophe cérébrale », selon la terminologie établie. Donc, une lésion importante qui, dans le cas présent, a frappé le centre nerveux qui gère la respiration de la patiente. On décide vite qu'elle devra passer un scanner. On l'y amène. Le résultat confirme la théorie évoquée par l'un des médecins. On convoque la famille, puisque les images du scanner montrent qu'il n'y a probablement plus rien à faire pour Mme Rasmussen. Son cerveau présente une tache qui s'éclaire sur les images, témoignant de la catastrophe qui vient d'avoir lieu. Les infirmières apprennent que la patiente entre dans une nouvelle catégorie : « Soins pleins d'attention ».

À présent, la patiente peut tout aussi bien être ramenée aux urgences. Une infirmière et une jeune femme médecin remplaçante du service d'anesthésie escortent son lit pour le faire revenir là où ils l'ont cherché peu de temps avant. L'infirmière anesthésiste continue à alimenter le masque de la patiente en oxygène. Le chef de son service a certes décidé de mettre fin au traitement. Les chances de survie de Mme Rasmussen sont pratiquement inexistantes, mais l'infirmière veut qu'elle soit en vie lorsque les proches arriveront. Avec son expérience – elle est près de ses 60 ans – elle en a vu d'autres, mais cette nuit, il lui est difficile d'accepter que cette femme meure. Elle continue donc à presser le ballon face au visage de la patiente.

Christina et Pernille sont prêtes à accueillir le lit. C'est affreux, ce qui est arrivé. Là-dessus, tous sont unanimes. Christina commence à discuter avec l'infirmière anesthésiste. Les deux mêmes collègues qui ont parlé ensemble en sortant de la chambre de M. Petersen. L'autre infirmière complimente encore Christina pour sa compétence. Elle a déjà été impressionnée par elle tout à l'heure, lorsque Christina a détaillé l'arythmie de la patiente en expliquant qu'elle avait commencé par une fibrillation auriculaire qui a évolué en flutter. Tous les infirmiers, loin s'en faut, sont capables d'interpréter un électrocardiogramme de manière si précise. Christina explique qu'elle a suivi une formation supplémentaire en cardiologie. Sa collègue est de nouveau admirative, d'autant plus que Christina ajoute qu'elle a financé elle-même ce cours. Elle souhaite évoluer un jour vers un poste en anesthésie, explique-t-elle. L'autre infirmière l'encourage. Continue à te comporter comme tu es maintenant, dit-elle à sa jeune collègue.

Christina n'a jamais passé aucun examen de cardiologie. Mais elle ne l'a pas non plus affirmé. L'entretien avec l'infirmière anesthésiste est l'un de ceux dont elle contestera plus tard qu'ils aient eu lieu.

Le personnel enlève tous les équipements du corps de Mme Rasmussen. Les instruments mesurant l'apport en oxygène et le rythme cardiaque sont retirés et mis hors tension. Il n'y avait plus rien à faire. Les infirmiers du service des urgences ont préparé une chambre individuelle pour la toute dernière phase de vie de Mme Rasmussen. Ils la laissent dans cette pièce.

À 6 h 21, Pernille envoie un SMS à Niels.

« Numéro 4...»

Pernille a l'impression que Christina trahit une forme de surprise quand elles apprennent toutes deux aux urgences que c'est une hémorragie cérébrale qui tuera la patiente. Pernille se souvient clairement de l'exclamation de Christina :« ça, je n'ai pas vu venir ! » Pernille est tout aussi surprise que sa collègue : jusque-là, elle s'était convaincue que c'était Christina qui avait fait en sorte que Mme Rasmussen ne respire plus. Elle éprouve logiquement un soulagement, avec le sentiment qu'elle n'aurait rien pu faire pour la sauver. Elle n'a donc pas failli à sa tâche, pense Pernille, qui s'est déjà demandé si elle ne vivrait pas très mal l'idée qu'elle aurait pu empêcher un autre décès.

Mais elle continue à s'étonner à propos des seringues qu'elle a vu Christina manipuler dans la chambre, et des ampoules qui ont disparu du local à pharmacie. Il faut qu'elle en parle à Niels. Ils devront vérifier ce qu'ils ont comme preuves et si celles-ci sont suffisantes. La garde de nuit est bientôt finie.

Le compagnon-médecin répond au SMS de Pernille vingt minutes plus tard :

« J'arrive. Attends-moi dans mon bureau. Ne te change pas. »

Une fois les instruments débranchés du corps de Mme Rasmussen, un médecin chef de service se rend au bureau des

Urgences 3 et emprunte un ordinateur. Lors de son entretien avec le radiologue il y a quelques instants, les deux collègues sont tombés d'accord pour conclure que la lésion cérébrale était la raison du nouvel état de la patiente, qui va bientôt expirer dans sa chambre individuelle. Mais à présent, il commence à se poser des questions. Il a retrouvé l'ancienne image du scanner effectué lors de l'hospitalisation précédente de la patiente, aux alentours de Noël, lorsque l'on a diagnostiqué l'AVC qui avait réduit sa mobilité. En comparant cette image avec celle de ce matin, le médecin constate qu'elles sont identiques. Ce que les médecins ont pris pour une nouvelle lésion, correspond aux contours de l'ancienne. Le médecin en chef appelle le radiologue de garde à l'hôpital de Roskilde pour être sûr. Il n'y a pas de doute. Le cerveau de Mme Rasmussen n'a pas subi des changements depuis son précédent scanner.

L'interne du service d'anesthésie vient voir son collègue au bureau. Elle se fait immédiatement renvoyer vers la chambre de la patiente. Elle appelle l'infirmière qui lui a administré de l'oxygène jusqu'à la fin, pour qu'elle revienne dans la chambre immédiatement avec son équipement. Il faut rebrancher Mme Rasmussen. Elle ne doit plus rester dans la chambre 33, où l'on l'a laissée seule depuis 10 à 15 minutes. Il faut la transférer aussi vite que possible en soins intensifs. Il faut la sauver.

La patiente a la bouche ouverte et sa la langue est retombée. Quand Pernille entre dans sa chambre, sa respiration est lente, bruyante, lourde et difficile. Pernille a accouru dès qu'elle a entendu la conversation entre le médecin et son collègue de l'hôpital de Roskilde. Il saisit la mâchoire de la patiente, la fait rentrer en poussant, fait pencher sa tête en arrière pour créer un passage libre à travers la gorge, puis, pose un masque à oxygène sur sa bouche. Les brancardiers arrivent pour reprendre la patiente.

L'infirmière anesthésiste plus âgée reprend les efforts pour aider la patiente à respirer, tout en suivant le lit poussé par un brancardier. Elle serre et resserre le ballon entre ses mains. La respiration de la patiente est à présent plus lente. Mais lorsqu'ils arrivent dans le couloir, en chemin vers le respirateur en cours de préparation au service de soins intensifs, il semble que l'oxygène insufflé commence à avoir un effet sur son cerveau. Elle lève soudain un bras. « Elle est en train de se réveiller », s'exclame l'infirmière en s'adressant au brancardier. Mme Rasmussen commence à bouger les yeux, en battant faiblement des cils. L'infirmière lui explique qu'elle est en route vers le service de soins intensifs. Entre-temps, la jeune femme médecin remplaçante s'interroge sur une remarque faite par Pernille dans la chambre, avant qu'ils ne partent avec le lit.

Pernille lui a demandé si l'état de la patiente pouvait s'expliquer par une administration de Stesolid. Le médecin a réagi en demandant si Mme Rasmussen a reçu des anxiolytiques sans qu'il en soit fait mention dans son dossier. Pernille a répondu : « Je ne lui en ai pas donné ». C'est une réponse qui semble aussi étrange que la question initialement posée par la jeune infirmière. En parlant avec son supérieur du service de soins intensifs, le médecin répète la question de Pernille lorsque l'équipe arrive avec le lit de Mme Rasmussen. Le chef de service prescrit immédiatement un antidote. Il n'était pas probable que la patiente ait reçu du Stesolid, puisque ce médicament ne figure pas dans le dossier, mais quelqu'un est tout de même allé chercher le Flumazenil, une substance qui bloque l'effet des benzodiazépines.

C'est généralement qu'une question de secondes avant que le Flumazenil ne commence à avoir des effets si le sang du malade est chargé d'un anxiolytique avec lequel l'antidote peut entrer en réaction. Il faut entre trente secondes et une minute pour que la nouvelle substance atteigne tout le système vasculaire et se répartisse dans le corps. Le changement chez la patiente s'opère avant. Elle ouvre soudain les yeux et commence à respirer normalement. La patiente s'assied dans le lit et regarde les soignants qui sont en train d'observer le mystère. Elle a retrouvé l'usage de la parole, pour dire aux médecins qu'elle a soif.

« Impossible, à présent, de comprendre la raison de l'arrêt respiratoire de la patiente, mais maintenant, elle respire », note le chef de service dans le dossier de Mme Rasmussen, à 6 h 56.

La femme médecin remplaçante va dans le couloir parler avec l'infirmière anesthésiste expérimentée. Elle n'est employée dans l'hôpital que depuis quelques mois. Et elle est visiblement marquée par ce qu'elle vient de vivre, une expérience effrayante pour quelqu'un d'assez nouveau qui doit se fier aux recommandations des autres médecins, d'après ce qu'elle explique à sa collègue. Ce matin, elle a participé à la décision selon laquelle Mme Rasmussen devait être laissée seule pour mourir. Alors que la patiente a maintenant repris conscience. Il est donc possible de prendre des décisions erronées, voire fatales.

Les médecins du service de soins intensifs essaient par la suite de trouver la raison qui explique que l'antidote au Stesolid a eu de l'effet sur Mme Rasmussen. Ils contactent les urgences à plusieurs reprises, pour savoir si quelqu'un a oublié d'entrer dans le système informatique un médicament administré à la patiente. Aucun des infirmiers n'est au courant.

« Une fois passé le week-end, il conviendra de mener une investigation approfondie pour savoir si la patiente a reçu aux urgences une préparation à base de benzodiazépine. Ce n'est indiqué nulle part ! » écrit l'un des médecins dans le dossier de la patiente.

L'un des médecins appelle l'infirmière qui avait déclenché l'alarme d'arrêt cardiaque. Il veut savoir si Christina a des renseignements susceptibles d'aider les médecins à élucider le mystère. Après le départ de la patiente pour le scanner, Christina a dit à ses collègues qu'elle apprécierait d'être informées des résultats. Même si elle est rentrée chez elle, elle souhaite qu'on l'appelle une fois connue la raison de l'état de la patiente, a-t-elle dit au médecin qui est en train de l'appeler. Christina lui pose la question tout de suite.

« Il s'agit probablement d'une grosse dose de Stesolid », répond le médecin.

D'après son compte-rendu ultérieur de l'entretien avec Christina, cette dernière lui explique que la patiente de la chambre 34 n'était pas sous sa responsabilité. Christina déclare également ne pas avoir eu connaissance que quelqu'un aurait injecté du Stesolid à la patiente. Elle demande si les médecins ont vérifié qu'elle n'avait pas eu de somnifère le soir ? Le médecin répond qu'il n'a jamais, au cours de ses vingt ans de service, vu quelqu'un s'arrêter de respirer suite à une prise normale de somnifère. Est-elle sûre de ne pas avoir entendu parler de Stesolid ? Peut-être quelqu'un a oublié de le noter dans les systèmes informatiques ? Christina répète : « Mme Rasmussen n'était pas ma patiente. » Elle nie aujourd'hui avoir omis de dire au médecin qu'elle était chef de groupe responsable des chambres de 30 à 34, précisément.

Toute la matinée, le personnel des urgences continue à injecter régulièrement de l'antidote dans le cathéter veineux de la patiente. Au fur et à mesure qu'elle reprend ses esprits, elle se plaint de douleurs à la poitrine. Rien d'étonnant, puisque les brancardiers lui ont fait un massage cardiaque. Quand l'équipe du soir arrive, on est toujours en train d'administrer l'antidote.

L'une des infirmières de garde se dit qu'elle n'a jamais vu une patiente avoir besoin d'antidote en une telle quantité pendant aussi longtemps. Elle a dix ans de service derrière elle.

Le docteur Niels Lundén et sa compagne sont convenus d'éviter de faire un esclandre à l'hôpital. Le médecin était parti en vacances quelques jours auparavant ; mieux vaut que personne ne puisse se demander ce qu'il fait aux urgences, un dimanche matin, au milieu de ses congés. Ils se sont également dit qu'ils allaient d'abord se retrouver au bureau pour parcourir les observations. Avant d'impliquer d'autres personnes. Pourtant, il se rend à l'hôpital environ une demi-heure avant que les infirmiers de nuit des Urgences 3 ne soient libres. Il n'en peut plus d'attendre. À ce stade, il imagine déjà que les patients décédés au cours de la nuit seront au centre d'une affaire policière. Et en collectionnant les preuves, il veut que les enquêteurs dépêchés sur le lieu du crime disposent d'autant de pistes que possible.

Niels passe une nuit blanche en se demandant quelle sera la bonne stratégie. Où pourra-t-il y avoir des indices ou des preuves qui risquent d'être perdus lorsque les routines matinales des urgences commenceront ? Et que devront-ils faire tous deux lorsque la garde de Pernille se terminera ?

Dès le départ, Niels a exclu d'avertir la direction le premier. Formellement, c'est certainement plus correct, mais il craint que les réactions viennent beaucoup trop lentement. D'abord, les responsables hiérarchiques des différents niveaux doivent être informés. Puis, il faut récapituler l'affaire. Et si la direction estime qu'il convient de convoquer Christina à une entrevue où elle pourra s'expliquer avant que les autorités ne soient alertées ? Non. Il faut passer outre, et aller directement à la police. Comment procéder le plus efficacement ? Appeler le numéro principal et porter plainte, ou s'y prendre autrement ? Niels a effectivement opté pour une solution alternative.

Dans la lumière bleue de son écran d'ordinateur, il a passé une partie de la nuit à chercher l'adresse du domicile de Søren Ravn Nielsen, inspecteur adjoint de la police. C'est lui qu'on interroge à la télévision dans les affaires jugées spectaculaires par les journalistes. Niels l'a rencontré dans le cadre de son travail. Il semble compétent, estime-t-il.

Il se demande s'il ne faut pas commencer ce matin par se rendre chez Ravn Nielsen et lui présenter l'affaire personnellement, afin de s'assurer qu'un homme portant les étoiles sur les épaulettes conduise le processus dès le début. S'il appelle le commissariat, pense le médecin, l'agent de garde dépêchera tout simplement une voiture de patrouille sur place. En se garant devant l'entrée principale de l'hôpital, elle attirera l'attention de tout le monde, et Christina sera avertie. Et avant que les premiers agents de police n'aient eu le temps de découvrir le sérieux de l'affaire et ne fasse appel à un inspecteur pour mener l'enquête, il y a risque que certaines preuves disparaissent. Non, il y a ici d'emblée besoin d'avoir quelqu'un qui ait une expérience étendue et qui soit à même de définir une bonne stratégie. Il n'a qu'une seule chance, et si elle échoue, le couple aura de sérieux problèmes pour s'expliquer.

En fin de compte, il décide qu'il veut plutôt appeler Ravn Nielsen, dont il a trouvé le numéro direct sur internet. De plus, il vaut mieux qu'il aille directement à l'hôpital pour voir Pernille d'abord. Elle a l'air totalement effondrée lorsqu'ils ont parlé au téléphone peu après minuit. Il vaut mieux qu'il lui donne le câlin qui peut la stabiliser avant qu'ils n'appellent la police. Parallèlement, ils sont en train de lutter contre le temps, et tous les collègues non avertis qui iront bientôt travailler, en rangeant, jetant les poubelles et faisant le ménage, ce qui, aujourd'hui, équivaudra à saboter toutes les preuves présentes. Finalement, Niels s'en va tôt pour l'hôpital.

Il arrive aux urgences à environ 6 h 30. À ce moment, Pernille et Christina sont encore au travail, et Niels sait qu'il ne doit absolument pas être vu par Christina. Si elle constate la moindre anomalie, ses soupçons seront éveillés, se dit-il.

Le médecin tente de marcher de façon à ne pas attirer l'attention dans ce couloir avec ses trois sous-sections, et se dirige directement vers le local poubelles des Urgences 3. Sa priorité, ce matin, est de faire en sorte que les déchets ne quittent pas le service des urgences. Mais rapidement, une aide-soignante qu'il croise dans le couloir confirme ses craintes après avoir vérifié le local poubelles : le brancardier est déjà passé prendre les déchets produits durant la garde de nuit.

Ce sont eux qui se chargent de ramasser les poubelles, deux ou trois fois par jour, en commençant généralement vers sept heures. Ces « hommes à tout faire » font le tour des services avec leurs containers bleu foncé sur roue et se dirigent vers le local poubelles, où ils vont chercher tous les sacs contenant les déchets ramassés par les infirmiers, aides-soignants et femmes de ménage, que ce soit dans les chambres ou dans les bureaux. Tous les jours, on trouve des seringues vides dans les sacs poubelles gris, noirs ou transparents. Ensuite, l'ensemble est transporté jusqu'à un lieu central, où les sacs sont ouverts, leur contenu trié et mélangé avec tous les déchets provenant des différents étages de l'hôpital.

Dans la cour, le médecin trouve le brancardier. Malgré l'obscurité, ce dernier lui montre les deux containers dans lesquels il a mis les poubelles des urgences, parmi les autres containers, tous bleus, qu'il vient de regrouper sur le bitume. Il a également eu le temps de collecter les poubelles du bloc opératoire et du service de radiologie, en plus de celles des urgences. Ce sont ces dernières qui intéressent le médecin, puisqu'elles contiennent les déchets des Urgences 2 et 3, explique le brancardier. « Êtes-vous sûr ? » Le brancardier n'a pas de doute. Lundén l'aide à les rentrer à l'intérieur. Ils doivent être « mis sous scellés », explique Niels, ce qui signifie qu'ils seront confisqués et placés dans une pièce verrouillée ou protégés contre la destruction. Ils posent les conteneurs à l'extrémité du service des urgences, dans une zone sans chambres qui comporte des bureaux, dont celui de Lundén. Le médecin fixe un post-it jaune sur chaque conteneur, et écrit « 2 » et « 3 » avec un stylo. Il demande au brancardier de mettre ici toutes les poubelles lors de son prochain ramassage de déchets, vers midi.

On commencerait bientôt à parler à l'hôpital. Qu'est-ce que les gens du couloir des urgences imaginent que ces sacs en plastique puissent contenir ? Le brancardier pense que ça peut être quelque chose d'aussi important qu'une clé.

Après ses douze heures passées à l'hôpital, Pernille devrait normalement être fatiguée, mais elle se sent à présent parfaitement réveillée.

Tout ce qu'elle n'a pas pu dire, elle le dit maintenant qu'elle se trouve face à son compagnon au bureau. Ça semble complètement fou, pense-t-elle, elle est bouleversée. Les mots se bousculent dans sa bouche, et elle tremble. Mais plus elle parle, plus ce qu'ils doivent faire lui paraît clair. Il n'y a plus le choix : il faut qu'ils appellent la police.

Le portable de Pernille sonne. Elle regarde Niels avec frayeur. C'est Christina. Elle explique qu'elle a eu un appel du médecin du service de soins intensifs qui dit que Mme Rasmussen a pris trop de somnifères. Son état s'explique par des comprimés prescrits par son médecin traitant. « Ce n'est donc pas notre faute », dit Christina, d'après le souvenir de Pernille. « N'y pense plus », ajoute-t-elle. L'entretien des deux infirmières se termine par un rapide « à plus ». Niels allume son ordinateur. Il peut vérifier, dans les systèmes informatique, tout ce que d'autres médecins ont prescrit.

Y compris son propre médecin. Aucun somnifère n'a été prescrit à Mme Rasmussen. Niels regarde sa compagne.

« Nous sommes obligés d'appeler la police. »

Soudain, Pernille veut qu'ils attendent un peu. Est-ce qu'il ne serait pas mieux de tout repasser en revue ? Ne pourraient-ils pas laisser la situation se décanter ? Plusieurs fois, elle tente de prononcer une phrase, mais n'arrive pas plus loin que les premiers mots : « Je dois juste… ».

Niels la regarde.

« C'est maintenant », dit-il.

Pernille prend la poubelle entre les jambes lorsque le médecin appelle. Elle a peur de vomir. Elle sait parfaitement qu'à la suite de cet appel, l'affaire ne sera pas terminée. Elle n'est qu'au début de quelque chose dont elle ne saisit pas encore les conséquences.

Niels décroche. Il suggère à l'inspecteur de police adjoint que les agents entrent par l'arrière du bâtiment pour ne pas attirer l'attention. Puis il appelle l'infirmier en chef, le supérieur hiérarchique de Pernille, pour lui suggérer de venir à l'hôpital.

Quelques minutes plus tard, une voiture de patrouille se dirige vers l'hôpital de Nykøbing Falster.

Chapitre 9

Si l'on regarde une carte de Ballerup, on est frappé par son aspect géométrique : dix rectangles consacrés aux logements, séparés par d'immenses pelouses, à quelques centaines de mètres de l'autoroute traversant le détroit de Frederikssund, qui délimite la commune au Sud. Cette petite communauté urbaine, constituée d'immeubles de trois étages, a pour nom Hedeparken et Magleparken. C'est un mélange de logements sociaux et semi-privés. Après quelques années de présence, les habitants utilisent l'expression « ici, chez nous » à propos de tout ce qui s'y passe.

L'ensemble comprend des clubs de loisir, des buanderies collectives, une église, un centre commercial avec clinique médicale, une pharmacie, une boulangerie et deux supérettes. On y trouve aussi des crèches et des jardins d'enfants, ainsi qu'une école, Hedegårdsskolen, de l'autre côté du grand immeuble situé à l'extrémité de l'allée qui sépare les logements. Pour les familles, tout est accessible à pied, tout du long de la vie, excepté le travail. Lorsqu'on se renseigne en appelant l'administration des logements sociaux qui occupent une aile de l'ensemble :

« La seule chose qui nous manque, est un EHPAD. Sinon, tout est sur place.

Gitte et Henrik Hansen ont vécu le plus clair de leur temps dans Hedeparken. Ils y ont aménagé à l'époque où les clubs de loisir prospéraient et où il était rarement difficile de prononcer le nom des nouveaux arrivants. Hedeparken a changé depuis. Mais le couple est toujours là, derrière l'une des baies vitrées qui donnent sur la pelouse. C'est le même appartement de 91 mètres carrés, au premier étage, où ils ont élevé leurs deux filles, dont Christina, le seul endroit où elle ait vécu avant de quitter la maison et d'entamer ses études d'infirmière.

Christina a grandi dans une famille nucléaire danoise qu'on peut qualifier d'ordinaire, avec des parents attentionnés, des moquettes propres au sol et, au milieu de la table, un joli bougeoir.

La mère étant nourrice à domicile, elle était toujours présente dans l'appartement lorsque Christina et sa petite sœur rentraient de l'école. Le père a travaillé comme typographe pendant trente ans environ, puis comme employé des pompes funèbres et, pour finir, comme peintre en bâtiment. Ses revenus, corrects, permettent de se rendre régulièrement au grand parc d'attractions de Tivoli, à Copenhague et de partir, l'été, pour des vacances à Malte, toujours trois semaines au même endroit, le Mellieha Holiday Centre, où la famille Hansen occupe un bungalow près de la piscine, parmi d'autres Danois bénéficiant de l'offre alléchante des Vacances populaires danoises.

Les deux filles ont eu une enfance stable et sécurisante, d'autant plus que les grands-parents habitaient tout près, de l'autre côté de la route. Christina, petite, allait souvent chez eux. Elle rejoignait en courant l'aire de jeux, en périphérie de l'ensemble, où elle pouvait monter sur des poneys et garder les lapins. C'est là qu'elle passait le plus de temps lorsqu'elle ne s'exerçait pas aux arts martiaux. Elle a commencé le taekwondo après avoir compris que le foot ne lui convenait pas. Mais c'est l'affiche du footballeur danois Brian Laudrup qui continue à dominer sa chambre. La chambre bleue. Parce que Christina est plutôt une fille genre garçon manqué. Elle n'a pas peur de s'écorcher sur les planches en bois lorsqu'il s'agit d'enfoncer les clous dans une construction temporaire, en bas, à côté du club. Elle y va très fort sur sa motocross.

Christina a le souvenir d'une enfance heureuse, sans harcèlement et avec beaucoup d'amies, qui venaient régulièrement à la maison. En revanche, elle ne faisait pas d'étincelles à l'école. Trop discrète. Elle utilise elle-même le mot « timide ». Ses camarades de classe se rappellent « une fille peu bavarde » qui avait l'air incertaine, parlait lentement et semblait le plus à l'aise quand on ne la remarquait pas.

« J'ai l'impression qu'elle n'arrivait pas à prouver son identité, et c'est la raison pour laquelle elle restait en retrait la plupart du temps. Quand nous étions un peu plus grands, elle essayait, pendant un certain temps, de courir après les plus forts. Mais elle était toujours à la traîne dans ce groupe. Toujours en arrière-plan », explique une femme qui est restée dans sa classe pendant toute l'école primaire.

Dans tous les entretiens entre ses parents et l'école, on lui disait qu'il fallait qu'elle lève la main et participe davantage. Mais Christina n'aimait pas être au centre de l'attention. Par exemple, lorsqu'elle devait faire une présentation de taekwondo pour obtenir une nouvelle couleur de ceinture. Elle détestait cela. Ou lorsqu'elle se faisait appeler au tableau pour réciter sa leçon. Cela aussi, elle le détestait, non qu'elle n'ait pas fait son travail – en général, elle était en avance, mais elle s'énervait beaucoup quand elle se faisait interroger. Lors de son premier examen de danois, à l'école de Hedegård, elle a vomi par terre devant son professeur et un membre du jury. Il s'agit là d'un réflexe corporel qui est resté jusqu'à présent. Elle vomit quand elle est sous pression, ou se trouve coincée dans des situations difficiles.

Christina avait pour projet de devenir sage-femme.

Mais ses notes de baccalauréat, obtenues après les années passées au lycée de Vestre Borgerdyd, n'étaient pas suffisantes pour accéder aux études correspondantes. Sa demande d'admission selon le quota hors baccalauréat n'a pas non plus abouti. Elle a commencé ses études d'infirmière à Herlev en 2005, dans l'espoir d'accéder au métier de sage-femme par ce biais. Travailler comme infirmière n'a jamais été son rêve. Au départ, elle voyait cette activité comme celles des maisons de soins, consistant à changer les couches des personnes âgées et leur faire prendre un bain. Christina pensait aux dernières années de ses grands-parents paternels, dont le séjour dans une institution de ce type, où tout le monde est par définition malade, ne lui laissait pas de bons souvenirs.

En complément de sa bourse d'études, Christina avait commencé à faire douze heures par semaine dans un autre EHPAD, celui de Brøndby Strand. Mais elle avait rapidement découvert que le métier d'infirmière allait bien au-delà des tâches liées à son job du week-end. Une fois que les études ont pris un aspect plus pratique, elles sont devenues passionnantes, par exemple, lorsqu'il fallait poser une perfusion ou un drain ou mélanger des médicaments. Les cas anonymes des cours se transformaient en patients en chair et en os. Lorsque la situation, imprévisible, pouvait exiger une analyse rapide et qu'on fasse le lien avec les connaissances théoriques. Finalement, Christina était fascinée. Elle se sentait comme un mécanicien qui a l'autorisation de tripoter une voiture et qui découvre qu'il peut trouver comment la réparer.

La fille qui prenait bien ses leçons à l'école primaire et qui aimait le par cœur se jetait de la même manière sur les matières à apprendre, une fois prise par le jeu. La timidité l'avait à présent quittée ; elle s'en était débarrassée dans l'adolescence. Et la jeune femme avait remarqué qu'elle commençait à aimer que les gens lui posent des questions sur ses études.

Lors de sa formation, Christina découvre que les efforts déployés pour comprendre des concepts médicaux compliqués peuvent être rémunérés par le succès que l'on rencontre en exposant son savoir.

Elle effectue son stage au service d'hématologie de l'hôpital de Herlev, qui soigne avant tout des cancéreux. Puis elle travaille dans le service de chirurgie gastro-entérologique à Glostrup, en psychiatrie au même hôpital et à la maison de soins de Lindehaven, où ses grands-parents ont séjourné. Mais c'est lors de son dernier stage, le plus long, que Christina se trouve face à son modèle d'infirmière.

Pour leur stage final, Christina ainsi que bon nombre de ses camarades d'étude souhaitent avant tout travailler en pédiatrie ou en cardiologie. Christina opte pour cette dernière spécialité. Et elle a de la chance. Après les congés d'été, elle et une autre élève-infirmière sont admises dans le service de cardiologie de l'Hôpital de Herlev. Il est convenu que leur stage soit scindé en deux, dont une première partie aux urgences.

Les deux premiers jours suffisent pour leur donner une vision claire du monde agité des urgences. Au milieu du flux des patients amenés par les ambulances, Christina voit une infirmière qui la fascine, placée dans un genre de box où elle accueille les cas critiques, en décidant de la répartition et de l'emplacement des lits dans le bâtiment haut de 25 étages. Elle fait également appel aux médecins, qu'elle guide. Tout en identifiant les cas les plus urgents parmi les civières qui affluent au service, elle regarde avec attention les informations affichées par les écrans de surveillance. À Christina, elle produit un effet d'efficacité extrême : elle réfléchit et dirige les opérations sans avoir l'air de craindre les possibles conséquences fatales d'un mauvais choix. Christina se rappelle qu'elle se contentait de l'observer. Cette infirmière n'était pas vieille, même pas un cheveu gris, et elle semblait à l'aise au milieu de l'agitation. Christina découvre, ce jour-là, qu'il en est de même la concernant. Dans les autres services où elle a travaillé, elle a surtout apprécié les jours où il fallait aller vite. Et elle n'est pas effrayée par le nombre de gardes de ce type aux urgences. Elle est fascinée par l'ambiance frénétique et le tempo. Par le fait qu'il faille sans cesse continuer. Et que ses compétences soient mises à l'épreuve sans relâche.

Elle dit aujourd'hui :

« C'était quelque chose de très particulier. »

Sa collègue est contente, semble-t-il, lorsqu'elle apprend qu'elle est affectée au service de cardiologie à plein temps, puisque Christina renonce à ses propres mois de stage là-bas pour se consacrer à des tâches futures plus actives. En s'essayant elle-même à celles-ci, tout en continuant à apprendre, elle a de moins en moins de doutes : après la fin de ses études, elle ne sera pas sage-femme. Elle travaillera, un jour, aux urgences. Mais avant cela, elle doit accoucher.

Anders et Christina ne sont en couple que depuis huit mois lorsqu'elle tombe enceinte. Il existe deux versions du début de leur histoire. Selon Anders, il s'agirait d'une rencontre via un site. D'après Christina, ils se sont vus lors d'une fête à l'école d'infirmières où Anders avait réussi à obtenir l'un des billets d'accès gratuits distribués aux garçons au nom de l'équilibre entre les sexes. À cette époque, Christina est seule, après la rupture avec l'homme qui l'avait incitée à quitter ses parents après le lycée pour s'installer avec lui dans un appartement à Brøndby Strand. Elle dispose à présent d'un logement tout près de l'hôpital. Anders y vient souvent. Mais quand ils découvrent qu'ils vont être parents, une évidence s'impose : ils veulent cohabiter et ne plus se contenter du court terme. Anders habite loin, sur l'île de Møn, à côté de Falster et Lolland, et Christina préfère ne pas s'éloigner trop de ses parents, qui habitent Hedeparken, à moins de dix minutes en voiture de son petit appartement de Skovlunde. Mais le nouveau fiancé prévoit de rénover une maison, et même si Christina a l'impression qu'il l'y pousse, elle accepte de s'installer là-bas, dans le Sud.

Le début est difficile. Tout le monde se connaît, et Christina se trouve isolée. Ses parents lui manquent cruellement. La petite fille prend de plus en plus de place dans son ventre. Mais elle décide de donner une chance au nouveau projet. Elle et Anders sont amoureux, la maison sera certainement très bien, et la ville de Nykøbing Falster se targue d'un grand hôpital où elle pourra trouver du travail.

Un beau jour de janvier 2008, il semble que tout soit enfin réglé, et dans ses pensées, elle ne navigue plus tout le temps au-delà du détroit, vers Ballerup. C'est le jour où naît sa fille Maja.

Chapitre 10

« Je suis enfin rentrée chez moi après la pire garde de nuit de ma vie. Merci pour les efforts. »

Christina publie ce petit texte sur Facebook à 7 h 34, environ un quart d'heure après avoir enlevé sa blouse dans les vestiaires et quitté l'hôpital. Une garde effrénée de douze heures, surtout à la fin, en raison de la crise liée à Mme Rasmussen, qui a repoussé toutes les routines matinales aux urgences ; les infirmiers ont dû travailler avec acharnement jusqu'au changement de garde.

Les collègues de la garde de nuit rentrent chez eux pour dormir, mais ce n'est pas le cas de Christina. Aujourd'hui, c'est le spectacle de gymnastique à Maribo, où Maja doit se produire. Christina a donc juste le temps de rentrer avant de ressortir dans le matin de mars.

Elle marche rapidement vers son appartement situé dans la Hospitalsvej, situé à seulement environ deux cents mètres de l'entrée principale de l'hôpital. Elle ouvre la porte du deuxième étage et donne rapidement à manger aux deux cochons d'Inde avant de redescendre pour se mettre au volant de sa Peugeot 208 noire, et de se diriger vers la maison mitoyenne qu'occupe Peter, à dix minutes de route environ.

Cet ambulancier est son copain depuis un certain nombre de mois déjà. Quelques années après la naissance de Maja, il s'est avéré que la vie commune avec Anders n'était plus possible. La relation entre eux deux était devenue houleuse. Lorsque Christina a décidé de quitter Møn pour Nykøbing Falster, ils se sont disputés pour savoir qui aurait la garde de l'enfant. C'est l'Administration qui a dû trancher. Malgré un système strict de garde hebdomadaire alterné, il y avait toujours quelque chose qui coinçait. Avec Peter, c'est tout le contraire. Elle et lui prévoient des vacances en Turquie, et les caisses de déménagement remplies dans l'appartement de

Christina témoignent de leurs projets pour l'avenir : ils doivent s'installer ensemble. Elle a déjà résilié le bail pour l'appartement de la Hospitalsvej, et ses affaires commencent progressivement à trouver le chemin vers la maison mitoyenne de l'autre côté de la ville, où l'attendent ses parents, ce dimanche matin. Elle se gare devant la maison, puis s'installe dans leur voiture, sur la banquette arrière, avec deux cannettes de soda. Une garde très dure, dit-elle. Ses parents la trouvent fatiguée mais ne voient rien de frappant dans son comportement. Et la collègue qui a quitté les vestiaires de l'hôpital au même moment que Christina pour l'accompagner sur le parking, n'a rien vu d'étrange chez elle.

Mais à l'hôpital, il se passe quelque chose qui est tout sauf normal. Pendant que la famille Hansen se dirige vers le gymnase de Maribo, une voiture de police est en train de se rendre sur le lieu de travail de Christina. Les deux agents se sont vu confier une mission inhabituelle par M. Søren Ravn-Nielsen, inspecteur de police adjoint, qui a reçu un appel extraordinaire lorsqu'il était en train de siroter son café du dimanche matin.

Niels accueille les deux policiers dans son bureau. Pernille s'efforce de résumer la garde de nuit en peu de mots : trois patients aux urgences sont décédés au cours des dernières douze heures. Un quatrième a failli mourir, mais est en cours de réanimation.

« La personne interrogée indique qu'elle soupçonne, depuis un certain temps, une collègue infirmière, Mme Christina Aistrup Hansen, de tirer profit de son poste pour administrer aux patients des médicaments visant à les tuer/à leur infliger un arrêt cardiaque », notent les agents dans leur rapport, le tout premier dans un dossier qui sera énorme.

Ils écoutent attentivement et essaient de capter tout ce que Pernille raconte dans les minutes qui suivent. Anna Lise Poulsen. Viggo Holm Petersen. Svend Aage Petersen. Maggi Rasmussen.

« Lorsque la personne interrogée entre dans la chambre, Christina se tient près de la patiente. Elle remarque que la collègue tient deux seringues à la main, plus grosses que celles habituellement utilisées dans les services », note l'agent.

« Elle a l'air énervée et peu sûre d'elle, mais le témoin ne la questionne pas davantage. Peu de temps après, l'état de la patiente s'aggrave », écrit-il.

Lorsque Pernille termine son récit concernant Mme Rasmussen, les agents lui demandent de faire une pause. Ils sortent de la pièce pour appeler M. Søren Ravn-Nielsen. La police se trouve confrontée à une affaire qui semble inquiétante et qui doit être examinée davantage, disent-ils à leur supérieur.

L'inspecteur de police adjoint n'a plus de doute : il faut qu'il vienne lui-même sur place. Il déclenche donc tout le processus. Tous ceux qui sont au travail à l'hôpital de Nykøbing Falster ce matin-là, comprennent qu'il se trame quelque chose aux urgences. Des experts techniques sont appelés de Copenhague, ainsi que des médecins légistes. Plusieurs enquêteurs et un autre enquêteur en chef susceptible de coordonner les opérations sont dépêchés sur place et doivent lâcher immédiatement leurs activités du dimanche. Le parking de l'hôpital est occupé par un nombre croissant de véhicules dont sortent des personnes qui ne ressemblent ni aux employés ni aux proches des malades. L'hôpital de Nykøbing Falster est devenu un lieu de crime.

Christina monte dans son appartement pour se coucher. Ses parents sont restés dans le gymnase de Maribo, avec son ex-compagnon Anders, pour assister à la fin du spectacle de gymnastique, mais Christina et Peter rentrent avant la fin pour qu'elle puisse enfin se reposer. Elle doit reprendre le travail le soir même.

Aux alentours de 11 heures, elle règle l'alarme du téléphone de façon à pouvoir dormir environ quatre heures. Elle jette un œil sur Facebook avant de fermer les yeux. Plusieurs de ses collègues ont commenté son poste concernant « la pire garde de nuit de ma vie ». Elle précise, dans le fil des commentaires, qu'il s'agit de « trois décès » et d'un « arrêt respiratoire ».

« J'aurais pu me pendre ce matin », écrit-elle. Elle s'endort.

Tina est dévastée. La veille au soir, elle a dû appeler le fils et la fille de Viggo Holm Petersen pour leur dire que leur père était mort. Et quand elle est rentrée dans la maison qu'elle et Viggo ont partagée pendant de si nombreuses années, elle n'a pu trouver le sommeil. Un film tourne dans sa tête. Le trajet, sur le siège avant de l'ambulance, les chiffres qui montrent que l'infection est en train de baisser, la lueur qu'elle croit voir dans les yeux de Viggo et le petit Elias qui a droit à une séance de chatouille sur ce lit d'hôpital. Puis l'appel téléphonique et une infirmière qui l'accueille pour dire que Viggo a soudain été victime d'un arrêt cardiaque. Tina a essayé d'expliquer au personnel qu'il avait repris vie. Son regard qui s'était ranimé. L'infirmière lui a répondu quelque chose dans le genre : « Il ne voulait peut-être pas vous montrer à quel point il allait mal. Pour vous épargner. » Tina ne croit pas à cette version. Elle a partagé la vie de Viggo pendant plus de 25 ans. Elle le connaît suffisamment pour déceler un tel mensonge. L'amélioration de son état était réelle. La famille s'est donné rendez-vous devant la chapelle de l'hôpital en début d'après-midi. Le personnel a dit qu'un brancardier viendrait sur place pour leur ouvrir les portes à 13 heures, pour qu'ils puissent dire au revoir à Viggo. Tina, sa fille et son gendre entrent dans la petite cour qui entoure les deux grandes portes en bois de la chapelle. Ils frappent. Saisissent la poignée. C'est fermé. Personne n'ouvre. Tina appelle l'hôpital en demandant pourquoi tout est fermé. Ils arrivent, leur dit-on, et tous trois quittent la cour pour retourner vers la route et guetter l'arrivée des deux enfants de Viggo. Le téléphone de Tina sonne. C'est la police. Le nom de l'agent ne dit rien à Tina, mais il s'agit de Viggo, dit-il. Elle s'arrête. « Je suis ici », ajoute le policier. Tina se retourne et le voit dans la cour. Entre-temps, la porte de la chapelle a été ouverte, et un policier se tient devant, le téléphone collé à l'oreille. Tina reconnaît l'inspecteur adjoint qu'elle a vu à la télé. Travaillant dans un EHPAD, elle a l'habitude que la police soit informée dans le cas d'un décès inattendu. Le policier demande à Tina si elle autorise le transfert de Viggo vers Copenhague en vue d'une autopsie. Copenhague ? Elle s'étonne. Copenhague, c'est loin, pense-t-elle. Est-ce habituel ? Le policier de donne pas d'autres explications, mais Tina donne son accord. Il permet à la petite famille de faire ses adieux à Viggo pendant une demi-heure.

Pendant que la famille entoure Viggo, une voiture de police fait route vers le nord. Peu de temps avant, elle a quitté le parking de l'hôpital, de l'autre côté de l'angle de la rue, avec Pernille, en route vers le commissariat de Vordingborg, où elle doit faire sa déposition.

Selon les notes prises par les agents dans ce cadre, Pernille est tout d'abord informée du fait qu'elle n'a aucune obligation de parler. Son interrogatoire s'ouvre en respectant les « droits de l'accusé », d'après la formulation employée lorsque la police ne saurait exclure qu'un témoin, plus tard dans l'enquête, finisse par être inculpé dans l'affaire à propos de laquelle il est interrogé. Mais Pernille renonce au délai de réflexion et au droit de se faire assister par un avocat. Elle commence à raconter à la policière tout dont elle se souvient. L'infirmière parle sans interruption, pendant plus de deux heures. Selon le rapport policier, Pernille raconte les gardes de week-end, quinze jours auparavant :

« elle a à peine quitté l'hôpital que Christina ne lui envoie des messages disant qu'un tel et un tel ont été placés en soins intensifs, et qu'un tel et un tel sont décédés. » Elle raconte les « fiches d'orteil ». Évoque la réputation de Christina, qui veut qu'elle soit toujours à proximité au moment où l'état des patients empire. Pernille expose sa stratégie consistant, entre autres, à partager un peu « le jeu/l'humour » de Christina pour ne pas éveiller ses soupçons afin de pouvoir la confondre plus facilement.

« Le témoin déclare qu'elle comprend bien que tout ceci semble complètement fou », note l'officier de police. Elle demande à Pernille si elle n'a pas déjà eu la possibilité d'arrêter Christina.

« Ce n'est pas son sentiment, l'accusation est tellement grave qu'elle a beaucoup de mal à la concevoir, même maintenant, en raison, notamment, du fait que Christina a une fille de sept ans. Le témoin déclare aussi être très mal à l'aise en se demandant depuis combien de temps ces forfaits ont lieu », note l'agent.

Le compte-rendu couvre 26 pages. Mais à aucun endroit, Pernille n'est en mesure de dire où Christina se trouvait juste avant que Mme Poulsen n'expire. Elle ne sait pas non plus où elle était dans les minutes qui ont précédé l'arrêt cardiaque de M. Holm Petersen. Ni celui de M. Svend Aage Petersen. Mais elle confirme que ce n'est pas elle qui a donné aux patients des médicaments trop forts. L'officier de police souligne cette affirmation dans son compte-rendu. Elle cite également la déclaration de Pernille au sujet de la culpabilité de Christina après l'avoir vue dans la chambre de Mme Rasmussen :

« Je n'ai pas le moindre doute. »

Pernille dit à la police qu'elle n'a partagé ses soupçons avec personne d'autre que son compagnon Niels, à part Katja, au moment où elles se sont promenées avec les chiens. À la fin de la garde de nuit et avant de se rendre dans le bureau de Niels, elle est tombée sur Katja. Elles ont juste échangé quelques mots, mais Pernille a eu le temps de dire une chose à sa collègue, d'après ce qu'elle dit à la femme en uniforme qui l'interroge.

« Quelque chose comme "c'est vrai", note l'agent.

Christina est en train de descendre l'escalier pour rejoindre Peter au sous-sol lorsqu'elle entend sonner son portable dans la chambre située au premier étage. Elle vient de se réveiller. À moitié groggy, elle se dépêche de remonter. Le téléphone lui signale qu'elle vient de louper un appel provenant d'un numéro qu'elle ne connaît pas.

Elle rappelle.

« C'est la police », dit l'homme qui répond.

Trois agents présents à Hospitalsvej constatent que ni l'infirmière ni sa voiture ne se trouve à cette adresse. Un inspecteur de police se trouve parmi eux, et on a appelé un serrurier, ce que la police omet de dire à l'infirmière. On dit seulement à Christina qu'elle doit venir tout de suite. Elle frissonne. « Est-il arrivé quelque chose à Maja ? » Christina déclare aujourd'hui que telle a été sa réaction immédiate, et la question qu'elle a posé plusieurs fois. Elle se souvient d'avoir imaginé qu'Anders ait pu avoir un accident en la conduisant après le spectacle.

L'agent peut lui répondre qu'il ne s'agit pas de Maja. Mais il ne veut pas donner plus d'explications avant que Christina ne soit rentrée chez elle. Et si elle ne vient pas, la police viendra la chercher. Christina et Peter se mettent tout de suite en route vers Hospitalsvej. Ils arrivent devant l'entrée de l'immeuble dix minutes plus tard.

Le 1er mars 2015, à 15 h 34, Christina Aistrup Hansen est arrêtée et inculpée pour tentative de meurtre sur la personne de Mme Maggi Margrethe Rasmussen. Elle nie immédiatement.

Il fait nuit lorsqu'elle est enfermée dans une cellule de la vieille prison de Nykøbing Falster.

Puis, c'est le silence. Toutes ces heures avec si peu de sommeil. D'abord la garde de nuit, ensuite le spectacle de gymnastique à Maribo, puis les agents qui ont appelé pour lui présenter une inculpation ahurissante et voulaient fouiller l'appartement, et ensuite l'arrestation, un nouvel interrogatoire qui ne prend fin qu'à 23 h 10, au bout duquel l'officier de police a enfin déclaré que ça suffisait pour le moment, en ajoutant dans son rapport :

« En fin de compte, la mise en cause réfute totalement l'idée selon laquelle elle aurait contribué à quelque chose de criminel à l'hôpital, de quelque manière que ce soit. »

L'interrogatoire de Christina a duré plus de trois heures et demie. Il n'a été interrompu que par un médecin légiste qui est venu lui demander si elle acceptait une analyse sanguine et urinaire.

Lorsque la porte en bois armée d'une épaisseur de 15 centimètres se referme derrière elle, son bruit sourd met le point final à une journée que Christina n'oubliera jamais.

D'après les rapports policiers, elle a fait tout ce que les agents lui ont demandé. Elle les a immédiatement rappelés et s'est rendue à la maison aussitôt que la police a réussi à la contacter. Elle a bien voulu signer le document autorisant la police à fouiller son appartement et sa voiture. Elle a accepté de se prononcer, de répondre à des questions et de faire une analyse sanguine et urinaire. Elle a également bien voulu lire et approuver le compte-rendu d'interrogatoire établi par la police, sans y être obligée. Et elle n'a pas voulu que les deux hommes qui l'ont entendue appellent un avocat pour la défendre, avant qu'ils ne commencent l'entretien. Ce soir, on ne lui a pas encore dit qu'elle est soupçonnée d'être à l'origine d'une série de décès. Il ressort des notes prises par la police qu'il ne s'agit pour l'instant que de Mme Rasmussen.

Au début du long interrogatoire du soir, les officiers de police lui ont dit qu'elle pourrait, le lendemain, faire l'objet d'une audience de renvoi. Elle dit elle-même que lorsqu'elle s'est installée à l'arrière de la voiture de police quelques heures auparavant, elle pensait qu'elle allait juste répondre à quelques questions avant de rentrer chez elle. Elle s'était imaginée que si elle n'opposait pas de résistance mais suivait et répondait gentiment, en expliquant qu'il s'agissait d'un malentendu, la police la ramènerait chez elle. Soudain, elle se rend compte de la gravité de sa situation.

Elle se met à pleurer, maintenant qu'elle est enfin seule. Elle sonne, et lorsque le gardien vient, elle lui demande si ses parents savent où elle est. Mais on ne lui répond pas, ni maintenant ni lors de plusieurs tentatives ultérieures. Le personnel en chemise bleu clair lui répond qu'on n'a pas le droit de le lui dire.

Christina ne sait pas quoi faire. Quelque chose lui dit qu'elle devrait remplir ce temps de manière sensée, mais comment ? Elle n'a même pas la force de faire son lit. Elle est assise sur le matelas bleu troué, paralysée, pleurant, ou regardant tout droit devant elle. Elle remarque que la cellule n'est pas bien aérée. Elle regarde autour d'elle. Elle identifie quelques points de repère à la lumière jaune de la lampe qui donne une couleur de nicotine à tout ce qu'elle voit : le lavabo, le réfrigérateur, la chaise, l'armoire, le bureau, le rideau, la fenêtre donnant sur l'arrière, sans lumière, une poubelle.

Elle prend la poubelle. Et vomit.

Chapitre 11

Seringes, tuyaux, sacs, aiguilles, caisses, seaux, emballages, boîtes, ampoules. La police cherche tout objet potentiellement lié à la garde de nuit et susceptible d'avoir contenu des médicaments. Tandis que les enquêteurs cherchent à réunir des indices, d'autres officiers travaillent de manière intensive dans les deux bureaux situés au fond du service des urgences, et qu'ils ont emménagés en postes fixes permettant d'auditionner le personnel.

L'hôpital est un lieu de crime atypique qu'on ne peut pas fermer. Lorsque les agents et la police scientifique arrivent au cours de la matinée, les patients continuent à affluer dans le long couloir des urgences. Ce n'est pas un contexte idéal pour enquêter sur une affaire de meurtre. Tout inspecteur de police sait qu'il est essentiel de verrouiller l'accès à la scène du crime le plus tôt possible si l'on veut avoir une chance d'obtenir des preuves techniques. On sait aussi que les indices les plus importants sont trouvés dans les premières heures qui suivent la mort de la victime. Mais un service aussi chargé que les urgences ne peut fermer, et il est d'autant plus important de collecter les preuves pour ne pas risquer de les effacer, abîmer ou détruire.

Les enquêteurs font en grande partie appel à Niels Lundén, le chef de service, qui les aide à identifier les endroits susceptibles de présenter des preuves potentielles. On peut lire dans les rapports établis par la police que le médecin en chef accompagne l'agent lorsqu'il se rend dans les chambres pour ramasser les sacs poubelles non vidés, susceptibles de contenir des traces provenant de la garde de nuit. Lundén présente aux agents le service qui stocke les prélèvements sanguins, et montre les tubes contenant le sang prélevé sur les patients au moment de leur hospitalisation. Ces échantillons permettent de savoir si les patients, en arrivant à l'hôpital, avaient des substances dans les veines, et c'est pourquoi il faut les garder, explique le médecin. Il montre aux officiers l'emplacement des boîtes en plastique jaunes et rouges. Celles-ci, situées à plusieurs endroits aux urgences, servent à déposer des seringues et ampoules utilisées, ainsi que d'autres déchets chimiques. Elles sont remplacées par de nouvelles, de façon à ce que les anciennes soient à la disposition de la police. Pour finir, Lundén les accompagne dans les locaux à pharmacie aux Urgences 2 et 3.

« Dans les locaux à pharmacie, il a été demandé à M. Lundén, chef de service, d'identifier les médicaments léthaux qui se prêteraient « de toute évidence » à des intentions malveillantes », note l'un des agents dans son rapport. D'après le médecin, il s'agirait, entre autres, de la morphine, de l'adrénaline, du Stesolid et du chlorure de calcium. Les enquêteurs enfilent ensuite des gants en plastique bleus et passent environ une heure à compter tous les médicaments présents sur les étagères et dans les tiroirs, en notant les chiffres sur l'un de leurs blocs-notes.

Les déchets ont également été protégés. La police finit par verrouiller quatre grands conteneurs, dont deux sont ceux que Lundén et le brancardier ont rapportés dans le service le matin même, avant l'arrivée de la police. Deux autres containers sont ajoutés, avec tous les déchets supplémentaires qui ont été ramassés dans les chambres et les bureaux, et qui peuvent également provenir de la garde de nuit.

Ils sont tous déplacés vers la chambre froide, située dans la cave, sous la chapelle de l'hôpital, un endroit idéal pour réunir toutes les preuves potentielles, en attendant la suite de l'enquête. Peu d'employés possèdent la clé de cette chambre, destinée aux patients décédés, et dont la température ne dépasse pas les six degrés. Le lendemain, les enquêteurs auront plus de temps pour examiner les sacs et trier les déchets.

Le lundi, deux agents commencent ce travail, bientôt suivis de trois autres. En deux heures à peine, ils se penchent sur les sacs et examinent minutieusement tous les déchets dont ils sentent, à travers leurs gants en plastique, qu'ils ont été refroidis par le séjour au fond des conteneurs bleus de 600 litres. Ils remuent les tuyaux et écartent les gobelets, les emballages, le papier et le carton. Ce sont les seringues qui les intéressent en particulier.

Ils en repêchent 25. Sur le plus grand nombre, les pistons ont été poussés à fond, mais des restes de médicaments peuvent toujours s'y trouver, à analyser par les ingénieurs chimistes, et il peut y avoir des traces d'ADN ou des empreintes digitales sur la face extérieure des seringues. L'ensemble des seringues en plastique doivent être envoyées au laboratoire. Les agents les mettent dans de petits sacs individuels, spécialement conçus pour éviter de détériorer ou de détruire des preuves. Ils travaillent de manière très appliquée. Potentiellement, une ou plusieurs de seringues peuvent être l'arme du crime, et constituer la preuve susceptible de confondre un meurtrier.

Ce même lundi, la voiture mouillée par la pluie n'a eu à parcourir que les quelques centaines de mètres qui séparent la prison du tribunal de Nykøbing Falster. Dans un coin du parking, une porte métallique s'ouvre rapidement pour que la voiture puisse entrer par derrière dans l'enceinte du tribunal, bien à l'abri des regards éventuels venant de la route. Les agents introduisent Christina dans le bâtiment en passant par la porte arrière. Il fait gris.

Presque 24 heures se sont déroulées depuis l'arrestation de l'infirmière, près de son appartement, situé à cinq minutes en voiture. La police veut empêcher qu'elle ne rentre chez elle.

La porte de la salle B s'ouvre à 14 heures. Entre l'infirmière. En regardant par terre, elle cherche le chemin direct menant à la chaise en forme de « 7 » placée devant la table, au milieu de la pièce, face au juge. Elle continue à baisser les yeux, puisqu'elle les a vus tout de suite : ses deux parents. Et les journalistes.

Deux heures avant qu'elle n'entre dans la salle du tribunal, l'agence Ritzau a dévoilé, dans un bulletin, que la police avait commencé à enquêter sur une « série de décès suspects à l'hôpital de Nykøbing Falster ». TV 2 News publie la nouvelle sur la bande qui défile au bas de l'écran. Le directeur de l'hôpital arrive dans le studio, mais ne peut pas dire grand-chose. Les journalistes présents au premier rang de la salle B ont sorti leurs ordinateurs pour pouvoir expliquer le rôle de la jeune femme présente dans l'affaire. Mais ils seront privés de détails.

La procureure de la police, Mme Jeanette Wincentz Andersen, commence par demander le huis clos ; les représentants de la presse doivent partir. Les reporters dépêchés sur place par Ekstra Bladet, Ritzau, TV Øst et Lolland-Falsters Folketidende protestent. L'avocat nommé pour la défense de Christina adhère au souhait de la procureure. Le juge finit par leur donner raison. Même l'acte d'accusation ne sera pas lu en public.

Mais il a suffi qu'après l'audience, la procureure explique qu'il s'agit d'une « affaire extraordinaire », « sans précédent au Danemark », pour que la radio danoise et la chaîne TV 2 couvrent l'événement dans leurs points sur l'actualité du soir, qui montrent deux journalistes postés devant le tribunal, dont l'éclairage est pourtant éteint.

« Il n'est encore pas établi si l'inculpée est employée de l'hôpital ou si elle venait dans l'hôpital pour d'autres raisons », lit le présentateur du journal télévisé, en demandant à l'envoyé de la chaîne sur place comment la jeune femme a réagi.

« Elle était très émue, et sanglotait au moment d'être introduite dans la salle d'audience ce matin. Et la décision de détention provisoire prise par le juge l'a visiblement beaucoup affectée », explique le journaliste.

Le directeur de l'hôpital, M. Arne Cyron, est aussi interrogé dans le cadre des journaux télévisés du soir. Il ne communique pas de détails, si ce n'est le fait que c'est la direction de l'hôpital qui a prévenu la police.

« Hier, des membres du personnel m'ont contacté pour me parler de certains décès suspects intervenus à l'hôpital. Suite à nos investigations, nous avons appelé la police », explique-t-il.

Ce n'est pas vrai, mais le directeur, connaissant ses règles de communication en temps de crise, ne souhaite pas divulguer que le personnel lui-même a contacté la police. Il répète ce message, dans des variations différentes, pour les journaux et TV 2 News, en ajoutant :

« Les employés de l'hôpital sont bien évidemment affectés par une telle mesure prise par la direction. »

Le soir, Tina Hansen est assise devant son poste de télévision, dans sa maison désormais vide. Sur les différentes chaînes, les présentateurs continuent à dire que l'on ne sait pas encore de qui il s'agit. Mais Tina Hansen n'a pas de doutes, même si la police ne l'a pas encore contactée pour lui dire quoi que ce soit, elle est convaincue qu'on le lui dira très bientôt. L'affaire présentée à la télévision parle de Viggo.

Lorsque le public quitte la petite salle d'audience, Christina répète au juge ce qu'elle a déjà déclaré aux deux officiers de police la veille, au commissariat : elle est innocente.

Mais son affaire a pris une tournure bien plus grave depuis qu'elle s'est endormie dans sa cellule. Elle n'est plus limitée à une tentative de meurtre. La procureure déclare que Christina est soupçonnée d'avoir tué les patients Anna Lise Poulsen, Viggo Holm Petersen et Svend Aage Petersen.

Elle plaide non coupable. Lorsque la procureure passe en revue les différents points, la mise en cause répond « Non » chaque fois qu'on lui pose la question de savoir si elle a injecté, par exemple, du Stesolid dans la veine du patient concerné.

« Non ».

Mais lors de sa garde de nuit, Christina a donné du Stesolid à un autre patient, déclare-t-elle. Et cela peut expliquer pourquoi Pernille l'a vue agitant deux seringues dans la chambre de Mme Rasmussen. Elle ne veut pas réfuter cette observation comme mensongère, mais présente une explication plausible :

au même moment environ, elle a administré du Stesolid à un patient de la chambre 37, Henrik, hospitalisé pour une prise excessive de médicaments antiépileptiques, afin de réduire ses crampes. Elle avait introduit le Stesolid dans une petite seringue de 2 millilitres, et même si elle n'en est pas sûre, elle pense que c'était cette seringue que Pernille a vue en entrant dans la chambre de Mme Rasmussen. Christina est donc sûre d'avoir eu dans sa main une seule seringue à 20 millimètres – et seulement une –, qui contenait quelque chose d'aussi peu dangereux que des antibiotiques, destinées à une femme âgée, hospitalisée dans la chambre 33.

L'explication n'était pas totalement fausse. En épluchant les journaux, les enquêteurs découvrent que Henrik s'est effectivement vu prescrire du Stesolid par le médecin. Et qu'il était vrai que la patiente de la chambre 33, âgée de 75 ans, devait prendre des antibiotiques.

« La mise en cause n'a nullement tenté de cacher les seringues devant Pernille. Elle n'a pas eu le sentiment d'être effrayée par la situation », écrit-on dans le compte-rendu d'audience.

Pendant que Christina et le petit groupe sont réunis au tribunal, la mine grave, les enquêteurs, munis de leurs gants en plastique, déambulent aux urgences à la recherche de preuves. L'enquête n'est entrée que dans son deuxième jour, et la police, bien entendu, n'a pas encore réussi à se faire une vue d'ensemble complète de l'affaire. La procureure ne sait pas quelles preuves techniques peuvent se trouver parmi les objets provenant de l'hôpital que la police a prélevé dans des sacs. On commence dès maintenant les analyses et les examens des prélèvements sanguins et d'éventuelles traces d'ADN et empreintes digitales, mais les réponses ne sont attendues que dans plusieurs semaines. Les éléments que la procureure, Jeanette Wincentz Andersen, peut retenir contre Christina au cours de l'audience de renvoi sont donc limités, à part les quelques dépositions de témoins enregistrées jusque-là.

Le dimanche, la police a néanmoins recueilli quelques objets avec lesquels il convient de la confronter. Il s'agit des découvertes faites à son domicile, entre autres, toute une série de plaquettes contenant des comprimés de morphine, de Zopiclone et d'Oxapax.

Le Zopiclone est un somnifère et l'Oxapax un calmant. Dans les trois cas, il s'agit de médicaments forts, soumis à prescription, des médicaments qu'elle n'a pas le droit de conserver chez elle. La police les a trouvés dans un tiroir et dans un sac qui était posé dans sa chambre à coucher. Christina a également dû conserver certains médicaments dans son sac à main, qui a été laissé dans la voiture de Peter, et encore plus dans la maison de celui-ci, fouillée par deux agents après l'arrestation.

En outre, l'infirmière conservait un grand nombre de seringues, entre autres, dans son sac à main noir, laissé dans la voiture : il contenait, en plus d'un téléphone portable, une brosse à cheveux et deux seringues à injections, visiblement utilisées, et l'emballage pour deux aiguilles, dont l'un n'était pas rompu. Les enquêteurs ont également trouvé plusieurs paquets contenant des aiguilles pour injection dans la maison de Peter, plus précisément dans un tiroir de la table de nuit au deuxième étage, dans l'armoire à pharmacie et dans un sac à main posé dans la cuisine. Christina explique au juge qu'elle les utilise pour enlever des échardes et qu'il n'est pas anormal qu'elle dispose d'un « équipement médical » afin de pouvoir traiter de petites blessures. La présence de l'emballage et des seringues utilisées peut s'expliquer par le fait qu'elle a vidé la poche de sa blouse après la garde de nuit. Quelquefois, elle laissait tomber le contenu dans son sac à main, où elle laissait le désordre s'installer, explique-t-elle. Cette déclaration est portée au compte-rendu de l'audience de renvoi, dans lequel est également incluse l'explication de l'infirmière concernant les comprimés : ils proviennent de l'époque à laquelle elle était chargée de soigner sa petite sœur cancéreuse, qui est décédée en octobre 2013. Lors de sa dernière phase de vie, Christina s'était elle-même fait mettre en congé de maladie pour pouvoir contribuer à la soigner. Dans la même période, la petite sœur s'est vu administrer des médicaments forts, dont Christina a par la suite conservé les restes pour les utiliser comme somnifère.

Les enquêteurs essaieront de vérifier la véracité de cette version. Ce stockage pourrait aussi s'expliquer par le fait que l'infirmière souffrait d'une sorte de dépendance qui nécessitait le vol de médicaments à l'hôpital. La police ne trouve pas cette théorie totalement invraisemblable. Par conséquent, quelques heures seulement après l'arrestation de Christina, les enquêteurs ont eu l'idée de rechercher des substances dans son sang. Un médecin légiste, qui avait, au cours du dimanche, examiné les victimes potentielles dans la chambre froide de l'hôpital, avait été dépêché sur place, au commissariat, pour interrompre l'interrogatoire de Christina pour un prélèvement sanguin et une analyse d'urine. On aurait les résultats dans quelques jours. Le soupçon selon lequel Christina aurait un problème d'addiction a grandi après un incident qui s'est produit au cours du dimanche, lorsqu'elle a compris qu'elle allait être incarcérée.

Quand les enquêteurs ont commencé la perquisition de son appartement, elle s'est montrée coopérante en leur indiquant l'endroit où se trouvaient les médicaments. Cependant, un agent, qui la regardait du coin de l'œil, a vu qu'elle tentait de cacher deux comprimés dans sa chaussure gauche. Ce geste a mis terme à la coopération. Elle a été fouillée, puis, ramenée au commissariat.

Lors de l'audience, elle reconnaît que c'était ainsi que les choses se sont déroulées, tout en réfutant toute idée d'addiction.

« Les médicaments qu'elle voulait cacher dans ses chaussures étaient des antalgiques qu'elle prenait contre ses douleurs menstruelles », note le greffier.

Lors des perquisitions effectuées dans la maison mitoyenne et dans l'appartement, la police fouille dans tous les papiers qui lui tombent entre les mains : le carnet intime de Christina, les classeurs, chemises et bloc-notes qui sont posés sur les étagères des placards ou placés dans des tiroirs ou sur les tablettes de fenêtres. Les officiers trouvent une foule de notes qui semblent indiquer que Christina est une infirmière qui ramène du travail chez elle. Dans son petit carnet mauve, elle a essayé d'illustrer les interprétations possibles d'un rythme cardiaque à partir d'un électrocardiogramme. « Fibrillation auriculaire, irrégularité. Tachystole auriculaire, 4-1 » a-t-elle écrit sur les premières pages. La police a également trouvé écrites de sa main les doses de morphine, de Stesolid et d'adrénaline à administrer aux adultes et aux enfants. Elle découvre aussi des documents concernant des médicaments destinés aux personnes âgées et des informations relatives aux arrêts cardiaques. Mais comme le note un agent dans son rapport après avoir parcouru l'un des classeurs, « il s'agit apparemment de notes prises dans le cadre des études d'infirmière. » Généralement, la présence de la plupart des documents empilés chez Christina et que la police se donne la peine de lire peut s'expliquer par le fait qu'elle juste quelqu'un qui a passé des examens dans sa matière.

Mais quelques feuilles se détachent du lot. Ce sont les dossiers des patients, que Christina a imprimés à l'hôpital et emportés à la maison, dont deux sont posés dans la commode de sa chambre ; ils appartiennent tous deux à des patients âgés de plus de soixante ans, qui ont été hospitalisés le mois précédent. En fouillant l'armoire personnelle de Christina à l'hôpital, la police trouve d'autres dossiers dans un sac. D'après les notes, deux des patients correspondants sont décédés pendant leur séjour à l'hôpital. La police recopie tous les noms, et ajoute, dans ses rapports, que le sac à main de Christina contenait une étiquette marquée du nom « Maggi Margrethe Rasmussen », avec son numéro d'identité nationale. Cet ensemble documentaire semble immédiatement suspect, déclare la procureure.

Christina a un autre avis.

Elle a imprimé les dossiers des patients parce qu'elle avait l'intention de passer en revue dix épicrises, dans le cadre de la formation comme infirmière aux urgences qu'elle a suivie l'année dernière. Elle a conservé la petite fiche avec le nom de Mme Rasmussen parce qu'elle avait l'intention de soumettre ce cas à un médecin dès son retour à l'hôpital. Elle a noté le numéro d'identité nationale en raison de l'interdiction de rechercher des patients dans les systèmes informatiques, explique-t-elle, en ajoutant qu'elle avait l'intention de rapporter le cas de Mme Rasmussen à la Direction de la sécurité des patients.

Le greffier ajoute :

« Elle est d'avis qu'il n'est ni extraordinaire ni inhabituel que le personnel conserve des informations sur les patients à leur domicile. »

L'audience dure presque quatre heures. La procureure affirme qu'une remise en liberté immédiate de l'infirmière risquerait de compromettre l'enquête. Christina pourrait effacer des indices et essayer d'exercer une influence sur des collègues, déclare-t-elle. La défense de Christina proteste. Concernant les cas de Mme Poulsen et de M. Svend Aage Petersen, le juge lui donne raison lorsque l'avocat affirme que la police n'a jusqu'ici fourni aucun élément permettant de justifier les soupçons qui pèsent sur Christina. En revanche, pour ce qui est de M. Holm Petersen et de Mme Rasmussen, le juge considère qu'il y a tout lieu de croire que Christina les a intoxiqués. Ce qui motive sa décision d'autoriser la police à ramener l'infirmière dans sa cellule.

La défense fait appel immédiatement, mais le tribunal estime que la détention provisoire de l'infirmière doit se poursuivre, pour trois semaines, dans un premier temps. Christina se voit également infliger une interdiction de visite et de correspondance, ce qui signifie que tout son courrier doit être lu, aussi bien celui qu'elle écrit elle-même que celui qu'elle reçoit, et qu'elle n'a pas le droit de voir ses visiteurs seule. La présence d'un fonctionnaire est obligatoire même si c'est sa fille qui vient la voir.

Avant d'être de nouveau incarcérée, Christina est autorisée à dire bonjour à des parents, dans l'une des salles situées à l'arrière du tribunal. Ceux-ci ont tenté de comprendre les charges pesant contre elle depuis que Peter, son compagnon, a appelé son beau-père le dimanche matin, pour lui dire que la police était postée devant le logement du Hospitalsvej.

Au moment de l'arrestation, Gitte et Henrik Hansen étaient tout juste rentrés à la maison, dans leur appartement de Ballerup. Ils venaient de vivre un dimanche mémorable en tant que grands-parents : depuis les bancs des spectateurs du gymnase de Maribo, ils avaient pu acclamer leur petite-fille. Peter a appelé seulement quelques heures après leur « au revoir » dans le gymnase. Sa voix au téléphone est parfaitement claire. Il raconte que Christina a été arrêtée. Mais il n'a pas le temps de dire grand-chose d'autre, avant d'informer Henrik qu'il doit raccrocher parce que la police est en route vers sa maison pour la fouiller. « Je rappelle plus tard. » Il a raccroché.

Gitte et Henrik ont essayé de s'imaginer ce qui a pu se passer, mais ils n'ont pas réussi à trouver la moindre explication raisonnable. Ils ne comprennent pas ce qui est en jeu. Henrik a en vain tenté d'appeler le commissariat de Vordingborg en se présentant comme le père de Christina Aistrup Hansen, mais l'agent refuse de dire quoi que ce soit. La police n'a même pas voulu confirmer que leur fille avait été arrêtée, une fois que Henrik a expliqué, suite à la question posée par l'agent, que sa fille avait plus de 18 ans. Gitte a appelé une amie de Christina, mais elle n'est sait rien non plus, et les parents se sont couchés le dimanche soir dans l'incertitude.

Le lundi matin, ils se réveillent suffisamment tôt pour être devant le tribunal de Nykøbing Falster lorsqu'un employé ouvre la porte de l'accueil. Personne ne pouvant les renseigner au sujet de l'audition de Christina, ils se rendent au domicile de Peter pour attendre. C'est à partir du téléviseur du gendre qu'ils finissent par apprendre pourquoi la police est partie avec leur fille.

Au cours de la journée, Peter a réussi à savoir, par une connaissance, qu'il y aurait bientôt un communiqué, au sujet de Christina, ou peut-être une conférence de presse, organisée par la police. Les parents sont envahis par une forte appréhension. L'idée d'un communiqué ou d'une conférence de presse ne présage rien de bon. Ils ont raison. Peu de temps après, ils voient défiler les titres sur TV 2 News : « Décès suspects ». Avec « Nykøbing Falster Sygehus », ces deux mots figurent sans cesse sur la bande jaune des « dernières minutes »au bas de l'écran. C'est totalement irréel, et ne peut pas être vrai.

Quand Gitte et Henrik sont autorisés à voir Christina dans une salle arrière après l'audience (que les portes doublement fermées les ont empêchés de suivre), on leur accorde cinq minutes,

après leur avoir interdit d'évoquer les raisons de l'inculpation de Christina. Deux agents sont présents dans la petite salle de visite pour vérifier que le respect de cette règle : un seul mot sur l'affaire suffit pour que l'entretien soit arrêté. Gitte et Henrik voient donc leur fille sans savoir quoi dire. Comment fait-on pour voir son enfant pour la première fois après son arrestation et après que le soupçon de meurtre qui pèse sur elle a été proclamé comme la grande nouvelle de la journée, sans avoir le droit de lui demander : Qu'est-ce qui se passe ? Pourquoi es-tu soupçonnée ? Tu es innocente, n'est-ce pas ? Toutes ces questions sont interdites.

Christina semble choquée, mais se maîtrise lorsqu'on l'accompagne dans la salle où l'attendent les parents. Gitte et Henrik essaient de se comporter normalement, mais tous les trois finissent par pleurer, avant de se ressaisir et de se consacrer aux affaires pratiques : Christina étant partie sans rien, les parents ont le droit de lui donner un peu d'argent liquide, et elle est autorisée à leur communiquer son code d'accès à Facebook pour qu'ils puissent fermer son profil afin de le mettre à l'abri des journalistes qui n'hésiteraient pas à fouiner. On leur permet de s'embrasser. Et Gitte et Henrik ont réussi à dire qu'ils trouveraient certainement un autre avocat que celui de Nakskov, nommé par défaut. Ils pensent qu'il vaut mieux chercher quelqu'un qui ne soit pas « d'ici », estiment les parents. Puis, Christina est raccompagnée par les agents.

Ce lundi, Gitte et Henrik Hansen commencent déjà à tenter d'apprendre le fonctionnement d'un nouveau monde. Ils n'ont jamais mis les pieds dans un tribunal, mais connaîtront bientôt les règles qui s'appliquent aux détentions provisoires et aux réunions relatives aux demandes de prolongation des délais, ainsi qu'aux demandes et aux durées des visites, aux contrôles et, en général, le code carcéral danois.

Les parents sont persuadés qu'il s'agit d'un malentendu. Dans trois semaines, tout cela sera terminé, se disent-ils. Ils ne pourraient se tromper plus lourdement.

Chapitre 12

Le mardi 3 mars est une journée qui semble tout à fait ordinaire. L'avocat, âgé de 67 ans, est assis dans sa Volvo, la ceinture de sécurité sagement tendue sur la veste de son costume trois-pièces, lorsque son portable sonne. Il ouvre la communication sur la connexion Bluetooth intégrée au tableau de bord. « Jørgen Lange », répond l'avocat, qui se trouve au milieu du trafic matinal entre les quartiers chics du nord de Copenhague, en route vers son bureau à Amaliegade, au centre de la capitale.

Il remarque que la femme qui lui parle est très affectée. Il doit avouer que ce qu'elle commence à raconter dépasse sa capacité de compréhension, malgré ses 40 ans de bons et loyaux services. Jusqu'à ce qu'elle lui demande s'il a suivi les nouvelles où il a été question d'une infirmière à Nykøbing Falster.

« Oui, j'ai vu cette affaire dans la presse », répond-il.

« Je suis sa mère », dit la femme. Finalement, il comprend.

Après un entretien avec la famille de Christina, Jørgen Lange accepte de plaider l'affaire. À ce stade, le dossier d'enquête ne comprend que 4 à 5 classeurs, qu'il reçoit peu de temps après. Il y consacre une étagère de son bureau rue Amaliegade et commence à lire.

Sa première tâche consiste à faire libérer Christina, alors que la police continue ses opérations, qui commencent à ressembler à la première étape d'une enquête très étendue. M. Lange n'y parvient pas. La détention provisoire de Christina est prolongée au bout des trois semaines, dans un premier temps, pour quatre semaines supplémentaires. Cette décision sera renouvelée plusieurs fois.

Les classeurs et les couvertures roses envoyés par la police continuent à arriver au bureau de l'avocat à mesure du déroulement de l'enquête. L'étagère réunissant ces documents passe de un à deux mètres. M. Lange comprend vite qu'il devra consacrer pratiquement tout son temps à l'affaire.

Chapitre 13

Pernille n'est pas la seule à avoir trouvé le comportement de Christina suspect. Les infirmiers de l'hôpital de Nykøbing Falster entendus par la police avouent avoir immédiatement pensé à la collègue brune lorsqu'ils ont su, par la presse ou par leurs collègues qu'une personne avait été arrêtée. Certains affirment même qu'ils ont nourri les mêmes soupçons que Pernille. Et quelques-uns vont jusqu'à déclarer qu'ils sont persuadés de la culpabilité de Christina.

Le fait que la police ait été appelée aussi tardivement s'avère de plus en plus mystérieux.

La police de Sydsjælland et Lolland-Falster réunit un grand nombre d'enquêteurs et un inspecteur en chef qui va conduire les opérations depuis le commissariat de Vordingborg, où se situe le département consacré à la criminalité dangereuse. Grâce à des réunions quotidiennes, l'équipe gère toutes les informations en provenance de l'hôpital. Une fois la police sur place, elle exige d'être informée, et les témoignages affluent soudain. Lorsque les auditions commencent, on découvre, au fil des récits, un monde hospitalier de plus en plus incroyable.

La police apprend la survenue de nombreuses alarmes d'arrêt cardiaque étranges, des décès immédiatement inexplicables intervenus des semaines et des mois auparavant, un incendie suspect qui s'est déclaré dans une chambre, des taux de mortalité subitement accélérés, qui déclenche des rumeurs aux urgences, ainsi que des supputations, qui ont prospéré aussi longtemps et avec un contenu aussi inquiétant qu'il est difficile pour toute personne extérieure de comprendre comment il se fait qu'elles n'aient pas déjà traversé les murs en briques rouges de l'hôpital. Le personnage principal de tous les récits est le même : Christina Aistrup Hansen.

Il était apparemment un fait connu que le travail aux urgences s'accélérait précisément lorsqu'elle était de garde. Ce phénomène était un sujet de conversation, déclarent de nombreux collègues. « Les gardes Christina », notent les agents dans leurs rapports. Une affaire réelle, à laquelle Christina elle-même réagissait avec un sourire, lorsqu'une nouvelle garde avait prouvé que les situations dramatiques avaient tendance à se créer pendant ses heures de travail.

Même à la veille de sa dernière garde à l'hôpital, les collègues en ont parlé, dans la salle du personnel, explique Anders, l'infirmier qui, le soir même, a confié ses patients des Urgences 3 à Christina et Pernille. Sa déposition est notée comme suit par l'agent :

« Le témoin se rappelle la remarque : « waouh, maintenant que Christina est de garde, on va avoir une avalanche de décès. Le témoin explique que cet avis a été exprimé par lui-même et le reste du personnel, y compris Christina. »

L'officier qui l'interroge lui demande si ce type de réflexions s'entendaient souvent lorsque Christina prenait le travail.

« Toujours », répond l'infirmier, « parce que les patients meurent quand elle est de garde. »

D'après Anders, « les gardes Christina » existaient depuis plusieurs années. Il estime que ces gardes ont, généralement, une caractéristique commune : les patients finissent souvent par avoir un « problème cardiaque », problème que Christina est connue pour résoudre, en raison de son intérêt pour ces pathologies et de sa compétence en matière de lecture des électrocardiogrammes.

Une autre infirmière qui travaille aux urgences depuis 2008 et qui a un certain nombre de « gardes Christina » derrière elle, explique qu'elle sentait clairement la différences entre ces gardes-là et les autres.

« Lorsque la mise en cause était de garde, les « drames » se succédaient », écrit l'agent dans le compte-rendu de sa déposition.

« Pour expliquer le mot « drame », la personne interrogée précise qu'on avait, alors, affaire à des patients « ultra-malades » ou en état critique qu'on parvenait à secourir, et à des patients qui saignaient violemment. Il y avait un contraste avec les gardes tranquilles lorsque le témoin travaillait avec ses autres collègues. Le témoin s'étonne depuis longtemps de la fébrilité qui règne lorsque la mise en cause est de garde, mais pensait que la personne inculpée s'attirait tout simplement ce type de situations », lit-on dans le compte-rendu d'audience.

À ce moment, il paraît clair que les rumeurs allaient bon train depuis longtemps au sein des urgences au sujet des patients étonnement mal en point lors des gardes effectuées par Christina. Dans les hôpitaux, on qualifie de « propos de salle de nettoyage » les médisances prononcées au sujet des collègues. Ces propos, visant Christina, n'ont jamais abouti à la moindre dénonciation. La police, après vérification, le confirme.

Les agents demandent à plusieurs infirmiers pourquoi ils n'ont pas réagi en appelant la police. D'après leur réponse, maintes fois répétée, ils n'ont rien vu de concret qui puisse être s'expliquer autrement que par le hasard.

« On ne peut rien faire sans preuve », dit Anders, qui « espère à présent que la police se renseignera sur tous les décès intervenus dans l'hôpital, par comparaison avec les gardes de Christina », note l'agent dans son compte-rendu.

Andre répond que l'idée qu'une infirmière puisse faire du mal aux patients était tellement incroyable que les infirmiers l'ont immédiatement écarté. Tout au contraire, ils se sont reproché de nourrir des soupçons pareils à l'endroit d'une collègue.

La perception globale qu'a Christina sur la police augmente au fur et à mesure des dépositions.

Beaucoup de ses collègues expliquent qu'elle était généralement « surexcitée » lorsque les situations critiques se présentaient. Ce sont les infirmiers affectés aux urgences qui citent le plus d'exemples. Mais le phénomène a aussi attiré l'attention des autres services de l'hôpital, déclare, entre autres, une infirmière anesthésiste travaillant au bloc opératoire. Après environ un mois d'enquête, elle prend elle-même contact avec la police pour raconter une garde de nuit de janvier 2015. Cette nuit-là, elle a deux fois été appelée aux urgences pour un arrêt cardiaque. Les deux fois, elle a réussi à ranimer les patients. Mais les deux incidents ont tant de similitudes et revêtent un caractère suffisamment mystérieux pour qu'elle s'en étonne. Les deux fois, les patients n'ont eu besoin que d'un massage cardiaque et d'un peu d'oxygène supplémentaire pour retrouver la fonction respiratoire. Mais dans les deux cas, il s'est avéré pratiquement impossible de les réveiller totalement ; ils avaient l'air drogués. Et dans les deux cas, l'infirmière anesthésiste avait remarqué en particulier l'une des collègues travaillant aux urgences, une jeune femme avec des cheveux longs noirs, qui n'avait absolument pas reculé lorsqu'il fallait laisser les infirmières anesthésistes prendre le relai. L'infirmière aux cheveux noirs s'était montrée particulièrement « en verve » et « agitée » pendant les tentatives de réanimation. Il n'était pas normal de voir des infirmières aussi « offensives » lors d'un arrêt cardiaque, déclare le témoin, en ajoutant qu'elle s'était dit : « C'est tout de même incroyable. »

Christina était souvent dans un état d'hyperactivité lorsque l'état des patients empirait. Comme au cours de la dernière garde, ainsi que se le rappellent certaines des infirmières qui ont travaillé avec elle. L'une d'elle déclare à la police que Christina avait l'air carrément « dérangée ». Par exemple, dans la chambre de Svend Aage Petersen. Ici, lorsque l'infirmière des Urgences 2 arrive la première dans la chambre après le déclenchement de l'alarme, elle voit que Christina est montée dans le lit pour donner du massage cardiaque au patient.

« Ce geste est totalement inhabituel », lit-on dans le compte-rendu policier. Le témoin ajoute que les infirmiers restent normalement à côté du lit lorsqu'il s'agit de réanimer des patients.

Le mot « dramatique » revient souvent dans les descriptions de l'attitude de Christina, pas seulement lorsque les collègues essaient de reproduire son comportement dans des situations critiques. Elle est aussi connue pour ses récits « dramatiques » concernant les malades auxquels elle a eu affaire. Une fois lancée, Christina présente ces cas comme s'il s'agissait d'un film d'action. Comme, par exemple, lorsqu'elle raconte qu'un patient a subitement commencé à vomir du sang. Cette histoire, récitée de nombreuses fois par Christina, est familière aux infirmiers, qui l'ont depuis citée comme un bon exemple du côté « dramatique » de Christina. Elle affirme que la quantité de sang était telle qu'il avait giclé jusqu'au plafond, qu'elle a fait glisser, et qu'elle a dû courir jusqu'aux toilettes pour couper une partie de ses cheveux, tout imbibés. Elle en découvre même que sur son soutien-gorge, qu'elle a dû enlever en vitesse, peut-être même en le découpant, sous la blouse, avant de revenir en courant dans la chambre. C'est ce qu'on appelle un « bain de sang ». Plusieurs collègues de Christina estiment inconvenants ses récits égrenés face aux collègues dans la salle du personnel ou sur Facebook. La volonté de Christina de surdramatiser ses expériences entraîne du rejet chez plusieurs personnes. Les comptes-rendus policiers montrent que les infirmiers, une fois interrogés par la police, se mettent facilement à critiquer plusieurs facettes de la personnalité de Christina.

En revanche, quelles que soient leurs réserves la concernant sur le plan personnel, ils sont unanimes pour reconnaître ses compétences professionnelles. Les médecins et ses autres supérieures sont du même avis.

Christina a obtenu la note 12 sur 13 en fin d'études. Elle est la seule à avoir eu 0 faute lors de ses épreuves d'infirmière d'urgence à l'hôpital, explique une collègue à la police. Au moment de son arrestation, Christina est déléguée du personnel et candidate potentielle à un poste de directrice adjointe qui se libérerait au cours du printemps à venir, explique l'infirmière en chef aux urgences.

Les collègues parlent d'une infirmière à qui on demandait aisément des conseils, toujours prête à prendre ses responsabilités et profondément impliquée dans son travail. Elle invitait les nouveaux embauchés à la contacter par téléphone en cas de questions. Christina était toujours prête à parler du travail, même pendant ses heures de repos.

Elle était considérée comme un soutien précieux par bon nombre de nouveaux infirmiers et par les plus expérimentés.

Sur le téléphone de Christina, la police a relevé un SMS envoyé à une collègue des Urgences 2 au cours de sa dernière nuit à l'hôpital. Dans ce message, elle remercie la collègue d'être venue en renfort aux Urgences 3 dans l'agitation qui a suivi l'arrêt cardiaque de M. Petersen :

« Merci pour ton soutien et ton visage toujours joyeux, qui nous a aidés, nous autres, à tenir… C'est très appréciable… Je voulais que tu le saches. Quand on est soi-même sur le point de ne plus y voir clair, il est formidable de pouvoir compter sur une collègue qui intervient sans broncher », écrit Christina à 01 h 26, lorsque la collègue est rentrée chez elle.

« Dors bien », conclut-elle.

La police trouve également sur le téléphone de Christina de nombreux SMS informant les collègues de l'état de certains patients hospitalisés dans leur service. Les messages étaient truffés de termes médicaux, qui avaient une place de choix dans le vocabulaire de Christina ; elle ne pouvait s'empêcher de les utiliser tous azimuts même si, parfois, ses interlocuteurs n'avaient jamais mis les pieds à l'hôpital.

Elle s'identifiait totalement avec son rôle d'infirmière. Les mots de passe qu'elle avait définis sur son ordinateur portable se terminaient toujours par « spl », l'abréviation danoise du mot infirmière (« sygeplejerske »). Elle pouvait passer des heures devant son écran pour mieux comprendre les processus qui l'avaient étonnée au cours de son travail. Souvent, elle épluchait ses dossiers à la maison, par exemple, pour se remettre à jour concernant les patients qui étaient passés dans le service pendant ses gardes. Il était rare, voire exclu que les autres infirmiers en fassent autant. Mais généralement, Christina a toujours eu du mal à quitter son travail, ce qui explique, peut-être, le fait qu'elle trimballe dans son sac à main et dans sa voiture des cathéters, des tourniquets, des seringues d'eau salée et autres instruments, aux dires d'une collègue qui la fréquentait quelques années avant l'arrestation. Elle lui avait demandé pourquoi elle transportait tout ce matériel.

« Ça peut servir si je viens à un match de foot. Si quelqu'un tombe dans les pommes, je peux tout de suite poser un cathéter », a-t-elle expliqué. La police ajoute à cette déposition :

« Le témoin a trouvé cette réponse étrange, car la mise en cause n'a jamais assisté à cette sorte de compétition. »

Cette collègue, qui n'était plus en relation avec Christina depuis un an et demi, n'est pas la seule à citer des paroles douteuses prononcées par elle.

Plusieurs de ses collègues affirment qu'à plusieurs occasions, elle a menti concernant sa formation en prétendant avoir assisté à des cours qu'elle n'avait pas suivis en réalité. Elle s'est, entre autres, vantée devant plusieurs personnes d'avoir passé un examen de cardiologie fictif. Quelques infirmiers racontent également qu'elle pouvait mentir sur l'évolution de l'état de ses patients, afin de créer plus de suspense que dans le cadre d'un diagnostic ordinaire. Une infirmière dit avoir vécu ce phénomène physiquement : elle-même ayant soudain eu, un jour, du mal à respirer. D'après son récit, Christina se serait dépêchée d'aller lui chercher un masque d'oxygène. Après coup, la collègue a trouvé cette histoire étrange. Quelque chose ne collait pas. Au moment où elles étaient toutes deux en formation, elle n'avait qu'un rhume, avec un nez bouché et donc un petit souci pour respirer lorsqu'elles montaient l'escalier ensemble. Elle déclare à la police avoir été indignée d'être au centre d'une histoire de masque à oxygène racontée à plusieurs par Christina.

Concernant la vie personnelle de Christina, plusieurs témoins disent l'avoir soupçonnée de raconter des bobards.

À titre d'exemple, elle a appelé l'une de ses amies en déclarant qu'elle venait de vivre quelque chose d'effroyable. Christina s'était soi-disant endormie au volant sur l'autoroute. À une vitesse d'environ 140 km/h, elle a heurté un poteau, raconte-t-elle à son amie, choquée par ce récit, d'autant plus que, selon Christina, sa fille Maja était passagère. Mais fort heureusement, elles étaient totalement indemnes.

Ce n'est qu'une histoire parmi d'autres dont l'ex-amie se souvient, survenues au cours de leur amitié qui a duré environ trois ans. L'amie, qui travaillait comme aide-soignante à l'hôpital, avait toujours trouvé cet épisode étrange. Lorsqu'elle s'est renseignée, par la suite, au sujet de la voiture accidentée, on lui apprend qu'elle est intacte. « La personne interrogée trouve cela étonnant », note l'agent.

La police consigne plusieurs témoignages de ce type dans le compte-rendu. Au départ, ils ont l'air de ne pas concerner l'affaire. Mais ils contribuent à dessiner le portrait d'une femme qui est prête à tout pour attirer l'attention sur elle. Et il n'est pas exclu que ces dépositions servent lors du procès, surtout si le service des poursuites pénales a du mal à convaincre les juges du fait que la personne inculpée avait pour mobile le besoin de créer des situations dramatiques afin d'être au centre de l'attention.

L'ex-compagnon de Christina, Anders Hansen, donne également quelques exemples des efforts sciemment déployés par elle pour se mettre en scène. D'après lui, elle pouvait « dramatiser » tout et « faire une montagne de tout ou de rien ». Il raconte entre autres la fois où Christina a fait un malaise au cours d'une soirée organisée dans une salle de fête, et où elle a été évacuée en ambulance sous les yeux de tous les invités. Anders Hansen affirmait qu'elle est capable « de tomber subitement très, très malade. » Il l'avait expérimenté plusieurs fois, quand il état sur le point de sortir de l'appartement, mais avait trouvé Christina affalée sur le divan, après avoir vomi par terre.

« Coïncidence étrange, ces malaises intervenaient en général lorsque le témoin allait rejoindre des copains en ville, pour un match de foot, par exemple. La conclusion était chaque fois que le témoin devait rester à la maison auprès d'elle », note l'agent dans le rapport établi le matin où la police est venue voir M. Hansen dans sa petite maison de l'île de Møn, que Christina avait précédemment habitée.

Plusieurs collègues de Christina l'ont soupçonnée de se déclarer malade uniquement pour attirer l'attention. Lors d'une garde de nuit entre le 2 et le 3 janvier 2015, elle a prétendu s'être fait casser un des os de la main en la coinçant dans une barrière de lit pendant qu'elle faisait un massage cardiaque. Elle a demandé à une collègue de plâtrer le bras. Mais plusieurs collègues, entre autres Pernille, ont eu l'impression qu'elle se donnait en spectacle.

« Se faire plâtrer une main non cassée pour que tous ceux qu'elle croise dans le service lui en demandent la raison, c'est caractéristique de Christina. De cette manière, l'arrêt cardiaque en question n'était pas uniquement un arrêt cardiaque, mais un incident au cours duquel Christina s'était tellement démenée qu'elle s'était fracturé la main. Elle était de nouveau au centre. C'est ce qu'elle aimait », déclare Pernille.

Cette fracture est l'une des histoires que la police met un peu de temps à creuser. Afin de vérifier la crédibilité de la mise en cause, elle a eu accès à ses dossiers médicaux, auprès de son médecin traitant et à l'hôpital.

Les enquêteurs n'ont nulle part trouvé trace de cet épisode.

Chapitre 14

Trois meurtres et une tentative de meurtre, commis en l'espace de douze heures, probablement par la même personne. Une infirmière.

Dans un hôpital danois.

La police de Sydsjælland et de Lolland Falster se trouve confrontée à une affaire unique en son genre dans l'histoire criminelle danoise. Dès le départ, l'enquête semble longue et compliquée.

Une des premières mesures prises par la police a été de demander un prélèvement sanguin chez les patients en arrêt respiratoire lors de la dernière garde de Christina, afin de relever la présence d'alcool ou de drogue. Les analyses d'urine, de cheveux et de tissus en sont d'autres indicateurs. Les chimistes judiciaires peuvent également établir avec précision les médicaments éventuellement emmagasinés dans le corps, et en quelle quantité. Les résultats se font souvent attendre plusieurs semaines. Mais dans cette affaire, la police demande aux chimistes une analyse préliminaire avant qu'ils n'entrent dans le détail : elle veut savoir le plus rapidement possible si le sang des patients contient des médicaments.

Quelques jours après l'arrestation de l'infirmière, le laboratoire envoie sa réponse. C'est un examen d'urgence, non définitif, des échantillons. Mais les experts révèlent déjà la présence de médicaments forts dans les sang de M. Holm Petersen, Mme Poulsen et Mme Rasmussen, médicaments non indiqués dans leurs dossiers respectifs, surtout de la morphine. Le laboratoire n'a pas encore calculé les doses, mais elles semblent d'emblée létales ou susceptibles de provoquer une intoxication. Le département de chimie judiciaire a également comparé les résultats préalables avec les échantillons prélevés sur les patients au moment de leur arrivée dans l'hôpital. Aucun d'entre eux n'avait ni de morphine ni de Stesolid dans le corps à ce moment, écrit l'Institut de police scientifique dans une télécopie envoyée aux enquêteurs.

Ceux-ci peuvent donc en déduire que les trois patients ont reçu les médicaments pendant leur séjour à l'hôpital, ce qui permet de préciser le moment du crime.

Les experts ont également analysé le sang de M. Svend Aage Petersen. Il n'a pas l'air de contenir de médicaments non prescrits. Mais une fois que les réponses définitives et précises parviennent de l'institut, la police pourrait constater si l'affaire porte sur trois ou quatre victimes.

Au fur et à mesure que la liste des témoins s'allonge, il est de moins en moins probable – et il s'avère carrément impossible par la suite – de limiter l'enquête aux événements intervenus aux urgences la nuit du 28 février. Lors des auditions, nombre de collègues racontent des épisodes impliquant des patients à une époque bien plus reculée, et qui semblent maintenant suspects. Si certaines de leurs insinuations sont fondées, les victimes pourraient être bien plus nombreuses que celles signalées par Pernille.

La police commence donc à établir un récapitulatif. C'est un travail difficile. Dans bien des cas, les employés de l'hôpital ne peuvent donner que des dates d'hospitalisation approximatives, et ils ont souvent oublié les noms des patients.

Au fil des semaines, la police réussit néanmoins à identifier de plus en plus de patients dans les bases de données de l'hôpital, et note de nouveaux noms et des numéros d'identité nationale dans une liste d'hospitalisations à examiner. Soucieuse d'obtenir une vue d'ensemble exhaustive, elle décide de procéder à des investigations en profondeur : tous les décès intervenus dans le service de Christina et dont la cause n'a pas été établie avec certitude doivent à présent être passés au crible.

Les enquêteurs demandent à l'hôpital de dresser une liste incluant aussi les décès du service M130, afin d'être sûrs de ne rien laisser passer.

Quand la liste est prête, elle contient toute une série de décès qu'il sera probablement impossible d'examiner. Pour la plupart de ces cas, sinon tous, il n'existe plus de traces physiques permettant à la police d'aller plus loin. Mais un nom attire immédiatement son attention, celui d'un patient hospitalisé au service M130 il y a exactement trois ans. Apparemment, son sang avait fait l'objet d'une analyse pour dépister la présence de médicaments. Une autopsie a été faite.

Son nom est Arne Herskov.

Les enquêteurs découvrent que la police locale s'est déjà penchée sur les circonstances de son décès. Ils entrent son numéro de dossier dans le système informatique. Pile dans le mile. Le dossier s'affiche.

« Décès suspect/personnes trouvées mortes », lit-on d'emblée.

« Patient hospitalisé en soins intensifs le 17 février 2012. Décédé. Traces, dans le sang, de médicaments qui n'auraient pas dû s'y trouver. Personne souffrant de dépression. »

Le dossier est si mince que la police n'a manifestement pas nourri le moindre soupçon de meurtre – seule une poignée de témoins ont été entendues, et pour la plupart, pendant seulement 5 ou 10 minutes au maximum. Les enquêteurs commencent à lire les quelques rapports ajoutés au dossier. Ils constatent que les collègues n'ont examiné l'affaire que de manière superficielle avant de la classer, suite à la conclusion de l'un des procureurs de la police selon laquelle il n'y avait pas d'indices pour d'autres investigations.

D'après l'avis du procureur, il pouvait bien s'agir d'une violation de la loi sur la protection des patients, paragraphe 75. Un employé de l'hôpital aurait fait preuve de négligence, ici en ce qui concerne les médicaments. Mais aucun indice ne pointe vers une personne en particulier. Personne n'a été accusé, ni soupçonné. Et le décès n'a jamais été dénoncé à la police. Il a seulement été rapporté, en toute conformité avec la loi sur la santé publique qui impose au médecin l'obligation de le faire lorsque le décès ne peut être immédiatement expliqué.

Les enquêteurs continuent à éplucher le dossier.

Il en ressort que le patient a été subitement victime d'un arrêt cardiaque, et que son analyse d'urine montre la présence de substances non prescrites. Cette affaire comporte toute une série d'éléments qui rappellent celle actuellement instruite : on a trouvé de la morphine et du Stesolid dans le sang. Le patient était déjà âgé et en mauvais état. Et surtout, coïncidence la plus importante : c'est une infirmière du nom de Christina Aistrup Hansen qui a découvert l'arrêt cardiaque et déclenché l'alarme dans la chambre du patient.

Mais rien dans les rapports d'interrogatoire ne suggère que les employés du service M130 soupçonnent un crime. Les enquêteurs constatent avec agacement que les policiers ont omis de recueillir des preuves en mars 2012, comme le montre le rapport rédigé après la nuit au cours de laquelle la police est arrivée à l'hôpital, à peine quatre heures après que le patient a été déclaré mort.

Les deux agents avaient constaté qu'on avait changé les vêtements du patient et retiré les perfusions de son coude droit et de son poignet gauche. On n'y voyait que les traces des aiguilles sur ses bras, qui dépassaient les manches de sa veste, peut-on lire dans le rapport de police. Les agents dépêchés sur place se sont demandés s'ils devaient sécuriser d'éventuelles preuves : ils ont pu constater que les équipements qui avaient été reliés au patient avaient été jetés à la poubelle. Mais, comme ils disent dans leur rapport :

« Après concertation avec le centre d'appel, il a été décidé de ne pas saisir ce matériel. »

La police est repartie après moins d'une heure passée à l'hôpital. Dans ce laps de temps, ils ont également eu le temps d'interroger le médecin qui avait rapporté le décès à la police. Cet interrogatoire a duré exactement 5 minutes.

Le dossier du patient comprend également une note du commissaire adjoint actuel qui déclare, suite à l'autopsie, qu'il « s'agirait probablement d'une mort naturelle », mais qu'il conviendrait, bien évidemment, d'examiner l'affaire de plus près. Le rapport d'autopsie de l'Institut médico-judiciaire relève le contenu de son sang : des antidépresseurs, donnés selon toute vraisemblance par le personnel avec des comprimés de vitamines visant à améliorer son appétit de vivre. L'analyse sanguine montre aussi des traces de médicaments contre l'épilepsie, de morphine et de Stesolid, en quantités correspondant à des doses de traitement normales.

Les enquêteurs relisent les conclusions du rapport d'autopsie :

la cause du décès n'a pas pu être établie, même après les « examens complémentaires ».

M. Herskov avait depuis longtemps été incinéré, et son urne déposée à côté de celle de Jimmy, sous une dalle au cimetière Assistens de Copenhague, dont l'inscription exhorte à laisser le défunt reposer en paix. Tout autre examen est donc impossible. Mais les enquêteurs sont-ils en train de négliger quelques indices importants ?

À l'époque, l'hôpital a essayé d'examiner l'affaire plus en détail. En 2012, l'arrêt cardiaque du patient a déclenché une « analyse des causes profondes » dans le service M130. Une analyse que la direction peut déclencher en cas d'incident imprévu grave qu'il faut examiner de près. Ces analyses sont effectuées par une équipe constituée d'un chef de service, de médecins et d'un « gestionnaire de risque », qui pilote les travaux. Au même titre que les services de santé imposent une commission après une avarie, l'équipe passe en revue l'historique du patient durant son hospitalisation, afin de mettre au jour ce qui a pu se passer. Ensuite, on rédige un rapport.

Le dossier du patient, son bilan hydrique, les notes des infirmières, le récapitulatif des médicaments prescrits et les autres papiers sont passés au crible lors des réunions des enquêteurs. Malgré la grande quantité de documentation, ceux-ci n'arrivent pas à expliquer comment le Stesolid et la morphine sont arrivés dans le corps du patient.

Les analyses des causes profondes ont pour but de laisser l'hôpital faire son introspection. Les conclusions sont en principe internes, et il est d'usage qu'elles ne doivent pas conduire à accuser une personne en particulier, mais permettre d'identifier avec précision le point sur lequel l'hôpital devra changer de procédure.

Dans le cas d'Arne Herskov, on considère cependant que c'est le patient lui-même qui porte la responsabilité de son décès. Après discussion, l'équipe estime comme probable que M. Herskov a lui-même pris les médicaments qui, selon l'estimation des médecins, auraient entraîné son arrêt cardiaque. On suppose qu'il a avalé quelques comprimés de morphine qu'il avait, d'une manière et d'une autre, réussi à prendre chez l'un des autres patients. Il était fatigué de la vie, comme il l'avait dit lui-même, mention qui figurait dans son dossier. Cette attitude rend plus plausible le fait d'avoir avalé, au cours de la dernière journée de sa vie, des substances auxquelles il n'avait jamais touché auparavant, selon sa famille.

Les autres détails de l'analyse des causes profondes sont incertains, et à la date d'aujourd'hui, personne ne sait si elle a abouti à de nouvelles mesures au sein du service M130, dans la mesure où le rapport a été détruit par la suite ; il était seulement destiné à l'usage interne, d'après l'explication donnée.

La surveillante du service croit se souvenir que tous les employés – médecins, infirmières et aides-soignantes – ayant eu affaire à M. Herskov, ont été inclus dans l'enquête. Cependant, est-ce exact ? Les deux infirmiers, Peter et Christina, ainsi que Louise, l'aide-soignante, qui travaillait au service M130 et avaient la responsabilité du patient avant son arrêt cardiaque, déclarent ne jamais avoir été interrogés dans le cadre de l'analyse des causes profondes. Ils ignoraient même l'existence de celle-ci.

La police n'en a pas été informée, même si les enquêteurs de 2012 et le groupe de travail se sont en partie posé les mêmes questions. Elle ne prend connaissance de l'enquête interne de l'hôpital qu'au moment où les enquêteurs recommencent à s'intéresser au décès de Herskov, après l'arrestation de Christina. Ils ont du mal à accepter les conclusions du rapport de l'hôpital. Au moment de la première enquête, la police a considéré comme improbable l'explication selon laquelle le patient aurait lui-même avalé les substances présentes dans son sang. L'autopsie, par exemple, ne montre aucune trace de comprimés dans son estomac. Les substances ont donc dû être injectées.

Les enquêteurs relisent les interrogatoires de 2012. A priori, aucun indice ne met en cause l'infirmière inculpée. Ils procèdent néanmoins à une nouvelle audition de certains des témoins de l'époque. Elle permettrait peut-être de dévoiler de nouveaux éléments.

Deux mois et demi après l'arrestation de Christina, l'infirmier Peter est convoqué pour être interrogé – il était en train de préparer le café matinal pour les employés du service M130 au moment du déclenchement de l'alarme d'arrêt cardiaque dans la chambre du patient. Pour des raisons mystérieuses, le rapport relatif à l'audition de Peter de 2012 ne figure pas dans le dossier de M. Herskov. Il ressort des notes prises par les agents que Peter a été interrogé très brièvement à l'époque. Mais la police ne trouve pas le compte-rendu de l'interrogatoire. Devant la cour, la police doit expliquer la raison. On l'ignore, répond-il. Selon toute probabilité, l'agent qui a interrogé Peter à la suite du décès du patient, a oublié ou en tout cas omis d'entrer ses notes prises à la main dans le système informatique de la police. Par conséquent, on ignore le contenu exact de la déclaration de Peter en 2012. Après l'arrestation de Christina, il accepte de se rendre au commissariat de Vordingborg pour être interrogé de nouveau. Peter travaille à présent dans un autre hôpital. Mais il se souvient très bien de Christina. Il n'a pas grand-chose de positif à dire à son sujet ; elle s'est d'ailleurs récemment rappelée à son souvenir par un article à son sens indécent sur le nombre de patients décédés au cours d'une garde de nuit. Il la décrit comme une infirmière qui se considère parfois « comme supérieure aux médecins », dit-il d'après le compte-rendu. Selon ses dires, elle est du genre « m-as-tu-vu », avec des « traits de caractère pathologiques ; elle voyait les situations critiques des patients comme des « trophées, au sens où c'était elle qui les avait sauvés sur le seuil de la mort. »

Peter se souvient très bien de la garde d'il y a plus de trois ans, lorsque M. Herskov a eu son arrêt cardiaque. Et il n'a pas oublié ce patient dont les cheveux longs, d'après son souvenir, faisaient penser à un « homme des cavernes. » Au début de son interrogatoire, rien ne laisse supposer qu'il ait quelque chose à raconter qui soit susceptible de faire progresser l'enquête. Il répète avoir préparé le café et le petit déjeuner pour les collègues après la tournée auprès des patients. Et qu'il était environ 9 heures. Il réexplique qui était au travail dans le couloir des 30 ce jour-là : lui-même, l'aide-soignante Louise et Christina. Et Peter se souvient de l'alarme d'arrêt cardiaque déclenchée par Christina, alors que lui-même et Louise se trouvaient dans la salle du personnel. Tout cela, la police l'a su il y a trois ans. Mais Peter a soudain une nouvelle information à transmettre aux enquêteurs : avant l'activation de l'alarme, Christina est sortie du local à pharmacie. Peter a pu le voir parce que la salle du personnel se situe juste en face. Et il s'en souvient particulièrement bien, parce que Christina est sortie du local à pharmacie même si tous les médicaments prescrits avaient été administrés à tous les patients.

Selon Peter, Christina tient, dans une main, quelque chose qui ressemble à une petite seringue avec un liquide clair. En tournant brusquement vers la gauche, elle disparaît de son champ de vision, probablement sans savoir qu'elle est observée, pense-t-il. Elle se dirige vers la chambre de M. Herskov. D'après Peter, le déclenchement de l'alarme survient juste après.

Peter affirme que Christina a déclaré, après cette garde :

« On a été au coude à coude toute la journée. »

Elle a prononcé ce commentaire avant qu'ils n'aient été entendus par la police. Mais Peter déclare à présent que cette affirmation était « totalement fausse ». Cependant, la police s'intéresse bien plus à ce qu'il a dit auparavant à propos de la seringue, un nouveau détail, totalement décisif, trois ans après. Pour la première fois, quelqu'un suggère un lien entre Christina et le décès de M. Herskov.

Son cas est redevenu intéressant, mais impossible à poursuivre, s'il faut prouver qu'il constitue un autre exemple d'une quelconque intention de tuer. La quantité de médicaments dans le sang du patient était bien trop peu importante pour signaler la présence d'un crime. Rien ne prouve que ce soient les médicaments qui ont déclenché le décès.

À titre d'exemple, les techniciens de l'Institut médico-légal ont calculé que le corps du patient contenait environ 3 mg de morphine au moment du décès. En moyenne, les patients hospitalisés reçoivent 2,5 mg.

Les chimistes judiciaires ont examiné le sang du patient à la demande de la police. Celle-ci se trouve avec un résultat qui semble tout simplement indiquer une dose de médicament normale, jamais portée au dossier par simple erreur. Mais la police s'est trompée dans son calcul. Si cette erreur n'avait pas été découverte à temps, le cas de M. Herskov aurait été classé sans suite maintenant, trois ans plus tard.

Une étude rapide de la documentation liée à cette affaire prouve que la police est plongée dans une enquête pour meurtre qui est difficile à gérer pour toute personne sans formation médicale supérieure ni expérience de l'hôpital.

Mais même les profanes savent qu'aussitôt que le corps reçoit des substances, que ce soient des médicaments ou de l'alcool, il commence à les traiter afin de les réduire jusqu'à l'élimination totale. Après une heure, la dose est déjà diluée, et plus encore après deux. Il n'est donc pas très pertinent de la part des enquêteurs de demander au service médico-légal d'établir la quantité de morphine et de Stesolid présente dans le système vasculaire du patient alors qu'il vient de mourir. À ce moment, 12 heures se sont écoulées depuis son arrêt cardiaque, sa réanimation et son maintien en vie artificiel, grâce à un respirateur. Lorsque, le soir, ils éteignent les machines, désactivant ainsi les processus physiques du patient capables de traiter des médicaments, son organisme a eu une demi-journée pour diluer les substances qui ont pu provoquer son arrêt cardiaque dans la matinée. Il s'avère des réponses fournies par l'Institut médico-légal que les chimistes ont eu l'impression de devoir calculer la quantité de médicaments injectés dans le sang « peu de temps avant le décès ». Le calcul ne tient donc pas compte du fait que le personnel de l'hôpital avait détecté de la morphine et du Stesolid dans le sang du patient bien des heures auparavant. En 2015, la police recontacte les experts du service médico-légal de Copenhague concernant le cas de M. Herskov. Un enquêteur pose la question suivante par message :

« Quelle quantité (par exemple, quel nombre d'ampoules) de morphine a été administrée au défunt immédiatement avant 09 h 39 ? »

L'Institut répond encore qu'environ 3 mg de morphine ont été injectés « peu de temps avant le décès ». Comme en 2012, la réponse est signée par le directeur, le professeur Kristian Linnet. Il ajoute dans sa conclusion qu'il ne peut ni confirmer ni infirmer que cette dose ait contribué au décès de M. Herskov. La dose n'était pas assez importante. La répétition « peu de temps avant le décès » montre clairement que la police et les chimistes ne se comprennent pas. Les enquêteurs voulaient savoir quelle quantité de morphine avait été injectée au patient au moment des faits, mais ce n'est pas cela que les chimistes calculent. Avec trois ans de retard, la police réagit enfin en s'assurant que les experts tiennent compte du fait que l'arrêt cardiaque est intervenu dans la matinée, même si le décès n'a été déclaré qu'à 21 h 30. L'Institut médico-légal reprend le calcul. Lorsque la réponse tombe quelques jours plus tard, il n'y a plus de doute : il faut rouvrir l'affaire Herskov. Le calcul à rebours, fait à partir de la quantité de morphine contenue dans le sang du patient au moment du décès, montre qu'il a dû recevoir environ 50 mg de morphine dans son cathéter. Cette dose équivaut à cinq ampoules entières, c'est-à-dire une dose 20 fois supérieure à la normale. De plus, le patient s'est vu administrer le contenu d'à peine une ampoule de Stesolid ; cette quantité n'est pas dangereuse en soi, mais devient totalement indéfendable si elle est associée à une telle dose de morphine. Chaque personne qui travaille dans un hôpital sait qu'une telle dose ne serait jamais administrée par quelqu'un qui chercherait le bien du patient. Il n'est pas nécessaire d'avoir des connaissances étendues sur les effets des médicaments sur le corps humain pour savoir qu'une telle dose peut tuer.

Jusqu'alors, l'Institut médico-légal n'a pas voulu établir la cause du décès. Mais à présent, après avoir appliqué un modèle de calcul à rebours, les experts émettent une conclusion sans réserve : si la morphine contenue dans le corps du patient provient d'une injection donnée douze heures auparavant, la dose a dû être suffisamment importante pour être mortelle. Pour déterminer la cause du décès, la maladie du patient et les autres médicaments qu'il a reçus ne sont que des éléments secondaires ; c'est à coup sûr la morphine qui l'a tué. Si la police peut prouver que ces médicaments lui ont été administrés peu de temps avant son arrêt cardiaque, les chimistes légistes n'ont pas de doute : M. Herskov a été intoxiqué.

Chapitre 15

Le service M130 a retrouvé son calme après le transfert de Christina vers le service des urgences : les alarmes d'arrêt cardiaque ont retenti plus rarement, et les patients hospitalisés ont un état plus stable. Tel est le témoignage de plusieurs infirmiers entendus par la police lorsque l'affaire Herskov a été rouverte.

Comme il est dit, par exemple, dans le compte-rendu de l'audition d'une infirmière :

« Le témoin explique qu'une fois la mise en cause partie, le service est devenu « totalement paisible », du jour au lendemain.

Cette collègue est entendue au commissariat de Vordingborg, le 26 mai 2015. Auparavant, elle s'est posé la question de savoir combien de temps s'était passé après le dernier cas d'arrêt cardiaque dans le service. Elle arrive à la réponse « février 2014 ». Cela fait donc environ quinze mois, quinze mois sans être obligée de courir vers une chambre à cause de l'alarme, au sein du service M130, où elle continue à travailler. Alors que quand la mise en cause y était, « les cas d'arrêt cardiaque intervenaient pratiquement une fois par semaine », note l'agent dans son compte-rendu.

Après avoir concentré l'enquête sur les urgences, la police commence à présent à entendre les employés du service M130. Ce qu'ils peuvent raconter à propos de l'époque où Christina y travaillait est alarmant. Plusieurs d'entre eux se souviennent toujours des circonstances étranges autour du décès de M. Herskov, et ne les ont jamais vraiment acceptées. Et d'autres épisodes encore les ont étonnés. Ida est l'une de ces infirmières.

C'est elle qui, trois ans auparavant, et sous l'effet du cas de M. Herskov, consulte le registre de décès, mais sans avoir parlé de Christina lors de son interrogatoire. Maintenant, elle parle.

Elle se souvient, entre autres, d'avoir vu un jour Christina sortir d'une chambre où elle n'avait au sens strict rien à faire. Christina a eu l'air surpris de se trouver soudain face à sa collègue. À la demande de celle-ci, elle a accepté de lui venir en aide avec un patient dans une autre chambre, mais s'est comportée bizarrement par la suite, en s'acquittant de cette tâche avec un empressement frappant. Peu de temps après, le patient de la première chambre s'est trouvé presque hors du lit, avec un arrêt cardiaque. La collègue soupçonne que Christina s'est tant dépêchée pour être celle qui « découvrirait » la situation. La police note dans son compte-rendu qu'il est probable que Christina ait provoqué l'arrêt cardiaque avec du chlorure de calcium ou du potassium.

Ida raconte également un épisode où les infirmiers s'étonnent de l'état extrêmement changeant d'une femme âgée, hospitalisée dans la chambre 131. Elle devait prendre de l'insuline, et Christina a déclaré lui l'en avoir donné. Ida a cependant découvert que le robinet qui sert à verser le médicament dans la perfusion de la patiente était fermé. Lors des deux gardes de nuit que les deux infirmières partagent, la femme alitée passe d'un état amélioré à un épisode de psychose, avec chute par terre et accès de délire. On avait l'impression que l'hospitalisation de cette patiente dans le service M130 ne faisait qu'aggraver son état. Elle était sans cesse hospitalisée. Plusieurs infirmières se souviennent des brusques détériorations de son état. C'est Christina qui s'est le plus souvent occupée de cette patiente ; d'après le témoignage d'Ida, elle a plusieurs fois réussi à la ranimer. Elle la soupçonne d'avoir joué avec le destin de cette femme.

Le témoin cite également plusieurs autres patients qu'elle accuse Christina d'avoir exploités pour mettre plus de suspense dans ses gardes. Ida raconte également l'histoire d'un patient malade du foie et malmené, d'après elle, par Christina. Beaucoup d'alcooliques étant confiés au M130, celui-ci est amené à traiter des pathologies du foie. Les infirmiers du service connaissent donc plus que les autres les mesures à prendre par rapport à ces patients, notamment parce qu'ils ont du mal à produire les substances permettant au sang de coaguler. S'ils saignent, leur vie peut être en danger. Les muqueuses du nez peuvent être sensibles, ainsi que les varices de l'œsophage qui se forment facilement chez les alcooliques dont le sang est trop fluide, avec risque d'hémorragie si elles se rompent. Malgré ces risques, Christina aurait appliqué « de manière assez brutale » d'après le témoin, un dispositif d'aspiration au nez et à la gorge d'un patient. Elle a pris le plus gros tuyau disponible, disant qu'il lui semblait entendre une sécrétion avec un râle. Ida, elle, n'entendait pourtant rien. Et elle estimait que pour ce patient, il ne convenait pas d'utiliser un appareil d'aspiration à moins d'une nécessité absolue, auquel cas il aurait fallu recourir au plus petit tuyau. Ses craintes se sont avérées. Le patient s'est mis à saigner violemment, et a été déplacé en vitesse vers une chambre individuelle. On n'a pas réussi à stopper l'hémorragie, et l'homme est décédé. La collègue de Christina la soupçonne d'avoir rendu la situation particulièrement violente en administrant des anticoagulants.

Lors de son interrogatoire, deux mois après l'arrestation de Christina, Ida cite en tout 15 exemples de patients. Elle explique concrètement à la police quelles ampoules la collègue utilisait quand elle voulait faire du mal aux patients : potassium, morphine et Stesolid, ainsi que l'héparine qui dilue le sang et augmente le risque qu'il ne coagule pas. D'après elle, c'est peut-être l'héparine qui explique pourquoi elle a vu autant de patients dans le service saigner violemment de la bouche. Plusieurs collègues soulignent des épisodes similaires lors de leur interrogatoire.

Selon le compte-rendu rédigé par la police, les enquêteurs demandent à Ida si elle sous-entend que la personne inculpée a employé ces substances pour provoquer des décès ou des incidents entraînant des opérations de réanimation. « Elle en est convaincue », note la police.

L'infirmière raconte également, au sujet de Christina, toute une série d'autres histoires, néanmoins peu en rapport avec le vrai sujet de l'affaire.

La patiente de la chambre 131, réaniminée par Christina à plusieurs reprises, ne s'est-elle pas fait voler des bijoux et de l'argent pendant son hospitalisation ? Ainsi qu'une ou plusieurs vestes ? Et le patient alcoolique hospitalisé à maintes reprises dans le service

M130, n'a-t-il pas expliqué qu'il avait donné ses 500 couronnes (environ 67 euros) « à la fille brune » ? Cet argent ayant disparu, le montant n'a-t-il pas fini par être remboursé par l'hôpital ? Ces insinuations ne sont que deux des histoires racontées par Ida pendant son interrogatoire. Lorsque la police convoque les infirmiers pour connaître ce qu'ils savent sur Christina, elle se trouve confrontée à des médisances, qui portent aussi sur son style de vie lorsqu'elle était célibataire. Ils sont nombreux à avoir un avis sur ce sujet. On raconte qu'à la suite de la rupture avec Anders, elle a fait des avances aux médecins et aux brancardiers, avec plusieurs histoires parallèles.

Les enquêteurs notent fidèlement les dépositions des infirmiers, même si les « propos de salle de nettoyage » ne concernent pas du tout l'affaire. Dans la série de récits du service M130, deux épisodes finissent pourtant par attirer l'attention de la police, même s'ils ne se rapportent ni à la médecine ni à la détérioration soudaine des patients. Ces récits parlent d'incendies.

Il y en a eu deux pendant le temps où Christina était attachée au M130. Deux étranges incendies dont les détails se sont particulièrement bien fixés dans la mémoire des infirmiers de ce service. Le premier s'est déclaré dans la chambre 136, en 2012.

Le personnel a subitement senti une odeur de fumée. L'alarme a retenti, et Christina ainsi qu'un brancardier, qui formaient un couple à l'époque, ont évacué les patients en passant par le couloir, y compris le patient qui occupait la chambre d'où venait la fumée. Il n'avait apparemment pas senti le danger lui-même. Plus tard, Christina a expliqué à la police qu'il dormait dans son lit au moment où elle a ouvert sa porte pour éteindre l'incendie.

Plusieurs collègues se souviennent d'une journée dramatique, avec l'évacuation soudaine de nombreux patients. Pour conclure, Christina a dû passer elle-même à l'infirmerie parce qu'elle craignait d'avoir été intoxiquée par la fumée.

Il s'est avéré que l'incendie était parti d'un sac contenant quelques vêtements près de la fenêtre, à côté d'un fauteuil également atteint par les flammes, en raison d'une cigarette allumée par le patient, dirait-on par la suite. Mais plusieurs infirmiers expliquent à la police que le déroulement exact de l'incendie n'a jamais été élucidé. Le patient a fini par se prononcer, niant catégoriquement d'avoir provoqué l'incident.

Quelque chose de semblable s'est produit lorsqu'un deuxième incendie s'est déclaré dans le service.

Il est parti d'un sac ou d'un seau contenant quelques serviettes posées dans la salle de bain adjacente à une chambre. D'après l'hypothèse avancée, la patiente s'y serait rendue pour fumer en cachette, laissant une étincelle derrière elle. Mais dans ce cas, pourquoi était-elle dans son lit, dans un état affaibli et reliée à son appareil d'oxygène, au moment où elle a dû être évacuée ? Par la suite, selon le témoignage de plusieurs employés du M130, elle a nié tout lien avec l'origine de l'incendie.

Après son arrivée aux urgences et à l'occasion d'une formation en matière de lutte anti-incendie et d'évacuation, Christina a montré à ses nouveaux collègues comment elle s'y était prise, une certaine fois, pour éteindre le feu au M130. Peu de temps après, un incendie s'est déclaré aux urgences, selon, notamment, le témoignage de l'infirmière Carina. À cette occasion, Christina a montré avec beaucoup d'assurance comment l'on maîtrise ce type de situation, et le feu était éteint avant que les pompiers ne viennent sur place. Son nouveau chef, la surveillante aux urgences, raconte à la police que Christina a reçu beaucoup de compliments pour cette action.

Plusieurs de ses collègues ont pourtant trouvé étrange sa présence systématique lors de ces incidents. La police tente donc de trouver des éléments susceptibles de prouver qu'elle aurait provoqué ne serait-ce qu'un de ces incendies.

Il n'y en a pas.

Il n'est pas non plus possible de prouver qu'elle soit liée à la disparition de certaines affaires appartenant à des personnes hospitalisées. Cela vaut aussi pour les 200 couronnes (27 euros) qui, selon le compagnon de Mme Rasmussen, manquaient dans son portemonnaie après la fameuse garde de nuit. Il explique aujourd'hui que cette somme lui a été restituée par l'hôpital, sans explication.

Christina refuse d'avoir quoi que ce soit à se reprocher à cet égard. Il en est de même des incendies.

Parallèlement aux auditions du personnel du service M130, les enquêteurs s'efforcent de trier tous les récits concernant la mise en cause. En étudiant ceux qui parlent de ses patients, ils voient apparaître l'image d'une personne qui ne souhaite peut-être pas tuer, bien qu'il s'agisse d'une affaire de meurtre. Les témoignages semblent de plus en plus appuyer la théorie selon laquelle le but recherché était plutôt de sauver les patients.

Lors de son interrogatoire, la surveillante du service M130 confirme cette idée, en racontant un épisode particulier mettant en scène Christina. Elle l'a rencontrée un lundi, après sa nuit de garde. Elle lui a dit qu'il y a eu quatre ou cinq arrêts cardiaques au cours des derniers jours. La surveillante se souvient d'avoir répondu quelque chose comme « c'est terrible » ou « quelle horreur », mais elle se rappelle avant tout la réaction de Christina. « Non, non », dit-elle, en ajoutant : « Nous les avons tous remis sur pied. » En prononçant ces paroles, Christina a semblé très agitée, d'après le témoin, presque dérangée, comme « droguée ». Cet épisode est très présent dans la mémoire de l'infirmière, même si Christina avait terminé sa dernière garde au M130 plusieurs années auparavant. La surveillante déclare également avoir beaucoup réfléchi sur le comportement de Christina, même après son départ du service.

Elle lui trouve des « traits pathologiques », et la considère comme quelqu'un qui veut toujours être au centre », dit-elle lors son heure d'interrogatoire à l'hôpital.

« Informée des éléments à charge retenus contre Christina et s'appuyant sur ce qu'elle sait à propos d'elle, la personne interrogée n'a pas le moindre doute concernant sa culpabilité », note l'agent dans son compte-rendu.

N'étant pas impliquée dans la gestion quotidienne du service M130, la surveillante ne peut dire si oui ou non sa situation a changé après le départ de Christina. Mais le personnel peut en témoigner. Entre autres, une secrétaire médicale.

Elle a été embauchée par le service M130 quelques mois avant le décès de M. Herskov. Elle avait travaillé à l'hôpital de Nakskov avant sa fermeture, dans un service dont elle estime qu'il a beaucoup de similitudes avec le M130, à part un point, qui l'a sérieusement frappée au bout de quelques mois seulement à l'hôpital de Nykøbing Falster : le nombre de décès, bien plus important sur son nouveau lieu de travail. Soudain, il n'était pas anormal qu'il y ait deux arrêts cardiaques en une matinée, ce qui était totalement improbable à Nakskov, selon elle.

Après un an environ, la secrétaire médicale a trouvé le registre des décès au bureau, et compté. Ce registre n'a fait que confirmer son impression : en un an, il y avait eu lieu plus de 90 arrêts cardiaques. C'était beaucoup, dit-elle à la police, surtout lorsqu'on compare avec son service d'origine.

« L'agitation est retombée lorsque Christina Hansen a quitté le service », explique-t-elle.

Lorsque Christina travaillait au M130, celui-ci était un sujet de plaisanterie pour les brancardiers, qui ne cessaient de venir y chercher des patients en état critique. Ils pouvaient, par exemple, lancer : « On se revoit bientôt ? » ou : « Vous avez flanqué combien de morphine à celui-ci ? » Les infirmiers n'aimaient pas ce genre de commentaire. À une époque, certains étaient sur le point de « vomir chaque fois qu'un nouveau patient décédait », dit l'un d'eux à la police.

Les employés du M130 ressentaient un manque de confiance général de la part de certains autres services de l'hôpital, surtout ceux consacrés à l'anesthésie et aux soins intensifs, qui peinaient à comprendre pourquoi ils devaient prendre en charge autant de patients inconscients qui avaient manifestement reçu des doses médicamenteuses trop élevées ou inappropriées. Une anesthésiste chef de service le confirme : les analyses sanguines des patients ont plusieurs fois montré des traces de Stesolid ou de morphine, sans que ces médicaments aient été indiqués dans le dossier. Une, deux ou trois fois, lui et ses collègues ont pu se dire qu'il y avait une explication. Mais en fin de compte, le phénomène a commencé à ressembler à « un mécanisme », explique le chef de service, qui se souvient d'avoir demandé à l'un des autres médecins : « Qu'est-ce qu'ils fabriquent là-haut ? » L'un des médecins a finalement monté les marches jusqu'au service de médecine générale, et a crié, au milieu du couloir : « Vous tuez donc toujours les patients au M130. » Plusieurs infirmiers se souviennent de ce moment. Il était insupportable d'être soupçonné de ne pas pouvoir s'occuper correctement de ses patients. Ce même jour, deux infirmières se sont mises à pleurer à cause de cette méfiance. Elle avait déjà amené les infirmiers à noter dans le moindre détail ce qu'ils faisaient dans les chambres et sur ordre de qui, de façon à ne pas subir des reproches si l'état du patient s'aggravait.

Ida aussi a pleuré au téléphone en appelant la surveillante, la nuit après le décès de M. Herskov, pour lui demander de venir immédiatement dans le service. Cette nuit-là, elle a craqué. Elle avait déjà compté les morts dans le registre, avec l'aide-soignante Nina, et la police venait de partir. Et ce n'est pas seulement avec Nina qu'elle a partagé ses soupçons contre Christina : elle les a également confiés à sa chef, la surveillante Lisette, à son arrivée à l'hôpital, à environ 3 heures du matin : « Je pense que Christina tue les patients. » Elle s'est exprimée exactement en ces termes, dit-elle, trois ans plus tard, à la police.

Il peut être difficile de comprendre pourquoi ni elle ni Nina n'ont fait part de leurs soupçons à la police en 2012. Leurs rapports d'audition n'en contiennent pas la moindre allusion. Ida et Nina ont par la suite expliqué qu'elles avaient, à l'époque, le sentiment qu'il valait mieux s'adresser à leur supérieur hiérarchique pour qu'elle porte l'affaire plus loin. Ce que la surveillante Lisette, jadis responsable de la gestion au quotidien du service M130, n'a jamais fait. « Il faut faire attention à ce qu'on dit ; » déclare-t-elle aux deux employées la nuit où elles lui présentent leurs soupçons. Ni leur accusation à l'égard de Christina ni les avertissements émis par une autre infirmière et une autre aide-soignante ne sont sortis du bureau de Lisette.

Ida raconte à la police qu'elle a même, par la suite, confié à la surveillante un seau de canules avec une grosse ampoule d'héparine, certainement munie d'empreintes digitales, en lui disant qu'il contenait la preuve de la culpabilité de Christina. Elle a pris cette initiative peu de temps après le décès de M. Herskov, jour auquel Lisette est arrivée toute pâle dans la salle de nettoyage. La surveillance venait d'avoir un appel d'un anesthésiste qui lui disait que son service avait trouvé de l'héparine chez un patient transféré du M130 suite à une crise, alors qu'un fluidifiant sanguin était rigoureusement déconseillé dans son cas. Lisette a posé le seau en couleur jaune fluo par terre dans son bureau. Il y est resté plusieurs mois. En l'absence d'autres nouvelles du service d'anesthésie, qui, apparemment, n'avait pas non plus l'intention de poursuivre l'affaire, elle a fini par le jeter, expliquera-t-elle ultérieurement devant le tribunal.

Elle déclare ne pas avoir perçu les avertissements d'Ida concernant Christina comme autre chose que de vilains cancans jaloux, en ajoutant qu'elle n'a jamais elle-même pu imaginer qu'un soignant du service fasse des expériences avec les médicaments. Christina avait toute sa confiance.

Quand elle est partie aux urgences, ni Lisette ni aucun autre employé du M130 n'a informé ses nouveaux supérieurs des soupçons dont elle faisait l'objet. Personne n'a su qu'elle avait, selon certains de ses collègues, la faculté de prédire les décès, que d'autres encore pouvaient l'appeler « l'ombre de la nuit » ou « l'ange de la mort », que plusieurs l'avaient vue dans des chambres sans qu'elle ait quoi que ce soit à y faire, et que plusieurs, dont Ida, se sentaient mal à l'aise à ses côtés pendant les gardes communes et avaient refusé de les partager avec elle.

Une infirmière du M130 raconte qu'elle est venue voir Lisette et l'infirmière en chef six mois plus tard pour leur rapporter ce que pensaient de nombreuses personnes du service : il était frappant à quel point les crises étaient devenues rares. Cette infirmière était alors l'une des amies proches de Christina, mais d'après ce qu'elle a dit par la suite à la police, elle voulait s'assurer que quelqu'un ait un œil sur elle dans son nouveau service.

Lorsque cette infirmière a quitté le bureau du chef, elle a eu l'impression que ses deux supérieures avaient pris conscience du mécanisme mis en place par Christina. Lorsqu'à présent, plusieurs années plus tard, elle est entendue par la police, elle déclare qu'elle pensait, en toute confiance, que la direction avait au minimum informé les nouveaux supérieurs de Christina de cette série des coïncidences. Mais cette information n'a jamais été transmise.

Comme toujours à l'occasion d'un changement d'affectation, les références de Christina ont été communiquées. Il est possible que la recommandation émise par le M130, pour autant que s'en souviennent les chefs, mentionne qu'il y a eu quelques intrigues entre Christina et les collègues, mais qu'aucun autre problème n'est survenu. L'avis a été formulé de manière suivante : C'est une infirmière douée que nous vous envoyons.

Le 3 octobre 2012, les employés du M130 ont organisé une journée thématique au sujet des nombreux décès survenus dans le service. Celui-ci a notamment loué les services d'un psychologue qui doit aider les infirmiers à gérer cette situation.

Christina n'y a pas participé.

Elle avait quitté le service deux jours auparavant.

Chapitre 16

Le service des poursuites pénales a longtemps gardé le soupçon selon lequel trois personnes seraient tombées victimes de Christina lors de sa dernière garde de nuit. Outre M. Holm Petersen et Mme Poulsen, il s'agit de M. Svend Aage Petersen, le patient arrivé en ambulance un peu avant 23 heures.

Les événements intervenus dans la chambre de M. Petersen ont des traits communs avec les autres épisodes racontés par les collègues de Christina : un patient est soudain très mal – pour M. Petersen, cela se produit aussitôt qu'il est couché dans son lit. Christina se tient dans la chambre. C'est elle qui déclenche l'alarme d'arrêt cardiaque. C'est elle qui, la première, administre un massage cardiaque. C'est elle qu'on remarque. C'est elle qui a l'air agitée.

La déclaration faite par l'épouse de M. Petersen à la police après sa mort ne fait que renforcer les soupçons des enquêteurs. D'après elle, Christina aurait raconté à la famille du défunt arrivée sur place qu'elle lui aurait injecté un médicament pour qu'il puisse se calmer.

« Il ne l'a pas supporté, ce qui a mis son cœur hors fonction, et nos tentatives de réanimation n'ont pas abouti », a-t-elle déclaré, toujours selon la famille. La belle-fille de M. Petersen donne la même version de la conversation avec l'infirmière, en ajoutant qu'elle a trouvé son attitude générale inconvenante : l'infirmière n'a pas montré d'empathie, ni fait preuve de beaucoup de zèle pour mener correctement à bien l'entretien avec la famille. Selon la belle-fille, Christina poursuit un appel téléphonique et « s'empresse de dire à quelle heure elle a commencé sa garde. » Pendant l'un de ses interrogatoires, elle se dit désolée que la famille ait vécu la situation ainsi. Certes, le téléphone a sonné pendant son entretien avec les proches, mais elle nie avoir dit qu'elle avait administré des anxiolytiques au patient. De la même manière, Christina réfute à maintes reprises toute idée selon laquelle elle aurait pu avoir provoqué le décès de M. Petersen. La procureure de police, convaincue du bien-fondé des soupçons, maintient cependant l'inculpation.

Mais les preuves ne sont pas suffisantes.

Une fois que les chimistes ont terminé d'analyser le sang du défunt, la police doit reconnaître que tout ce dont Christina peut être déclarée coupable, c'est le fait de s'être trouvée à proximité. Les analyses sanguines ne révèlent aucune trace d'anxiolytiques ni d'antalgiques, injectées par le biais de son cathéter.

Les enquêteurs penchent donc vers d'autres théories. Ils se posent la question de savoir si l'infirmière aurait fait entrer de l'air dans la perfusion du patient ou si elle lui aurait donné du chlorure de potassium ou de calcium, substances qui peuvent également entraîner un arrêt cardiaque. Cette dernière théorie correspond bien avec le fait que Pernille, au cours de la garde de nuit, a vu une ampoule de chlorure de calcium vide, posée en haut de l'un des seaux de canules, ce qu'elle n'a pas réussi à s'expliquer. Cependant, il n'est pas possible de pousser plus loin cette hypothèse, puisqu'il est impossible de calculer la quantité de chlorure de potassium et de calcium dans le sang d'un défunt – quand le cœur s'arrête, des processus chimiques se déclenchent qui rendent trop incertains les résultats des analyses sanguines.

M. Petersen est donc devenu l'exemple d'un patient dont le décès est presque automatiquement imputé à Christina, sans que les faits puissent prouver sa culpabilité devant un tribunal.

En revanche, les résultats des analyses concernant M. Petersen ne sont que quelques-uns parmi tous ceux qui sont envoyés par l'Institut médico-légal de Copenhague. Une fois terminées les analyses effectuées par les experts du laboratoire, il n'y a plus de doute :

Au cours de la dernière garde de nuit de Christina, une personne présente à l'hôpital de Nykøbing Falster a voulu faire du mal aux patients. Même s'il semble que cette personne ait laissé M. Petersen tranquille, les quantités de morphine détectées dans les corps de M. Holm Petersen, Mme Poulsen et Mme Rasmussen sont monstrueuses.

Une dose de morphine habituelle est de 2,5 mg, ce qui correspond au quart d'une ampoule. Selon les directives des autorités de santé, la dose maximale est de 5 mg. Elle doit être injectée lentement, de préférence en plusieurs minutes, pour que le médicament puisse se répartir dans le corps, sinon, l'effet serait trop violent et le résultat fatal. Dans le cas d'un patient âgé ou faible, la dose injectée ne doit pas dépasser les 2,5 mg habituellement administrés. En règle générale, elle est suffisante. Mais même ici, il est conseillé à l'infirmier d'attendre et d'observer le patient pendant l'injection progressive du produit, qui doit avoir le temps de se répartir uniformément dans le système vasculaire.

Les chimistes ont trouvé 45 mg de morphine dans le sang de Mme Poulsen.

Cela correspond à 4 ampoules et demie. La quantité administrée est 18 fois supérieure à la dose habituelle.

Le corps de M. Holm Petersen en présentait environ 40 mg.

Les deux patients ont également reçu du Stesolid, sans ordonnance. Tout cela laisse supposer l'œuvre d'une personne qui savait comment on administre des médicaments par voie veineuse et qui a accès à un local à pharmacie. C'est nécessairement quelqu'un qui sait que ces doses sont suffisantes pour tuer.

Prenons le cas de Mme Rasmussen.

Elle a reçu non seulement du Stesolid et le puissant médicament Cordarone pour le cœur, nulle part mentionné dans le dossier, mais son sang contenait également de la morphine, dans une quantité qui, selon les modèles de calcul des chimistes, correspond à environ cinq ampoules si l'injection a eu lieu juste avant son arrêt respiratoire.

Qu'elle ait survécu relève du miracle. Telle est l'estimation de M. Kristian Linnet, directeur du département de chimie de l'Institut médico-légal. Son expérience lui dit que la quantité de morphine supportable par l'homme avant la mise hors fonction du système respiratoire est variable. Entrent ici en jeu les éventuelles prises de morphine antérieures, voire l'accoutumance. La vitesse à laquelle le piston est poussé à fond a aussi son importance. Une personne qui a déjà du mal à respirer, qui est faible, âgée ou malade est plus exposée.

M. Linnet estime néanmoins qu'une injection de 10 et de 30 mg de morphine est en principe léthale. Les doses administrées à Mme Poulsen, à M. Holm Petersen et à Mme Rasmussen étaient toutes bien supérieures.

Chapitre 17

Le 11 août 2015, Christina est de nouveau amenée entre deux agents à la salle d'audience du tribunal de Nykøbing Falster. Plus de cinq mois se sont déroulés depuis son arrestation.

Depuis son audience de renvoi, elle est venue cinq fois venue dans ce tribunal, où un juge a chaque fois autorisé la police à prolonger sa détention provisoire. Son avocat de la défense a essayé de protester en faisant appel de la décision. En vain.

La procureure se présente à la séance du 11 août pour déclarer que la police continue à demander la détention provisoire pendant l'enquête. À cet effet, Mme Jeanette Wincentz Andersen reprend un certain nombre des arguments déjà évoqués lors des audiences précédentes. Mais ce mardi sera particulier : pour la première fois, les portes sont ouvertes et les délibérations accessibles au public, qui pourra, depuis des places au premier rang, savoir réellement l'enjeu de l'affaire de l'hôpital de Nykøbing Falster. Pourtant, à ce stade, pratiquement aucun journal ni aucune chaîne de télévision n'a omis de dévoiler de nombreux détails concernant « l'affaire de l'infirmière », qui est l'expression choisie par TV Øst. Les habitants de Nykøbing Falster savent bien de quelle infirmière il s'agit, même si aucun média n'a encore cité son nom. Les rumeurs vont bon train. À l'hôpital, deux camps se sont formés : ceux qui estiment Christina innocente et ceux qui sont convaincus du contraire.

Le premier groupe comprend plusieurs infirmières que Christina fréquente en dehors du cadre du travail. Entre autres l'amie qui l'a accompagnée jusqu'au parking, le matin après la garde, quelques heures seulement avant son arrestation. Elle déclare, pendant son interrogatoire, ne pas comprendre pourquoi la personne principale de l'affaire reste en détention. Elle estime injuste que Christina ne puisse se défendre contre toutes les rumeurs la concernant qui courent actuellement aux urgences. D'après le compte-rendu, le témoin explique que les collègues, en parlant, se demandent si Christina a fait ceci ou cela et déterrent de vieux épisodes en jetant le soupçon sur elle. »

« Le témoin ne comprend pas pourquoi ces collègues n'ont pas évoqué plus tôt ces affaires suspectes. Elle ne croit pas que la mise en cause ait commis ce dont on l'accuse. Si c'était le cas, le témoin l'aurait remarqué dans le comportement de Christina. Elle n'a rien senti d'anormal dans son attitude sur le trajet vers la voiture, après la fin de sa garde. La mise en cause se comportait exactement comme d'habitude. »

Les soutiens de Christina souhaitent récolter des fonds pour une corbeille de cadeaux, à transmettre à la prison. Et ce groupe comprend aussi plusieurs personnes qui commencent à se sentir mal à l'aise en effectuant des gardes avec Pernille, qui, pour tous, est celle qui est à l'origine des accusations contre Christina. Elle pourrait peut-être dénoncer d'autres collègues ? Si un infirmier fait une faute, ne va-t-elle pas en profiter pour l'accuser ? Ce souci est très présent dans le premier camp.

L'autre camp est constitué d'infirmiers qui ont vécu un ou plusieurs épisodes avec Christina, dont ils sont ressortis convaincus de sa culpabilité. Parmi eux, bon nombre ont déjà parlé à la police, tout comme de nombreux médecins, convoqués à l'une des 90 auditions environ, effectuées jusqu'à présent. Après ces interrogatoires, chacun d'eux a été informé de l'obligation de confidentialité leur incombant. Plusieurs trouvent cette règle frustrante, notamment parce qu'ils ne peuvent défendre leur position ni confirmer en partie les rumeurs qui continuent à faire rage parmi les collègues qui ne sont pas suffisamment concernés pour être convoqués.

Le 11 août, un nouvel élément apparaît, qui relance l'affaire dans toutes les conversations : Christina Aistrup Hansen est accusée d'un meurtre supplémentaire, celui d'Arne Herskov, qui aurait eu lieu dans le service M130, déjà en 2012.

Le juge estime que les soupçons concernant ce dernier cas sont fondés. Il attache surtout de l'importance au témoignage de l'infirmier Peter qui a parlé de la seringue tenue par Christina, trois ans auparavant. Cette nouvelle accusation n'est pas l'unique élément sensationnel annoncé ce jour-là par la procureure, Jeanette Wincentz Andersen. La police enquête actuellement sur dix autres décès dans lesquels Christina pourrait être impliquée. L'affaire enfle.

Le huis clos étant levé, le 11 août est le jour où Jeanette Wincentz Andersen peut parler avec une franchise inhabituelle d'une affaire que le service des poursuites pénales a tenté de garder secrète pendant plusieurs mois. Mais c'est aussi le jour où elle fait erreur en sabotant sa propre enquête, devenant elle-même un sujet de conversation, non seulement parmi le personnel de l'hôpital de Nykøbing Falster, mais aussi à plus grande échelle. Elle déclare, pendant la séance du tribunal :

« Il n'est pas extraordinaire que des infirmiers aient l'idée de tuer leurs patients. »

Cette déclaration s'explique par le fait que le service des poursuites pénales est parfaitement au courant du côté difficilement imaginable d'une telle accusation. La procureure sait que la cause de la police est desservie par l'appartenance de la mise en cause à un corps professionnel qui fait l'objet de notre confiance. Il est presque contre nature qu'il existe une infirmière qui tende vers le contraire de son idéal supposé : aider les malades. Avec sa déclaration, Jeanette Wincentz Andersen cherche à ébranler cette certitude. Elle la réitère après l'audience, lorsqu'elle est interviewée par la presse devant le tribunal.

« La première pensée qui vous vient à l'esprit, c'est : ce n'est pas possible. Une infirmière ne peut pas faire une chose pareille. Mais peu de temps après l'incarcération de la mise en cause, j'ai lu un article très intéressant dans « søndagsberlingeren » (le journal du dimanche), qui racontait que des infirmiers et des infirmières avaient tué des patients. Je crois qu'il existe une thèse américaine sur ce sujet. Du coup, je me suis dit : vraiment, c'est assez courant. Ces tueurs ont des mobiles différents. Il faut vraiment que je me procure cette thèse pour que je puisse l'étudier. C'est très intéressant », déclare la procureure au journal B.T. Elle s'exprime en termes similaires sur TV 2.

Sans surprise, cette déclaration est vécue comme une provocation par de très nombreux infirmiers. Au préalable, l'affaire en cours d'instruction, largement couverte par les médias, défie la source même de la fierté professionnelle de 72 000 infirmiers : la volonté d'aider son prochain. Au préalable, les employés de l'hôpital de Nykøbing Falster cherchent à ne pas réagir lorsqu'un nouveau patient, qui essaie maladroitement de plaisanter, demande s'il peut se sentir en sécurité à l'hôpital. Il ajoute peut-être un petit rire. Mais ce n'est pas drôle. La déontologie de la profession est atteinte. Il en va de même, dans des dîners, lorsque les infirmiers se sentent obligés de défendre leur métier à cause d'une seule personne, accusée de faits totalement extraordinaires. En affirmant que l'affaire instruite exprime quelque chose de général, la procureure, qui représente l'État, dépasse une frontière. La Confédération des infirmiers danois, qui n'a pas voulu se prononcer sur l'affaire et veut à tout prix rester neutre, est à présent obligée de réagir.

Trois jours après, une lettre a été adressée à la Police régionale de Sydsjælland et de Lolland-Falster, adressée à la procureure et signée par le directeur juridique de la Confédération. On demande à Mme Wincentz Andersen de confirmer ou d'infirmer ses propos dans les médias. La Confédération ajoute qu'à sa connaissance, le Danemark, en 25 ans, n'a vu aucun cas impliquant une infirmière accusée de meurtre sur un patient. Le fait que la procureure ait déclaré à la chaîne TV2 que ce phénomène n'était « pas extraordinaire » revêt un caractère « diffamatoire » et constitue « une très grave accusation contre toutes les infirmières ».

« Nous exigeons donc que vous retiriez vos propos et que vous veilliez à ce que la rectification soit publiée dans tous les médias dans lesquels ils ont été publiés », dit la lettre, qui lui impose un délai d'une semaine.

Par la suite, la procureure tentera d'expliquer qu'elle n'a pas voulu offenser les infirmiers. « Bien au contraire. J'estime qu'ils font un travail remarquable », dit-elle au journal *Politiken* ; elle dira toujours la même chose si on l'interroge encore sur ce sujet. Sa supérieure essaie de déminer l'affaire en envoyant une lettre au syndicat des infirmiers, dans laquelle elle explique que la procureure a juste fait référence à un article de recherche, sans parler du Danemark. Mais les efforts du défenseur sont sans résultat. La Confédération des infirmiers danois dit vouloir entamer une procédure en diffamation contre la procureure si celle-ci ne retire pas ses propos. Ce qu'elle refuse. Et elle persiste même si les infirmiers engagent un avocat qui commence à préparer la procédure. Jeanette Wincentz Andersen est une juriste expérimentée. Elle préside la section dédiée aux affaires spéciales et complexes au sein du service des poursuites pénales de la police locale.

En tant que chef de toute une équipe dédiée aux poursuites, elle a l'habitude de peser chaque mot pour qu'il soit parfaitement adapté à la situation du procès. Les juristes engagés au sein de la police estiment qu'il n'y a pas grand-chose à craindre d'un procès en diffamation. Mais plus la procureure en chef refuse de retirer ses propos, plus elle devient un problème pour l'instruction qu'elle dirige. Sa personne a commencé à faire de l'ombre à ce que l'instance des poursuites voudrait considérer comme le centre de l'affaire : l'inculpée. Les infirmiers commencent à douter de son honnêteté. Même si le service des poursuites accepte finalement de rédiger un communiqué disant que les propos de la procureure auraient pu être formulés autrement et qu'elle « regrette » la situation.

La tentative de réconciliation définitive, en la personne de Michael Boolsen, arrive quatre semaines plus tard, au moment où il faut décider de la poursuite éventuelle de la détention provisoire de Christina. La procureure en chef, Mme Henriette Rosenberg Larsen, qui est la supérieure de Mme Wincentz Andersen, décide de résoudre le problème en remplaçant celle-ci par M. Boolsen, qui relève également de son autorité.

Grâce à ce nouveau procureur, on peut remettre l'accent sur le personnage principal de l'affaire, Christina. Il est important d'éviter d'introduire une gêne entre ses collègues et la police. Les enquêteurs sont tributaires de leur bonne volonté pour témoigner. Dès à présent, il semble que le procès éventuel doive en grande partie être fondé sur ce que les collègues de Christina peuvent dire à son propos, pour peu que le cas soit suffisamment lourd pour être porté devant un tribunal.

Aucune preuve à conviction n'a été trouvée pour l'instant.

Depuis le début, Michael Boolsen suit l'affaire de l'infirmière avec ce qu'il appelle un intérêt naturel. Le fait qu'il ait lui-même travaillé quelques années dans un hôpital a probablement joué. Certes, il y a longtemps. Lorsqu'il était étudiant en droit, il a occupé un job d'aide-soignant sans formation dans un hôpital psychiatrique. Il se souvient toujours du quotidien, des routines et d'une partie du vocabulaire. Avant que tous les classeurs avec la documentation de l'enquête n'arrivent sur sa table, il s'est tenu régulièrement informé de l'affaire par sa collègue, Mme Wincentz Andersen.

De plus, il fait partie du nombre restreint de personnes travaillant au sein de la police qui connaissent le nom d'Arne Herskov. M. Boolsen est le procureur qui, à l'époque, a décidé de classer sans suite le cas du décès de ce patient, en estimant que les éléments n'étaient pas suffisamment consistants. Le procureur est à présent obligé de reconnaître son erreur.

Michael Boolsen court entre les réunions avec les enquêteurs au commissariat de Vordingborg, où il se tient à jour des derniers développements de l'affaire, en émettant quelques suggestions sur les pistes à exploiter par la suite. Il y a toute une série de questions que la police n'a pas réussi à résoudre par des preuves concrètes. Par exemple, qui s'est introduit dans les locaux à pharmacie lors de la garde de nuit, et quelle quantité de médicaments a disparu des étagères.

La police a commencé par chercher un dispositif de surveillance vidéo, mais le service n'en a pas. Cependant, elle a découvert les petits lecteurs installés à côté de la porte d'entrée des locaux à pharmacie, dans les trois sections des urgences. C'est un lecteur contre lequel les employés doivent poser leur badge personnel pour pouvoir entrer. Après un signal sonore, la porte s'ouvre, et l'infirmière en question accède aux comprimés et ampoules stockés dans la pièce. Niels Lundén, le chef de service, a attiré l'attention de la police sur ce système dès le premier jour de l'enquête.

« Les couvercles des verrous permettent de savoir qui a ouvert le local à pharmacie et à quel moment exactement », explique le médecin, selon le rapport d'interrogatoire.

Aujourd'hui encore, M. Boolsen se souvient que la police a demandé à l'hôpital la liste des personnes ayant utilisé le badge et à quel moment, lors de la garde de nuit. L'hôpital répond qu'un tel système, enregistrant les entrées et les sorties des employés, n'existe pas.

« Mais nous n'avons pas posé la question à la bonne personne », admet M. Boolsen.

D'après lui, la police découvre plus tard l'existence d'un tel log. Mais il a été automatiquement supprimé au bout de quinze jours, et ne peut rien dévoiler sur les mouvements lors de la dernière garde commune entre Christina et Pernille. M. Boolsen a essayé à plusieurs reprises d'obtenir ce log, d'une manière ou d'une autre, notamment parce que l'infirmière Mette, des Urgences 2, avait entendu la porte du local à pharmacie de sa section, immédiatement avant l'arrêt cardiaque de Mme Rasmussen. L'infirmière affirme avec certitude qu'aucun de ses collègues ne pouvait être venu dans le local à pharmacie à ce moment-là. Cette déclaration pourrait laisser supposer que Christina se soit introduite dans une pièce où elle n'avait rien à faire pour prendre des médicaments. Le procureur aurait aimé examiner cette hypothèse. Mais c'est impossible, puisque le log a été supprimé, selon le dernier message de l'hôpital. La piste se termine dans une impasse.

Il n'est pas non plus possible de savoir qui a manipulé les différentes seringues utilisées, retrouvées aux urgences. Nous les humains laissons toujours des traces sur les objets que nous saisissons, que ce soit par le biais des acides aminés, du sel, de la transpiration ou de la graisse. Les empreintes digitales ont maintes fois été déterminantes dans l'identification des coupables lors d'enquêtes pour meurtre. Par conséquent, la police met soigneusement sous scellé toutes les seringues trouvées dans les poubelles et boîtes de canules, afin que les experts puissent y relever ces infimes traces. Si le crime a bien eu lieu de la manière que la police soupçonne, une empreinte digitale laissée sur une seringue est l'élément potentiellement déterminant pour relier l'auteur du crime à son arme, constituant ainsi une preuve irréfutable.

Plus de 35 seringues sont envoyées au laboratoire de la police, situé dans un rez-de-chaussée de la ville de Vanløse. Les techniciens ouvrent prudemment les sacs respirants spécialement fabriqués pour ne pas gâcher les éventuelles traces d'ADN. Doucement… Ils savent plus que quiconque que les empreintes sont faciles à effacer et à brouiller si elles se trouvent sur du plastique ; un morceau de papier ou un journal donne de meilleurs résultats. Toutes les seringues de l'hôpital de Nykøbing Falster sont tournées et retournées et étudiées sous la loupe, dans la lumière blanche du laboratoire, par des experts portant des gants en caoutchouc. Le pot de confiture dans lequel l'infirmière a mis de l'argent et que la police a retrouvé dans le placard de la chambre à coucher est également analysé, en vue de prendre des empreintes pour comparaison. Les employés du laboratoire disposent de produits chimiques qu'ils appliquent sur des objets ou dans lesquels ceux-ci sont immergés, de sorte qu'une empreinte digitale se dessine subitement dans la chambre noire. C'est notamment une poudre qui peut clarifier un dessin sinon invisible. Le laboratoire, baptisé Centre national de la police scientifique, a depuis longtemps prouvé qu'il était possible de trouver des empreintes provenant des doigts ou des mains sur pratiquement toutes sortes d'objets. Mais cette fois, il déçoit. Aucune des seringues ne présente d'empreintes digitales. Pas une seule. Ni de Christina, ni de quelqu'un d'autre.

La police et le procureur avaient espéré une autre réponse. Mais le laboratoire leur dit que cette absence n'a rien d'extraordinaire.

Il est rare de trouver des empreintes digitales sur des seringues. Premièrement, celles qui sont utilisées à l'hôpital sont fabriquées dans une matière qui a du mal à fixer les bactéries et les empreintes ; à titre d'exemple, l'une des techniciennes qui a travaillé dans ce laboratoire depuis quinze ans, n'a jamais réussi jusque-là à trouver une empreinte sur une seringue. D'autant plus que les infirmiers se lavent les mains avec de l'alcool plusieurs fois par heure. Chaque fois, plusieurs minutes passent, et probablement au moins un quart d'heure, avant que la paume de la main et les doigts ne laissent des empreintes. De plus, les infirmiers portent souvent des gants en plastique. L'entreprise est donc vouée à l'échec.

Les enquêteurs examinent également toutes les ampoules utilisées, qu'ils ont trouvées vidées de leurs médicaments, à plusieurs endroits dans le service, par exemple, dans le local à pharmacie des Urgences 3, plus précisément dans les boîtes de canules. Il s'agit, entre autres, de 32 ampoules de morphine, 12 de Stesolid, six d'adrénaline et deux de Cordarone. Il n'est pas sûr qu'elles proviennent de la garde de nuit, mais chacune d'elles a été examinée à la loupe, avec quatre autres ampoules de morphine vides, jetées aux Urgences 2. Mais on n'y décèle aucune empreinte digitale.

Les ampoules s'avèrent être une autre impasse. Toutes les seringues passent ensuite entre les mains des chimistes de l'institut de Copenhague. On espère qu'ils pourront dire quelles substances se trouvaient à l'intérieur de ces cylindres en plastique qui, apparemment, ne retiennent aucune trace, et confirmer que le liquide blanchâtre de la perfusion de M. Holm Petersen était bien du Stesolid. Ces objets sont transportés en voiture de police à Copenhague depuis l'hôpital de Nykøbing Falster,

ce dernier ne pouvant pas lui-même identifier les médicaments en question. C'est le service de pharmacie de l'hôpital qui remplit, au fur et à mesure, les étagères et les tiroirs dans les différents locaux. Si le service de pharmacie avait détecté les quantités exactes utilisées, la police aurait pu comparer cette information avec les dossiers des patients, ce qui aurait permis de déceler une éventuelle surconsommation de médicaments tels que la morphine, le Stesolid, etc., lors d'une garde de nuit ou à d'autres moments. Mais l'hôpital n'a pas de listes précises de la consommation. Et même si les enquêteurs comptent soigneusement le nombre d'ampoules restant dans les locaux à pharmacie aux urgences, il n'existe pas de chiffres avec lesquels les comparer.

« En l'absence d'inventaires de médicaments dans les locaux à pharmacie, on n'est pas en mesure de voir quels employés s'en sont servis et quand », note le premier agent chargé de cette question dans son rapport, juste quelques jours après l'arrestation de Christina.

M. Boolsen explique aujourd'hui que la police n'a jamais réussi à identifier les quantités de médicaments sortis des locaux, et pour lesquels il n'y avait pas eu de prescription.

L'hôpital livre cependant d'autres listes, entre autres, les anciens calendriers de gardes effectuées par Christina et ses horaires. On peut donc faire un récapitulatif complet de ces périodes de travail à l'hôpital de Nykøbing Falster. Les enquêteurs ont une idée. Ils veulent comparer le nombre de décès intervenus lors des gardes de Christina avec celui des heures où elle ne travaillait pas. Était-il possible d'établir une relation, éventuellement un accroissement, lorsqu'elle était au travail ? La police prend contact avec un professeur de statistiques qui accepte de faire les calculs. C'est une méthode d'enquête assez peu conventionnelle. Mais c'est une tentative visant à confirmer ou d'infirmer les affirmations de certains collègues qui disent que le nombre de décès augmentait lorsque la prévenue était au travail.

Cette analyse prendra quelques mois. Mais les enquêteurs ont l'impression de voir se profiler une tendance dès que l'hôpital commence à envoyer les listes des patients défunts, au moins sur un point, qui corrobore les déclarations de plusieurs collègues du service M130 : dès que Christina quitte le service, les décès diminuent.

Cet argument a déjà été évoqué par la procureure précédant M. Boolsen au moment où elle a réussi à prolonger la détention provisoire de l'infirmière. En revanche, la liste n'indique pas le nombre d'arrêts cardiaques, qui n'est pas connu, comme l'explique l'hôpital encore aujourd'hui. Elle ne dit pas non plus combien de patients ont été transférés dans d'autres services en raison de l'aggravation de leur état. Ces chiffres n'existent pas non plus. Les listes font uniquement état du nombre de patients déclarés morts au M130.

En 2010, la première année entière que Christina passe dans le service, il s'agit de 87 patients, selon l'information présentée au juge.

Le chiffre monte à 95 en 2011.

L'année suivante, durant laquelle elle a fait neuf mois au M130 avant de passer aux urgences, le nombre de décès est de 75.

Il tombe à 51 en 2013 et en 2014.

Jørgen Lange, l'avocat de la défense, lutte pour comprendre tous les aspects médicaux de l'affaire. Il ne connaît le monde de la santé qu'à travers ses propres visites à l'hôpital ou lorsqu'il a assisté des médecins lors de la vente ou de l'achat d'une clientèle. À présent, il lui faut déchiffrer des dossiers de patients, des rapports d'autopsie, des examens effectués par la police scientifique et comprendre les effets de plusieurs médicaments dans le sang et comment ils se mélangent. Il doit être en mesure d'analyser les calculs des doses et des effets et se familiariser avec les procédures hospitaliers standard, constituées de chefs de groupe, kits d'arrêt cardiaque, petites et grosses seringues, cathéters, électrocardiogrammes, ampoules et perfusions, ainsi qu'avec des concepts comme prescriptions « PN », hémorragies vasculaires et accidents cérébraux. Il est nécessaire de saisir tous les éléments pour appréhender l'affaire, détecter les points faibles et les incohérences dans les déclarations des témoins, exploitables par un avocat de la défense. C'est difficile, notamment face à toute une équipe d'enquêteurs qui ont depuis longtemps le feu vert pour consacrer un maximum de ressources à l'affaire.

Cinq mois après le début des poursuites, Jørgen Lange essaie d'obtenir un avocat supplémentaire. Il formule cette requête devant le tribunal de première instance ; son collègue Henrik Stagetorn est prêt à assumer ce rôle, si la demande est acceptée. Bien que le service des poursuites s'y oppose, le tribunal l'accepte, mais la cour d'appel casse la décision d'attribuer deux avocats à la défense. C'est injuste, argumente maître Lange, qui déclare aux médias que la sécurité judiciaire de l'infirmière est menacée.

Plus tard, il obtient deux dotations, respectivement de 25 000 et de 20 000 couronnes (3 350 et 2 700 euros), pour obtenir l'assistance d'un expert en médecine et chimie. L'avocat choisit M. Kim Dalhoff, professeur en médecine et chef du service de pharmacologie clinique de l'hôpital de Bispebjerg, spécialisé dans le domaine des intoxications. À plusieurs reprises, les deux hommes ont épluché les documents de l'affaire, étalés sur la table noire à manger au domicile de maître Lange.

Le professeur a été d'un secours inestimable, se souvient l'avocat. Mais les sommes allouées à cet effet étaient largement insuffisantes, estime-t-il. Et il continue à dénoncer le fait d'avoir été seul à saisir les tenants et aboutissants d'une affaire pour laquelle il voit sans cesse les classeurs se multiplier dans son bureau rue Amaliegade.

Malgré ses tentatives acharnées, Maître Lange ne réussit jamais à faire libérer sa cliente avant le vrai procès. Sa détention provisoire est prolongée sans cesse. Son défenseur proteste vigoureusement en critiquant la lenteur de l'enquête et le fait que certains témoins clés ne sont interrogés qu'après plusieurs semaines, et ont donc la possibilité de communiquer sur l'affaire avec d'autres personnes. Il évoque le fait que la police n'a trouvé aucune preuve à conviction. Il critique les témoins, les pistes et les examens faits par la police scientifique. Sa cliente fait-elle l'objet d'une forme de cécité de la part de la police ? Est-elle la victime innocente de rumeurs malveillantes ? Maître Lange tente de porter ces questions chaque fois qu'un juge veut bien écouter. Mais ce n'est pas suffisant, Christina est chaque fois ramenée à sa cellule. L'avocat essaie de faire lever ne serait-ce que l'interdiction de visite et de correspondance, en tout cas en ce qui concerne les parents et le compagnon de l'infirmière. Pour des « raisons humanitaires », dit-il selon le compte-rendu d'audience. Il n'obtient pas gain de cause, sur ce point non plus.

Quand l'acte d'accusation contre Christina Aistrup Hansen est enfin prêt, il contient les noms de quatre patients :

Arne Herskov
Viggo Holm Petersen
Anna Lise Poulsen
Maggi Margrethe Rasmussen.

L'infirmière est accusée de meurtre sur trois de ces patients. Le ministère public estime également qu'elle est coupable de tentative de meurtre sur Mme Rasmussen, tentative qui a échoué uniquement parce que la patiente a reçu l'antidote à temps. Si Mme Hansen est reconnue coupable, elle risque la prison à vie.

L'enquête aura duré 11 mois avant que ne soient nommées dans l'acte d'accusation quatre victimes dont le procureur, M. Boolsen, considère qu'elles ont pu être intoxiquées par Christina. Les quatre ne sont qu'une petite partie de tous les cas examinés par la police, susceptibles d'avoir été victime d'un crime.

Certains soignants se sont déclarés convaincus qu'il pourrait y en avoir eu plus. Les statistiques établies à partir des décès intervenus à l'hôpital semblent indiquer que les rumeurs sont fondées. Il peut paraître logique de tenir le raisonnement suivant : est-il probable que Christina ait tué Arne Herskov en 2012, et se soit rendue ensuite au travail jour après jour pendant trois ans sans agir contre d'autres patients, pour, en fin de compte, avoir frappé exactement le jour où la police est intervenue pour détecter des surdoses chez trois des personnes dont elle était responsable lors de sa garde de nuit ? Il faut évidemment examiner la période intermédiaire. Ce que fait la police.

Quand les détails de l'affaire sont connus dans la presse, des familles appellent le commissariat pour savoir si leur proche fait partie de l'affaire. Certaines racontent des hospitalisations qui paraissent maintenant suspectes. La police note tous les exemples, puis élimine rapidement ceux pour lesquels Christina n'a pas été au travail le jour indiqué par les familles. Les autres cas entrent dans la liste des hospitalisations à examiner de plus près par les enquêteurs. Cette liste contient aussi les noms des décès inexpliqués intervenus au service M130 et aux urgences. Avec l'aide d'un médecin chef de service, la police passe en revue toutes les informations depuis 2009, l'année à laquelle Christina a été embauchée à l'hôpital, en retirant les années qu'elle n'a pas passées dans le service concerné, ainsi que les jours et heures non travaillés par elle, selon le calendrier des gardes. Pour les décès des patients restants, le médecin étudie les dossiers correspondants. Si quelque chose semble suspect, le numéro d'identité nationale est ajouté à la liste des décès faisant partie de l'enquête.

La démarche vaut aussi pour les patients toujours en vie, par exemple, un homme de 85 ans, hospitalisé en janvier, quelques mois avant l'arrestation de Christina, et qui s'est soudain senti particulièrement mal au cours de la nuit. Ses prélèvements sanguins ont depuis longtemps été jetés, et son corps ne contient plus de traces de médicaments pertinents pour l'enquête. Mais la police peut examiner ses cheveux.

Nos cheveux fonctionnent comme une sorte de mémoire chimique. Alors que les médicaments et l'alcool disparaissent rapidement du sang et ne peuvent plus être détectés dans les urines, les cheveux restent le révélateur de ce que notre corps a absorbé des semaines et des mois auparavant. Les follicules pileux dont partent les cheveux se nourrissent de notre sang. Et ainsi, les substances dissoutes dans notre système vasculaire s'incrustent dans une petite partie du cheveu au moment où elles influent sur notre organisme. Cette trace s'éloigne du cuir chevelu à une vitesse approximative d'un centimètre par mois, à mesure que les cheveux poussent. Si les cheveux contiennent des traces médicamenteuses sur trois centimètres, cela signifie que les substances ont circulé dans le sang il y a environ trois mois.

Heureusement, le patient de 85 ans ne s'est pas fait couper les cheveux depuis son hospitalisation lors de l'une des gardes de Christina. La police lui prélève donc quelques cheveux, qui sont envoyés à l'Institut médico-légal. Les analyses montrent que l'homme a reçu du Zopiclone, médicament qui n'est pourtant pas mentionné dans son dossier hospitalier. Les enquêteurs poursuivent leurs investigations. Cependant, le dossier provenant de son médecin traitant montre que ce médicament lui a été prescrit. Son cas n'est donc pas porté plus loin. Mais il illustre la réalité de la volonté affichée des enquêteurs de pousser l'examen des événements suspects aussi loin que possible, jusqu'à ce que toutes les pistes soient épuisées.

Parmi les rapports, messages électroniques et auditions qui finissent par entrer dans le recueil documentaire – des milliers de pages – relatif au procès de Christina, on peut trouver les noms de nombre de ces personnes que la police a cherché à identifier comme des victimes potentielles. Il s'agit principalement de patients âgés. Certains d'entre eux étaient hospitalisés le week-end quinze jours avant l'arrestation de Christina, lorsque celle-ci et Pernille étaient de garde. Un patient hospitalisé en raison d'un problème de rétention urinaire a fini par mourir d'un arrêt cardiaque. Son dossier est l'un de ceux imprimés et conservés par Christina que les enquêteurs ont trouvés dans son armoire, après son arrestation. Et le même patient est aussi le sujet d'un mail adressé par Christina à Niels Lundén, le matin suivant le décès, et que ce dernier communique à la police :

« Ce week-end, nous avons eu l'une des gardes les moins agitées. Un patient en état de syncope, modifications ECG, bloc de branche droit. TnT 565 plus élevé et D-dimère égale à 20. Problème non traité, on ne pense pas que ce soit lié au cœur. Grosse difficulté de communication avec les médecins. Je ne conteste pas leur diagnostic, mais le patient est mort d'un arrêt cardiaque. J'ai un peu de mal à évacuer cet incident, et me sens physiquement mal. Pouvez-vous éventuellement envisager une autopsie ou me consacrer deux minutes pour passer en revue l'historique de ce patient ?

L'autopsie n'a jamais été faite. Une fois que la police commence à s'intéresser aux décès intervenus deux semaines avant l'arrestation de Christina, les patients concernés étaient depuis longtemps incinérés. Les enquêteurs ne veulent pas dire si, oui ou non, ils partagent les soupçons évoqués par Pernille, selon lesquels d'autres intoxications seraient intervenues au cours de ce week-end de mi-février. En règle générale, la police ne donne pas de détails sur des cas qui n'ont pas abouti à des inculpations. Cependant, M. Søren Ravn-Nielsen, inspecteur de police adjoint, garantit que les enquêteurs ont examiné l'ensemble des décès dont ils ont été informés.

« Nous les avons étudiés soigneusement et dans la toute la mesure du possible », souligne-t-il.

M. Ravn-Nielsen réfute totalement l'idée selon laquelle la police aurait pu ne pas aller au fond des investigations par manque de ressources. Il n'exclut pas que la police ait pu déterrer des morts si cela avait été nécessaire, pour ajouter ne serait-ce qu'un seul cas au dossier. Pour chaque décès inexplicable, elle a commencé par vérifier l'existence d'un corps. Une expédition au cimetière était d'emblée tout à fait envisageable, explique-t-il, « mais les cas qui nous intéressaient, à savoir 30 patients, ont tous été incinérés, ce qui nous a empêchés de poursuivre, même si nous en avions la volonté », ajoute-t-il.

Les preuves matérielles d'une éventuelle intoxication ayant été détruites en raison de la crémation, il était impossible de confirmer ou d'infirmer tout soupçon de crime.

M. Ravn-Nielsen ne souhaite pas indiquer dans combien de cas la police considère qu'il y aurait eu matière à poursuivre si le corps avait été disponible. Lorsqu'on l'interroge sur les autres patients qui n'ont jamais fait partie des poursuites contre l'infirmière, il répond, encore et encore :

« Ceux qui ont fait partie de l'acte d'accusation de Mme Hansen sont ceux pour lesquels nous avons considéré que les preuves pouvaient conduire à une condamnation. »

Chapitre 18

Il n'est pas fréquent de déplacer les cloisons mobiles de la salle d'audience A. En règle générale, elles sont attachées, sous la forme d'une série de panneaux blancs, à un rail qui traverse le local, pour réduire de moitié la surface de la salle, ce qui est suffisant pour les audiences ordinaires. Pour les « nuits culturelles » de la ville, lorsque le tribunal est ouvert, on enlève cette cloison. C'était également le cas lors du fameux « procès de Præstø ». Ce procès, qui portait sur la responsabilité d'une sortie scolaire en bateau-dragon, qui s'est terminée dans une eau glacée, a attiré tant de spectateurs qu'il était raisonnable d'ajouter quelques rangées de sièges. Il est sinon très rare que la salle s'étende sur sa longueur totale jusqu'à l'estrade où siègent les juges.

Le 11 mars 2016, cette mesure est néanmoins nécessaire. Ce jour-là, « l'affaire de l'infirmière » est enfin portée devant le Tribunal de Première Instance de Nykøbing Falster.

Les fenêtres de la réception et de certains bureaux au rez-de-chaussée du bâtiment de l'Allée de Vestensborg sont encore aujourd'hui partiellement couvertes par des bandes de plastique satiné. Lors du procès de Mme Hansen, la foule des témoins, journalistes et spectateurs était si nombreuse que le personnel a voulu se mettre un peu à l'abri, au cas où le petit tribunal accueillerait un autre procès ayant des retentissements similaires. Il n'a pas jamais été le théâtre d'un tel événement.

32 jours ont été affectés au procès de l'infirmière. Le premier jour, cinq rangées de chaises supplémentaires sont ajoutées aux deux premières, permettant ainsi d'accueillir environ 100 spectateurs.

Le ministère public a essayé de donner à l'affaire une étendue documentaire raisonnable ; le dossier couvre désormais 2 500 pages environ : dépositions de témoins, dossiers des patients, notes des infirmiers, déclarations d'experts, résultats d'examens scientifiques, rapports de police, plans de l'hôpital, photos, listes de médicaments, comptes-rendus d'audiences antérieures. Les trois juges et les six jurés peuvent également s'attendre à écouter un nombre de témoins extraordinairement important.

Bien entendu, l'affaire tournera principalement autour des points lourds de l'acte d'accusation : les trois meurtres et la tentative d'assassinat. Mais le procureur de la police estime également que Christina doit répondre d'une série d'autres forfaits. Elle est donc aussi accusée d'avoir volé des médicaments puissants dans le local à pharmacie de l'hôpital. Il s'agit de médicaments qui, selon l'acte d'accusation, la rendraient coupable d'avoir stocké des substances euphorisantes. Dans une seringue provenant de son sac à main, les chimistes ont, par exemple, trouvé des traces de Stesolid, qui s'ajoute à tous les comprimés de morphine et de Zopiclone, pour lesquels elle n'a pas d'ordonnance. Concernant le Zopiclone, un somnifère efficace, le ministère public considère comme prouvé que Christina l'a administré à sa fille Maja lorsque celle-ci n'avait que sept ans. Le procureur cherche aussi à la faire condamner pour avoir tenté d'accéder à un téléphone portable en prison.

Pour tous ces chefs d'accusation, elle plaide non coupable. L'avocat de la défense plaide la relaxe.

En amont du procès, Christina a envoyé une lettre manuscrite de 12 pages à la chaîne TV Øst, qui l'a publiée en intégralité.

Elle y raconte la souffrance d'une infirmière en détention provisoire depuis plus d'un an.

« Dans les journées les plus sombres, je suis couchée en regardant en l'air, en proie avec toute l'inquiétude qui règne dans ma tête, et je pense : « comment en finir le plus rapidement possible ? » C'est une pensée qui vient me tarauder, plusieurs fois par jour. Même si je sais qu'elle est elle mauvaise, je n'arrive pas à l'évacuer (…) Je perds pied progressivement, jour après jour. C'est comme si mon identité se dissipait lentement, et je n'arriverai pas à la retrouver, tant que je reste ici », écrit-elle.

« Quand la nuit tombe, je suis dans le noir sans pouvoir dormir. L'incertitude et l'absence de ma famille me remplissent tellement que je n'arrive pas à trouver la paix. Je m'endors souvent en pleurant (...) Quelques fois, je suis trop fatiguée pour pleurer, je n'arrive pas à exister, et chaque fois que je me couche, je me demande si cette situation a une fin. Aurai-je un jour une vie normale, comment puis-je faire pour sortir d'ici, et vais-je un jour en sortir ? La solution de facilité serait de tout laisser tomber. Mais quelque chose en moi dit qu'il faut se battre pour que justice soit faite, même si le combat est éreintant », remarque-t-elle. Elle se pose aussi la question de savoir si quelqu'un jour pourra voir son cas de manière objective, au vu du procès qui s'annonce.

Plusieurs spectateurs croient remarquer qu'elle a l'air ému quand on la conduit, devant une salle presque pleine, jusqu'à sa place à côté de Jørgen Lange, à gauche dans la salle. Mais lors de la lecture de l'acte d'accusation, on ne voit aucune réaction dans les yeux cernés d'une bonne couche de maquillage noir. Était-elle insensible ? Sans émotions ? Peut-être carrément indifférente ? La conversation va bon train à côté de la machine à café, dans le gymnase, pendant la pause, lorsque les spectateurs se répartissent en petits groupes parlant à voix basse, près de l'entrée de la salle d'audience.

Christina se souvient aujourd'hui d'avoir pensé, à ce moment-là :

« Si je ne disais rien et paraissais impassible, je passerais pour arrogante et froide. Si je m'effondrais en pleurs et criais que je voulais être à côté des miens, on me décrirait peut-être comme une hystérique mûre pour un transfert immédiat vers l'institut de psychiatrie judiciaire. Par moments, j'avais envie de m'élever et de frapper sur la table, mais si je l'avais fait, on m'aurait foutue à la porte. Je n'aurais jamais pu satisfaire qui que ce soit. J'ai donc choisi de regarder par terre. »

Les journalistes sont au premier rang, avec leurs ordinateurs posés devant eux, sur la table longue prévue à cet effet. La famille de Christina est placée juste derrière eux. Ce petit groupe vient fidèlement, chaque jour. Quand les premiers spectateurs arrivent dans la salle, le matin, ils voient toujours une veste, une écharpe ou un autre vêtement posé sur les sièges destinés au public, juste derrière les journalistes, dans la partie de la salle où l'on est le plus près de l'accusée. Ces places sont réservées à un trio fidèle : les deux parents en proie au chagrin et Peter, qui, au début de chaque séance, envoie souvent un baiser à sa compagne quand elle arrive dans la salle, avant de s'asseoir et de noter sur son bloc les points qu'il estime de peu de poids dans l'argumentation du parquet. En hochant la tête et en poussant des soupirs teintés d'amertume, il ne laisse aucun doute parmi le public sur ce qu'il pense des accusations. Ses réactions se déclenchent si le procureur dit des choses comme « on ne peut exclure… » ou « il semble totalement clair… » Peter émet à ce moment un soupir d'indignation. Suffisamment bas pour que les juges, dans leurs capes noires, ne l'entendent pas.

Le public se trouve derrière la famille et un grand éventail de la presse danoise. Il est composé des familles de quelques-unes des personnes décédées, de collègues travaillant à l'hôpital et d'autres personnes intéressées par l'affaire, dont certaines ne viennent manifestement que par curiosité. D'autres personnes viennent à chaque séance ; on les reconnaît au cours des pauses, près de la machine à café. Entre autres, trois amies aux cheveux gris, qui réapparaissent tous les jours, généralement, avec un casse-croûte ou quelques pâtisseries pour les pauses dans le hall, et un tricot auquel l'une d'elles travaille pendant les dépositions des témoins. Ce sont d'anciennes infirmières de l'hôpital de Nykøbing Falster. Tout comme de nombreuses autres personnes présentes, elles sont passionnées par cette affaire.

Gitte et Henrik sont contents de pouvoir mettre de la distance entre les séances préalables du tribunal et leur maison de Ballerup. Ils n'ont pas l'impression que grand monde, à Hedeparken, sache que l'infirmière inculpée est leur fille. Lorsqu'ils rentrent chez eux, ils ont le sentiment que les immeubles les protègent et leur permettent de retomber dans l'anonymat. Cet état de grâce prend fin lorsque leur fille est conduite devant le juge, au tribunal.

Peu de temps après, l'interdiction de citer le nom de l'accusée est levée. Les médias peuvent à présent le citer, même si la plupart des rédactions suivent une règle selon laquelle le nom ne doit pas être divulgué tant que la personne n'est pas déclarée coupable et que sa peine est suffisamment lourde pour que le public soit en droit de connaître son identité. Le journal Ekstra Bladet en a décidé autrement.

Une fois l'interdiction de divulgation du nom levée, le journal imprime une photo de Christina Aistrup Hansen en première page.

Mme Hansen le découvre en dépassant un kiosk à Lyngby, où l'image de sa fille est affichée, avec, en dessous, la liste des forfaits dont elle est accusée. La photo a été copiée à partir de Facebook. La mère la reconnaît. C'est elle qui l'a prise, lors d'une excursion familiale au parc d'attractions, Tivoli à Copenhague. La photo est à présent accompagnée du texte : « Christina raconte l'histoire de l'hôpital de la mort ».

Henrik la découvre le même jour, en faisant ses courses : au centre commercial, sa fille lui sourit sur la première page d'un journal. Il commence à être prudent et se demande si les gens le remarquent.

Ce jour-là, l'affaire de l'infirmière arrive dans le quartier de Hedeparken, et Gitte et Henrik ne sont plus seulement les parents de Christina qui, apparemment, vient moins souvent les voir. Ils deviennent les parents de l'infirmière de Nykøbing Falster.

Ils reçoivent des lettres de personnes qu'ils n'ont jamais rencontrées. Les messages Facebook affluent. C'est énorme. Mais uniquement de la bonne manière, disent-ils. À leur retour du tribunal, ils découvrent des fleurs devant leur porte, dans le couloir de l'immeuble. Le bouquet est offert par une dame avec qui Gitte parle parfois, lorsqu'elles se voient dans la buanderie.

Les parents ne rencontrent que des réactions de soutien et de sympathie.

Chapitre 19

Karl Friedrich Hieronymus von Münchhausen était un baron allemand qui vécut au XVIIIe siècle.

Il aurait pu être célèbre pour bien des choses, mais la postérité se souvient principalement des récits incroyables portant sur sa vie. L'histoire la plus célèbre est sans doute son vol à travers les airs, sur un boulet de canon, en passant au-dessus des lignes de l'ennemi ; il combattait contre les Turcs, au sein d'un régiment russe. Un autre récit explique comment il arrive à s'extraire, avec son cheval, d'un marécage, en se tirant lui-même par les cheveux. Münchhausen raconte toujours des histoires totalement invraisemblables. C'était, à coup sûr, un menteur. Sa motivation pour rendre ses récits de plus en plus fous était manifeste : il adorait l'attention dont il pouvait ainsi jouir.

Les psychologues et psychiatres citent aujourd'hui son nom pour décrire des personnes ayant trouvé une autre façon particulière pour capter l'attention. Il y a des gens qui prétendent être gravement malades ou inventent des symptômes uniquement pour obtenir de la sympathie et de l'intérêt. Ils souffrent du syndrome de Münchhausen, une pathologie mentale qui, par exemple, les emmène à avaler des objets pointus ou à s'intoxiquer, pour déclencher une hospitalisation ou, au minimum, les réactions compassionnelles dont ils ont tant besoin. Il y a des cas où ces personnes se servent de leurs enfants comme outils. Ce phénomène s'appelle le Münchhausen by proxy.

C'est un phénomène relativement rare, qui frappe généralement une mère qui invente des symptômes chez son enfant, ou qui peut carrément lui faire du mal pour avoir quelque chose à raconter lorsqu'elle se rend chez son médecin ou aux urgences, dans le rôle du parent inquiet, afin de recueillir de l'attention et de la compassion, où qu'elle se trouve.

Plusieurs personnes soupçonnent que Christina souffre de ce syndrome, du moins dans une certaine mesure. Certains infirmiers des urgences en ont parlé : Christina avait souvent une nouvelle histoire à raconter à ses collègues concernant sa fille Maja, qui avait été malade, quand ce n'était pas l'infirmière elle-même.

Une ancienne surveillante des urgences raconte à la police que Christina et sa fille ont été hospitalisées en pédiatrie.

« On avait pourtant constaté que la fille n'avait rien, mais Christina a immédiatement voulu que d'autres médecins examinent la fillette à la recherche d'autres maladies, voire pour la même chose. Le témoin a eu l'impression que Christina voulait que sa fille soit constamment sous le feu des projecteurs, explique-t-elle. Elle est l'une de ceux qui ont concrètement mentionné le syndrome de Münchhausen by proxy à la police.

La même remarque a été faite par le père de Maja. Selon son explication, plusieurs personnes de son entourage auraient soupçonné Christina d'être un exemple de ce phénomène.

Les auditions montrent que M. Anders Hansen n'a pas une haute opinion de son ex-conjointe. Par exemple, il déclare à la police que Christina, au cours de son dernier jour de liberté, ressemblait à « quelqu'un qui pourrait vous tuer », au moment de leur rencontre dans le gymnase de Maribo, où ils devaient assister au spectacle de gymnastique de Maja. Cette sortie est violente, surtout lorsque l'on sait de quoi l'ex-conjointe est accusée. Mais la relation entre eux était malsaine depuis longtemps. En témoignent notamment les SMS trouvés sur le téléphone de Christina et imprimés par la police pour être inclus dans le dossier.

Dans cette correspondance, Anders Hansen a plusieurs fois dit franchement à Christina qu'il ne croit pas à ses récits de ce qui se passe pendant les semaines où elle a la garde de Maja. Par exemple lorsque Christina écrit, quelques mois avant l'arrestation, qu'elle a de nouveau montré sa fille au médecin, cette fois-ci, en raison d'une piqûre de moustique et de jambes enflées.

Anders Hansen répond :

« Si Maja a eu des antibiotiques, je suppose que ça devait être avec une ordonnance mentionnant son numéro d'identité nationale, n'est-ce pas ? »

Le père s'étonne qu'on puisse prescrire des antibiotiques pour une piqûre de moustique. Et il s'étonne également que Christina ait d'abord écrit qu'elles étaient en route vers le cabinet médical, alors qu'elle explique par la suite qu'elle l'a juste appelé.

« Je ne suis pas obligé de t'écrire quoi que ce soit… Réjouis-toi que ta fille puisse être vue rapidement par un médecin », répond Christina lorsqu'il lui exprime son étonnement. Elle ajoute dans son SMS :

« Les décisions que vous prenez dans vos semaines avec Maja, ne me concernent pas, et vice-versa… Tu peux lire sur la page d'accueil de l'Administration publique quels sont nos droits et devoirs… Donc, cette affaire est close. »

Pourtant, Anders n'est pas d'accord.

« Salut Christina », dit-il, trois jours après, lorsqu'il a de nouveau eu la garde de sa fille à l'occasion des vacances d'automne.

« Je voudrais juste te dire que Maja nie avoir été chez le médecin ou avoir reçu des antibiotiques. Elle soutient que tu dois mentir. »

Et pour conclure :

« Pour une autre fois, tu devrais peut-être te rappeler que tu ne peux pas nous faire croire n'importe quoi (ni à Maja). »

La police se fait adresser les dossiers de la fillette par le médecin traitant et l'hôpital, afin de les comparer à la série d'épisodes mentionnés par Christina dans les SMS. Deux prétendues visites aux urgences avec Maja ne figurent nulle part. La double prescription de pénicilline n'est pas non plus mentionnée. Le journal fait cependant état d'une visite à l'hôpital à peine trois semaines avant l'arrestation de Christina. Les enquêteurs commencent à s'intéresser particulièrement à ce moment-là.

Selon le dossier de Maja, Christina a appelé l'hôpital à 03 h 30 environ pour dire que sa fille était mal. Peu de temps après, elle est arrivée avec Maja, et un médecin note le récit de la mère : par périodes, la fillette a eu mal au ventre au cours des deux dernières journées.

« État à peu près correct avec Panodil, mais en l'absence de celui-ci, crie pendant des heures et fait de la fièvre jusqu'à 40 », dit le dossier. Toujours selon le dossier, le médecin qui examine Maja conclut : « Température normale et aucune douleur intestinale. »

Il est convenu que Christina revienne le lendemain matin avec sa fille, pour un autre examen. Elles sont de nouveau à l'hôpital à 10 h 02, un autre pédiatre note :

« La fillette parle beaucoup, est généralement équilibrée, pas de dyspnée. Elle dit avoir mal au ventre, mais marche sans problème et ne semble pas ressentir de douleurs. »

Le médecin finit par prescrire un moyen contre la constipation.

La police s'intéresse précisément à cet épisode parce qu'Anders Hansen a parlé avec Maja quelques jours plus tard : la fillette a raconté qu'elle était rentrée de l'hôpital en chaise roulante, au milieu de la nuit, apparemment parce qu'elle était trop fatiguée pour marcher. Il pense se souvenir que Christina lui avait dit, à peu près au même moment, qu'elle avait donné « un somnifère » à Maja.

Les enquêteurs décident de vérifier si Christina a donné des somnifères à sa fille de sept ans. Anders Hansen accepte qu'un cheveu d'environ dix centimètres soit prélevé sur l'enfant. En analysant le bout qui a poussé en dernier à partir du cuir chevelu, les enquêteurs trouvent des traces de zopiclone. Il est donc prouvé que Maja a reçu ce puissant somnifère une fois au moins, voire plusieurs, au cours des derniers trois mois et demi. Ce calendrier laisse supposer qu'elle aurait reçu le médicament la nuit où elle est rentrée de l'hôpital en chaise roulante.

Pour savoir s'il s'agit là d'une pratique courante, un enquêteur envoie un mail à l'un des médecins employés au sein de la Direction sanitaire :

« Est-il autorisé d'administrer du Zopiclone à un enfant de sept ans ? » La réponse vient quelques jours plus tard :

« Non, le Zopiclone est un somnifère indiqué uniquement pour le traitement ponctuel d'insomnies graves chez un sujet adulte. »

Lors de leurs différentes perquisitions, les enquêteurs ont trouvé un certain nombre de boîtes de comprimés de Zopiclone à moitié vides, dans l'appartement de Christina, dans son sac à main et chez Peter. L'infirmière nie avoir donné à Maja ne serait-ce qu'un seul de ces comprimés soumis à ordonnance. Elle réfute également l'affirmation d'Anders Hansen selon laquelle elle lui aurait dit que leur fille avait pris un somnifère. Elle n'aurait administré à sa fille que deux suppositoires de Pinex.

Pendant l'audience, Christina explique qu'elle se souvient d'avoir donné à sa fille, au cours de la nuit, un comprimé anti-migraine, qu'elle a écrasé et mélangé avec un peu de sucre et de la limonade dans une cuillère, pour que Maja puisse l'avaler.

Un après-midi de décembre 2015, Maja est interrogée. Deux caméras filment la séance, faisant intervenir le plus jeune témoin de l'affaire. Elle doit s'asseoir sur un divan, et on lui donne de la limonade avec une paille. Remuante comme seul un enfant de sept ans peut l'être, elle ne sait pas comment placer ses jambes. Elle change sans cesse de position pendant que l'officière de police lui pose toutes ses questions.

« Je raconte ce qui est vrai et ce que je me rappelle », déclare la petite fille lors de la déposition, qui est projetée au sein de la salle d'audience A, quelques mois plus tard, au cours du procès contre sa mère. Maja se souvient très bien du jour où elle avait eu si mal au ventre qu'elle a dû aller à l'hôpital. Elle explique que sa maman avait dit, avant qu'elles ne partent, qu'il fallait qu'elle se rappelle de le dire lorsque le médecin appuierait sur le ventre. Puis, Maja raconte que Christina lui a donné deux comprimés dans la cuisine avant leur départ.

« C'étaient des trucs ronds », dit Maja, qui se souvient également que les comprimés blancs étaient si écœurants qu'elle a vomi dans le lavabo lorsque sa mère lui a donné le deuxième, également écrasé, et qu'elle a dû avaler avec de l'eau.

La fille nie avoir elle-même trouvé et avalé des comprimés. À une seule occasion, elle a pris quelque chose sans que les adultes le sachent. C'était à la maison, chez Anders et sa compagne, mais elle ne l'a jamais dit à son père, explique-t-elle à l'officière de police.

« Une fois, j'ai pris un bonbon de gomme, sans avoir le droit », reconnaît Maja.

Cet aveu déclenche l'un des rares sourires parmi le public, chez le procureur et la mère de la fillette. Mais l'accusation n'en est pas moins grave. Le film montre une enfant avec laquelle Christina veut à tout prix rester en contact, même si le père a déjà entamé quelques jours seulement après son arrestation, une procédure en vue d'obtenir la garde exclusive de l'enfant. Si Christina est reconnue coupable d'avoir administré à sa fille un puissant somnifère potentiellement addictif, Anders Hansen disposera d'un atout décisif pour couper tout contact entre elles deux. Il a au préalable tenté de s'opposer à ce que Maja rende visite à sa mère en prison. Quand il apprend que le contrôle des visites a été levé concernant Maja, il déclare à la police qu'il n'accepte absolument pas que Christina soit laissée seule avec elle. Normalement, la fille et la mère pourraient passer du temps ensemble en prison, sans qu'un agent soit présent. Mais Anders y est farouchement opposé, lit-on dans les notes de la police. Il explique qu'il craignait que Christina ne fasse du mal à leur fille.

Tout donne à penser que Christina avait elle-même une consommation élevée de médicaments forts – peut-être même de l'ordre d'une addiction. Selon le procureur Michael Boolsen, le Zopiclone est la marque préférée de l'infirmière.

Il peut prouver qu'elle était sous l'effet de ce médicament l'après-midi où la police est venue la chercher. L'examen d'urine et l'analyse sanguine qui ont été effectués avec son accord cinq heures après son arrestation l'a révélé.

Les chimistes trouvent des traces de morphine dans les urines. Le sang contient de l'oxazepam et du nordazepam, des benzodiazépines anxiolytiques qui peuvent provenir des préparations Oxapax et Stesolid. S'y ajoute le zopiclon, provenant probablement des comprimés du même nom. La concentration de cette substance est si élevée qu'elle correspond à une intoxication légère, à moins que le sujet ne soit habitué à sa consommation. Or Christina l'est, du moins dans une certaine mesure, comme en témoignent des tests capillaires. Les cheveux de Christina, longs de 14 centimètres, ont été examinés par l'Institut médico-légal à sept endroits différents, afin d'établir dans quelles périodes des 14 mois écoulés l'infirmière a eu recours à cette substance. Le puissant somnifère est présent dans les sept segments. De plus, les chimistes détectent toute une série de substances anxiolytiques, antalgiques et antipsychotiques.

La police n'est pas la seule à soupçonner Christina de disposer de médicaments qu'elle n'est pas censée avoir chez elle. Selon les rapports des enquêteurs, une personne qui a souhaité rester anonyme a suggéré à la police, à peine trois semaines après l'arrestation, de chercher une caisse marquée « MEDI » dans la cave située sous l'appartement de l'infirmière. Deux agents se rendent à l'immeuble situé à Hospitalsvej pour vérifier. Au cours d'une première perquisition, la police avait saisi un trousseau de clés avec un pendentif perle posées sur la table du salon. L'une des clés permet d'ouvrir le petit cagibi situé dans la cave. Mais aucun objet qui s'y trouve n'intéresse les enquêteurs. Il n'y a que « des valises et d'autres effets divers, surtout des objets d'enfant ; » dit le rapport de perquisition.

En revanche, la police a trouvé beaucoup de médicaments dans l'appartement et chez Peter. Elle a saisi en tout 11 plaquettes, vides ou à moitié vides, portant les désignations morphine, Zopiclone et Oxapax. Il ne reste que 17 comprimés, mais les enquêteurs supposent que les emballages ont un jour été remplis, ce qui fait un total de 114 comprimés récupérés sans ordonnance par Christina. Comment l'infirmière peut-elle expliquer l'origine de ces médicaments puissants ? Les boîtes n'ayant pas été conservées, il ne ressort nulle part à qui les médicaments étaient éventuellement prescrits.

Auparavant, Christina a indiqué que les médicaments étaient destinés à sa jeune sœur et qu'on les lui avait donnés après la mort de cette dernière. Mais cette explication n'a pas résisté à l'examen fait par les enquêteurs. Une date de péremption et un numéro de lot spécifique sont imprimés sur chaque plaquette. Ces informations permettent aux enquêteurs de prendre contact avec les trois sociétés pharmaceutiques qui ont produit les médicaments : Actavis, à Gentofte, fabricant du Zopiclone, Takeda Pharma à Taastrup, fournisseur de morphine, et

Sandoz à Copenhague, qui commercialise l'Oxapax. Toutes les trois sont en mesure d'indiquer les dates de production et d'emballage. Les réponses sont claires : tous les médicaments ont été fabriqués après le décès de la petite sœur de Christina. Le service de pharmacie de l'hôpital révèle que les comprimés en question ont tous été achetés entre le 10 décembre 2014 et début mars 2015, donc plus d'un an après la disparition de l'enfant.

Christina a cependant une autre explication : un médecin de l'hôpital lui a donné les comprimés, sans ordonnance, sans que ce soit enregistré. Il n'est pas anormal que les infirmiers reçoivent des médicaments des mains des médecins.

La crédibilité de Christina est affaiblie par le fait d'avoir présenté une autre version jusqu'à ce que la police la confronte à de nouvelles preuves irréfutables. Elle n'améliore pas non plus son cas lorsqu'elle refuse, devant le tribunal, de communiquer le nom du médecin qui lui a donné les comprimés.

Avec 18 comprimés d'Ibuprofen que Christina est également accusée d'avoir volés sur son lieu de travail, la valeur des médicaments représente un total de 145 couronnes (env. 20 euros). Un forfait presque insignifiant, comparé aux autres accusations dont elle fait l'objet. Il peut sembler étonnant qu'elle laisse l'existence de ces emballages de comprimés vides devenir le point qui fait chavirer son image d'accusée modèle, toujours prête à répondre aux questions de la police. Pourquoi Christina ne pouvait-elle tout simplement pas admettre qu'elle avait volé les médicaments dans l'un des locaux à pharmacie ?

Même aujourd'hui, elle refuse de reconnaître qu'il s'agit d'un vol. Les comprimés lui ont été donnés, maintient-elle. Mais elle ne veut toujours pas dire quel médecin elle met en cause.

« En réalité, ils l'ont fait pour m'aider, et c'est moi qui les ai sollicités. » C'est moi qu'il faut punir, puisque je les ai mis dans une situation très délicate », dit-elle.

Quand la police lui demande le nom de la personne qu'elle tient apparemment à couvrir, elle n'utilise que la forme « ils ». Il ne s'agit pas d'un seul, mais de « plusieurs médecins », dit-elle aujourd'hui. Elle a donc de nouveau changé son explication.

CHAPITRE 20

LÉTAIT-IL OPPORTUN, D'UN point de vue professionnel, de mélanger trois types de médicaments puissants dans la même seringue avant de l'injecter à un patient ?

Non. Absolument pas. C'est quelque chose qu'on n'aurait jamais fait. Les experts convoqués au tribunal sont unanimes.

C'est pourquoi une seringue de 12 millilitres soumise à l'examen par les chimistes judiciaires est particulièrement intéressante. Sur la liste des objets confisqués par la police, le « rapport de saisie », cette seringue a reçu l'appellation « saisie 812 ».

La saisie 812 constitue une preuve importante. Cette seringue a été trouvée dans l'une des poubelles laissées après la nuit de garde. Comme pour la plupart des seringues examinées en vain à la recherche d'empreintes digitales, le piston a été poussé à fond. Les chimistes relèvent des traces de morphine, de Stesolid et de Cordarone, trois substances puissantes mélangées dans une mixture qui n'avait absolument aucune justification professionnelle. La police consulte plusieurs experts et autres professionnels. Ils sont unanimes : il n'existe pas de situation dans laquelle il serait judicieux d'associer plusieurs médicaments différents dans la même injection. Comme le déclare un médecin légiste à la police : qu'arrive-t-il si le patient est mal après reçu une telle injection ? Il serait, dans ce cas, impossible de savoir à quoi est due la réaction.

La plupart des seringues transmises aux chimistes pour analyse ne trahissent pas leur contenu, sauf dans trois cas, où sont détectées des substances suspectes. C'est donc la saisie 812, dont le mélange correspond de manière saisissante aux médicaments trouvés dans le sang de Mme Rasmussen. S'y ajoute la saisie 808, une seringue de 12 millilitres trouvée dans l'une des poubelles, et qui contient des restes de Stesolid. Ce n'est pas en soi suspect. Par exemple, les infirmiers ont donné du Stesolid à Henrik, le patient atteint d'épilepsie, qui avait été hospitalisé pour des crampes dans les jambes. Mais le volume de la saisie 808 est étrange : 12 millilitres. Une dose normale de Stesolid n'est en général que d'1 millilitre. C'est bien la quantité prescrite et enregistrée dans le dossier de Henrik. Mais pourquoi a-t-elle été injectée avec une seringue de 12 millilitres alors qu'il y avait des seringues de 1, 2, 3 et 5 millilitres dans le service ? La précision de lecture diminue lorsque les seringues sont plus grandes. Il paraît totalement déraisonnable d'utiliser une seringue de 12 millilitres pour injecter du Stesolid. Le procureur estime que la saisie 808 peut très bien être la seringue, avec un peu de substance blanche au bout, que Pernille a repérée dans la poubelle de la chambre de Mme Rasmussen, lorsque celle-ci était en train de vomir en se plaignant de ses vertiges. Les saisies 808 et 812 peuvent donc être potentiellement liées à la tentative de meurtre sur cette patiente.

Il en est de même de la saisie 2323b, une autre seringue de 12 millimètres découverte dans une petite boîte de canules jaune néon, sur une table juste à côté du lavabo du local à pharmacie des Urgences 3 où les infirmières versent les médicaments en surplus. Cette boîte contient 21 des 32 ampoules de morphine vides trouvées dans les différentes poubelles du local. C'est aussi là, et non pas ailleurs, qu'on a découvert les ampoules de Stesolid utilisées, 12 en tout. La saisie 2323b contient elle aussi un mélange de médicaments : Stesolid et Cordarone, une association retrouvée uniquement dans le sang de Mme Rasmussen.

Les saisies 808, 812 et 2323b sont trois armes potentielles. Ajoutées aux analyses médico-légales qui ont dévoilé des quantités importantes de médicaments dans le corps des victimes présumées, les trois seringues sont des preuves irréfutables de la présence, la nuit, d'une infirmière qui ne cherchait pas le bien des patients.

En revanche, la police est incapable de dire à quel moment les seringues correspondant aux saisies 808, 812 et 2323b ont été vidées dans les cathéters veineux correspondants. Le procureur considère comme plausible qu'elles aient été employées par Christina pour aggraver l'état de Mme Rasmussen au cours de l'heure pendant laquelle celle-ci a souffert de problèmes respiratoires croissants, jusqu'à ce que l'alarme cardiaque ait été déclenchée. Mais ces seringues ne peuvent être celles que Pernille a vues dans les mains de Christina, lorsqu'elle était penchée sur le lit de Mme Rasmussen, quelques minutes avant l'alarme. Pernille se rappelle clairement du fait que les deux seringues tenues par Christina étaient du type 20 millilitres, avec un piston d'une taille égale à une pièce de 5 couronnes, poussé à fond. Devant le tribunal, Pernille l'a plusieurs fois répété : elle a vu des seringues de 20 et non de 12 millilitres, alors que celles des saisies 808, 812 et 2323b sont du type 12. La police n'a jamais réussi à identifier les deux seringues de 20 millilitres évoquées par Pernille. Parmi les déchets des urgences examinés, 10 seringues de cette taille ont été trouvées, sans que les chimistes parviennent à savoir quelles substances elles ont véhiculées, et dans aucun des cas, on n'a décelé la présence de Stesolid, de Cordarone ou d'un autre médicament susceptible de porter atteinte aux patients.

Les chimistes ne peuvent pas non plus contribuer à constater quel médicament a été injecté dans la chambre latérale de la perfusion de M. Holm Petersen. Cette perfusion a été parmi les premiers objets sécurisés par la police. Les enquêteurs l'ont retirée parmi les tuyaux et les déchets en plastique jetés dans le sceau jaune posé par terre dans la salle de nettoyage, dès que Pernille a expliqué l'y avoir cachée. Mais la concentration de la substance dont Pernille dit qu'elle était blanchâtre, est trop peu importante pour que le laboratoire puisse confirmer qu'il s'agit de Stesolid, expliquent les chimistes. Ce que Pernille croyait pouvoir contribuer à confondre sa collègue finit probablement par perdre tout caractère de preuve.

Chapitre 21

Bien que l'enquête dure depuis plus d'un an, malgré les 150 personnes entendues par la police. Et malgré le travail acharné des enquêteurs, égal à plusieurs années-homme, et les 500 000 couronnes (environ 67 000 euros) dépensées en examens médico-légaux, la police n'a jamais réussi à découvrir la pièce à conviction, dont on parle si souvent dans les procès pour meurtre.

Aucune empreinte digitale et aucune trace ADN ne permet de faire le lien entre la personne de Christina et une seringue. Aucune image de vidéosurveillance et aucune autre preuve technique ne place l'infirmière dans les chambres des patients aux heures considérées comme fatales. Au fur et à mesure que le procès avance, il est de moins en moins probable que le ministère public soit en mesure de présenter un témoin oculaire du crime pour lequel l'infirmière est en détention provisoire depuis un an.

Même le témoin le plus évident, Mme Rasmussen, l'unique survivante des victimes supposées, n'a rien vu. Bien entendu, la police l'interroge dès qu'elle retrouve ses esprits. Trois jours après la fameuse garde de nuit, un agent se rend dans le service où elle est toujours hospitalisée. Il note dans son rapport d'interrogatoire :

« Sur ma demande, la victime explique qu'elle n'a pas de souvenir précis des soignants, ni de la façon dont ils l'ont traitée. Elle ajoute qu'ils ont tous été adorables. » Concernant les autres gardes durant lesquelles les collègues de Christina estiment avoir vécu des épisodes suspects, personne n'a rien vu de directement illégal. Chaque fois qu'une nouvelle infirmière évoque le cas d'un patient dont l'état s'est aggravé pendant les gardes de Christina, l'avocat de la défense, Maître Jørgen Lange a beau jeu de lancer immédiatement, depuis sa place dans la salle : « Avez-vous vu, à un moment donné, Christina administrer quelque chose par voie intraveineuse à l'un des patients ? »

Chaque fois, le témoin répond par la négative. Non, non, non.

L'avocat de Christina bâtit sa défense sur ces « non ». Car peut-on être condamné pour un crime que personne n'a vu commettre ? Quelqu'un peut-il être condamné en l'absence de preuves déterminantes ? Quelqu'un peut-il être condamné sans que ce soit établi, avec 100 % de certitude, qu'il était la seule personne présente sur le lieu au moment du crime ? Jørgen Lange a lui-même la réponse, qu'il égrène lors de son plaidoyer « Non ».

S'il se crée un doute raisonnable, motivé dans la réalité, sur la culpabilité de l'accusée, ce doute doit lui bénéficier. Les juristes utilisent l'expression latine : « In dubio pro reo » : « Le doute profite à l'accusé. » Ce principe correspond à la jurisprudence des tribunaux danois. Il doit, selon Maître Lange, s'imposer à la cour de Nykøbing Falster.

Christina a été employée par deux services hospitaliers connus pour leur agitation. Au M130, les infirmières sont parfois obligées de distinguer entre les tâches souhaitables et les tâches indispensables et obligatoires. Laver un patient ou l'aider aux toilettes font partie de celles qu'il faut négliger certains jours, au profit d'autres, telles que l'administration de médicaments et les prises de sang. Il en va de même aux urgences. Les employés sont souvent stressés, et oublient parfois de faire ce qu'ils ont promis à un collègue. Ils peuvent facilement omettre d'enregistrer des prises de médicaments : outre Christina, deux infirmiers confirment le fait devant le tribunal. Quelques-uns donnent également raison à Christina quand elle dit que l'urgence et les situations de crise peuvent amener les infirmiers à entrer chez des patients dont ils ne sont pas responsables pour leur donner des médicaments. Les témoins ne décrivent donc pas un environnement de travail comportant un risque élevé d'erreur quant à l'administration de médicaments ? Est-ce là la raison des doses inexplicables trouvées dans le corps des patients ? Est-il vraiment à exclure que Christina soit injustement accusée de quelque chose qui résulte d'une ambiance de travail trop agitée ou d'une erreur de prescription de la part des médecins ? Et que dire des barrières linguistiques, évoquées par plusieurs infirmiers, dues à la présence du grand nombre de médecins étrangers attachés à l'hôpital de Nykøbing Falster ? Au tribunal, le public voit défiler à la barre des témoins des Iraniens, des Biélorusses, des Russes et des Polonais, dont certains ne sont pas faciles à comprendre. Ne peut-on pas imaginer qu'un problème de communication génère un malentendu qui fait qu'une infirmière injecte le mauvais produit ?

Il s'agit là d'un thème récurrent que Maître Lange exploite en posant ses questions aux soignants cités comme témoins.

Cependant, malgré l'insistance de l'avocat sur cet aspect, aucun témoin n'est en mesure de dire que les difficultés linguistiques aient entraîné une erreur dans l'administration des médicaments à l'hôpital. Presque personne parmi les collègues de Christina ne souscrit à sa description du travail, selon laquelle les infirmiers courraient, souvent, « dans tous les sens » et interviendraient sur des patients qui relèvent en principe des autres.

Quoi qu'il en soit, on ne saurait reprocher aux jurés d'éprouver quelques doutes au fur à mesure que Maître Lange essaie de rendre plausibles des explications alternatives : erreurs de prescription, barrières linguistiques, agitation et, par ailleurs, l'état des patients déjà mourants. Certes, plusieurs de ces explications semblent invraisemblables. Mais l'idée d'une infirmière qui tuerait intentionnellement ses patients l'est tout autant. « Le doute profite à l'accusée », rappelle l'avocat.

Maître Lange exhorte également les jurés à la prudence concernant les preuves techniques. La défense dit ne pas savoir avec certitude si les saisies 808, 812 et 2323b proviennent de la garde de nuit effectuée par Christina. Pendant que sa cliente était en détention, l'avocat s'est penché sur ce sujet des mois durant, en remettant en question la manière dont la police avait procédé pour identifier l'arme éventuelle du crime.

Par exemple, deux des seringues ont été trouvées dans des conteneurs restés ouverts sans couvercle pendant plusieurs heures avant qu'un inspecteur de police adjoint ne demande à un brancardier de les mettre sous verrou. Elles n'ont donc été sécurisées qu'au cours de l'après-midi, voire en début de soirée, lorsque les conteneurs ont été placés dans la crypte de la chapelle de l'hôpital, selon les registres policiers.

L'inspecteur de police adjoint explique que les containers renfermant les preuves ont été surveillés par ses agents, qui travaillaient dans les bureaux à proximité. Cependant, Maître Lange insinue qu'elles aient pu avoir été manipulées. Pour essayer de démontrer la négligence de la police, il souligne la découverte, dans les containers, de deux sacs gris dont personne ne peut expliquer la présence. Ils semblent provenir d'un service extérieur aux urgences. En examinant ce détail et en interrogeant les brancardiers ayant collecté les déchets et poussé les conteneurs, la police n'arrive pas à réfuter cette hypothèse. Les autocollants que les agents de nettoyage doivent normalement apposer sur les sacs afin d'indiquer leur service de provenance, n'y ont pas été mis.

La police et le procureur affirment que tous les déchets proviennent uniquement des urgences.

Mais la défense veut que le tribunal se pose la question suivante : S'il n'est pas possible d'établir avec certitude que certains sacs ont été ramassés dans d'autres services, comment peut-on soutenir fermement que les saisies 808 et 812 concernent l'inculpation ?

Maître Lange estime que la saisie 232b n'est pas non plus une preuve certaine. Les boîtes de canules ne sont vidées que lorsqu'elles sont pleines. Les employés de l'hôpital expliquent que plusieurs semaines peuvent se dérouler avant qu'elles ne le soient. C'est également le cas de la boîte jaune dans laquelle a été trouvée la seringue. Mais peut-on être sûr que la saisie 2323b avec ses traces de Stesolid et de Cordarone provienne de la garde de nuit ? Maître Lange veut que la cour se demande si le mélange contenu dans la seringue n'aurait pas pu être réalisé un jour où Christina n'était pas au travail.

On pourrait croire qu'il est inutile de passer du temps, au milieu d'un procès pour meurtre, à chercher à savoir quel infirmier a parlé avec qui, qui s'est vu en dehors du cadre du travail, quels conflits pouvaient opposer les uns aux autres, etc. Les trois juges du tribunal écoutent cependant patiemment lorsque les infirmiers expliquent quels sont les groupes d'amis qui se sont créés au M130 et aux urgences. Maître Lange se fait un devoir de démanteler les « cliques ». Il affirme qu'il est pertinent, pour l'affaire, de se faire décrire l'environnement, constitué d'infirmiers particulièrement jeunes, dans lequel sont nés les soupçons contre l'accusée. Il n'est pas exclu que le vrai sujet de l'affaire consiste plutôt dans des médisances et intrigues qui, en fin de compte, auraient entraîné des rumeurs aux conséquences fatales pour Christina.

Elle a elle-même raconté qu'elle avait du mal à comprendre comment elle avait pu se trouver sur le banc des accusés pour un crime totalement imaginaire. Lors de sa propre audition, elle a dévoilé ce qui pour elle, pouvait s'apparenter le plus à une explication. Son accusation pourrait être due à l'hostilité qui s'est créée à son égard parmi des collègues, dit-elle. Ce jour, elle raconte d'abord « la fête », qui, associée à un autre épisode, « l'affaire des SMS », avait visiblement constitué un tournant permettant de comprendre comment les cliques sont nées au sein du service M130 et aux urgences.

Beaucoup ont remarqué que l'infirmière a changé lorsqu'elle et Anders Hansen se sont quittés fin 2012. Ses priorités ont évolué. Grâce au dispositif de garde alternée une semaine sur deux pour sa fille, Christina, qui n'avait que 27 ans à l'époque, voyait soudain le week-end comme un temps où elle pouvait se consacrer entièrement à elle-même. Sa vie bascule : elle entreprend de plus en plus des expéditions festives en ville. Certaines amies s'éloignent, puisque la mère de famille qu'elles appréciaient, semble s'effacer au profit de quelqu'un qui commence à vivre autrement, les semaines où elle est sans Maja. Mais de nouvelles amitiés se créent. Christina se joint à un petit groupe de jeunes collègues célibataires ou aimant les soirées festives en groupe. Les fêtardes attirent une certaines attention à l'hôpital, notamment en raison de leur jeu de séduction visant, entre autres, les ambulanciers et les brancardiers. Le groupe le sait très bien. Le fait qu'on en parle fait partie du plaisir.

Certains collègues estiment inconvenants les récits vantards que ce groupe soudé publie sur Facebook à propos de sa vie de débauche, comme s'il s'agissait d'adolescentes. Ils s'agacent également lorsque, dans la salle du personnel, elles continuent sur le même registre, en partant soudain dans des fous rires au sujet d'un incident du weekend. L'irritation grandit parmi les collègues lorsque les membres du groupe commencent à changer leurs gardes pour pouvoir être ensemble dans les heures de travail. L'ambiance devient tout simplement trop relâchée. « Certains ont exprimé leur mécontentement depuis longtemps, mais nous avons choisi de passer outre. Nous faisions la sourde oreille en pensant que cette critique ne pouvait pas nous nuire. Nous étions indifférentes, et nous nous disions : laissez-les dire et penser ce qu'elles veulent. Nous n'avons pas peur de provoquer. Mais l'ambiance de travail en a été affectée, de façon assez défavorable », admet Christina aujourd'hui. Elle ne peut cependant pas s'empêcher de sourire en pensant à la période où elle s'est permis de vivre comme quelqu'un qui a entre « 16 et 20 ans ».

Même si l'infirmière avait trouvé un groupe de gens comme elle, plusieurs collègues l'ont depuis décrite comme la meneuse, celle qui avait toujours l'initiative. Cela concerne, par exemple, son intérêt pour ses collègues masculins. Son excitation lorsqu'un médecin nouvellement embauché dépassait, paraît-il, les bornes. Il semble également que l'infirmière ait fini par entretenir « de nombreuses relations amoureuses avec des soignants », comme en témoignent certains collègues. Les débauches de Christina sont un sujet de conversation courant au M130, même après son affectation aux urgences. D'après plusieurs infirmiers, elle ne se retient pas non plus lorsqu'il s'agit de raconter les détails. Leur surveillante le confirme également lorsqu'elle est interrogée et qu'on lui demande de caractériser la personnalité de la personne inculpée.

« L'accusée ne cachait pas “ce qu'elle fabriquait, et où”, s'agissant de ses différentes relations masculines. À plusieurs reprises, lors des réunions du personnel, le témoin a dû souligner le côté inconvenant de ce comportement », lit-on dans le compte-rendu de l'audition de la surveillante du M130.

Après la rupture avec Anders, Christina est restée huit mois de plus dans ce service, avant de passer aux urgences. Elle quitte à ce moment un lieu de travail où la salle du personnel était, d'après la surveillante, envahie par une « ambiance de café », avec plein de « petites rivalités » et de « ragots ». Selon l'infirmier Peter, le M130 était un lieu dominé par

« de nombreuses reines » qui avaient « dégainé leurs armes », dit-il, quand on lui demande de décrire son ancien lieu de travail, qu'il a fini par quitter à cause des intrigues. Christina dit elle-même que c'est précisément cette ambiance qu'elle voulait quitter,

lorsqu'elle a intégré les urgences, le 1er octobre 2012. Cependant, la surveillante du M130 fait remarquer que la plupart des ragots se sont tus avec le départ de Christina.

Même si les récits portant sur l'intensité de la vie amoureuse de l'infirmière ne sont a priori qu'à considérer que comme des médisances qui ne concernent personne d'autre, ce sujet est

évoqué au procès pour expliquer, du moins en partie, pourquoi elle ne revenait pas à certaines collègues. Elle l'a surtout ressenti après la « fête ». À ce moment, Christina, apparemment, aurait « déraillé » en faisant ce qu'on ne doit jamais faire : tenter de piquer son copain à une amie.

Organisée par l'une des bonnes amies de Christina, une aide-soignante au M130, la « fête » marquait à la fois les 30 ans de son compagnon et les 50 ans de sa mère. À ce moment, Christina travaillait déjà aux urgences depuis environ un an, mais elle était toujours en relation avec plusieurs anciennes collègues, d'où l'invitation.

Au cours de la soirée, Christina a cherché désespérément à aguicher l'un des hommes invités à la soirée avec son amie, notamment en lui envoyant des SMS. Le couple a choisi de quitter la fête, et Christina est finalement rentrée chez elle avec un autre homme. Elle a gâché la fête, lit-on dans la déposition de l'amie qui l'avait invitée. Le lendemain, l'aide-soignante choisit de mettre un terme à son amitié avec l'infirmière, dont elle avait l'habitude de garder la fille et à qui elle téléphonait plusieurs fois par semaine. Beaucoup ont une opinion sur le comportement de Christina au cours de cette soirée. Il ne lui échappe pas ensuite que ses collègues choisissent leur côté. Ils sont nombreux à ne pas choisir celui de Christina.

La situation empire considérablement à cause d'une grosse controverse avec l'infirmière Ditte. Lors de leur interrogatoire policier, beaucoup d'infirmières ont raconté « l'affaire des SMS », qui est le terme utilisé par une surveillante. Il peut être difficile d'identifier les tenants et les aboutissants de cette histoire. Mais tout le monde a l'air de s'accorder sur le fait que l'affaire débute lorsque Christina montre à la direction une série de SMS, prétendument envoyés par Ditte, qui, le moment venu, travaillait au M130 mais allait être affectée aux urgences, avec Christina. Les SMS sont censés prouver que Ditte a menacé Christina. Ces menaces allaient normalement entraîner le départ de Ditte de l'hôpital, jusqu'à ce que naisse le doute sur la véracité de ces messages. De nombreuses autres infirmières soupçonnent Christina d'avoir fabriqué elle-même les SMS, pour faire du tort à sa future collègue, qui a une réputation de compétence et de sérieux professionnel. Lorsque la direction demande des preuves, Ditte accepte que le service du personnel vérifie son téléphone. Elle nie avoir adressé des menaces à Christina, à quelque moment que ce soit. Mais soudain, Christina est dans l'impossibilité de montrer ses SMS. Au demeurant, « l'affaire des SMS » ne présenterait, elle non plus, aucun intérêt pour toute personne autre que ceux qui se passionnent pour des ragots. Mais ce n'est pas le cas. Ce conflit pourrait aussi aider à comprendre pourquoi la police interroge autant d'infirmiers qui n'ont pas de réticence à raconter des histoires à charge concernant Christina. Et quel que soit le déroulement exact de « l'affaire des SMS », elle était suffisamment grave pour qu'il soit nécessaire d'entamer une réconciliation entre les deux infirmières. D'après Christina, ce conflit a fini par aggraver la séparation entre les deux groupes qui caractérisait déjà le service.

La direction confirme à la police que le conflit avait été suffisamment fort pour que les responsables aient eu besoin de mettre en place un projet d'amélioration de l'environnement de travail, en instaurant, notamment, une règle selon laquelle les différents groupes devaient se mélanger dans les gardes.

Il est tout sauf aisé d'identifier les groupes d'amis présents parmi les salariés du M130 et des urgences afin d'établir s'il y a eu, oui ou non, un quelconque complot contre Christina. L'hôpital de Nykøbing Falster Sygehus est d'une grande complexité lorsqu'on commence à vouloir relever les amitiés et affinités croisées au sein du personnel. Devant le tribunal, Christina a tenté de décrire deux cliques qui ont dû jouer dans son affaire : d'abord son propre groupe, essentiellement constitué des infirmières avec qui elle sortait et qui ont toutes fini par déclarer, à la police, leur conviction selon laquelle elle était innocente. Puis, l'autre groupe,

celui de Ditte, avec lequel les relations de son dégradées après « l'affaire des SMS ».

La belle-sœur de Ditte est Mette, l'infirmière qui a partagé la dernière garde de nuit de Christina avec Carina, aux Urgences 2. Toutes deux font partie de la clique de Ditte, avec Katja, l'infirmière qui promène son chien en compagnie de Pernille, le témoin clé de l'accusation, qui était également intégrée au groupe.

L'une des infirmières de la clique de Christina déclare, depuis la barre des témoins, que les relations tendues entre ce groupe et les autres étaient dues à la popularité dont jouissaient l'accusée et elle-même, surtout parmi les ambulanciers. Le conflit entre les deux groupes pouvait donc s'expliquer par la jalousie, suggère-t-elle. Maître Lange attribue carrément la dénonciation de Christina faite par Niels et Pernille à une question de jalousie.

« Toute l'affaire est fondée sur une plainte totalement bizarre, probablement liée à de l'hostilité, peut-être à son tour imputable, entre autres, à une forme de complexe d'infériorité vis-à-vis de Christina », affirme-t-il lors du procès. Il trouve frappant que seuls deux témoins *s'abstiennent* de saluer les compétences de Christina. Ce sont deux personnes qui par ailleurs ont mis en avant le fait qu'ils n'avaient, au départ, rien contre l'infirmière : Pernille et Niels.

Dès le premier jour, les officiers de police ont noté, dans leur compte-rendu, qu'il existait une rumeur selon laquelle l'un des dénonciateurs aurait eu une relation avec la mise en cause.

Cette rumeur s'est répandue aussi bien aux urgences que dans le service M130 ; elle parle d'un épisode censé s'être produit plusieurs années avant le coup de fil de Niels à la police. Niels et Pernille ont voulu, chacun séparément, en informer celle-ci, dès leurs premières auditions, prenant ainsi les devants pour éviter qu'un avocat de la défense n'exploite la rumeur s'ils essayaient de la cacher, mais qu'elle est arrivée à sa connaissance par d'autres moyens. Selon cette rumeur, Niels et Christina auraient eu une liaison, ce que tous deux nient totalement. Niels imagine que l'idée d'une liaison ait pu naître du fait qu'on l'ait appelé pour changer une roue sur la voiture de l'infirmière. Niels a pu constater que le pneu avait été lacéré, un forfait dont elle accusera, plus tard, le frère de Mette, selon les rumeurs qui allaient bon train dans le service.

Quoi qu'il en soit, les rumeurs concernant Niels et Christina commencent ensuite à sévir.

Pernille travaillait encore au M130 lorsqu'elle a été, pour la première fois, confrontée à la rumeur selon laquelle le chef de service aurait eu une relation sexuelle avec l'infirmière brune dans un local à pharmacie. Pernille et Niels étaient déjà en couple, à ce moment, mais en secret. Et lorsqu'elle lui parle de la rumeur, il sourit en évoquant le changement de la roue, ce qui convainc totalement Pernille. Elle réfute aujourd'hui l'idée selon laquelle cette rumeur aurait influencé son opinion sur Christina lorsqu'elles ont commencé à travailler ensemble et qu'elle a appris à connaître la collègue pour autre chose que les histoires spectaculaires qui couraient au M130.

Même si la défense a cherché à démontrer, lors du procès, que Pernille et Christina avaient une relation compliquée, les deux collègues affirment aujourd'hui le contraire. Après ce que Pernille a infligé à Christina, il est normal que cette dernière porte sur elle un avis glacial. Mais il est intéressant de remarquer que Christina répond systématiquement par la négative lorsqu'on lui demande si sa relation avec Pernille était tendue lorsqu'elles travaillaient ensemble. Cette constatation contredit le récit du drame de jalousie à maintes reprises répété lors du procès. Les SMS que la police extrait des téléphones appartenant aux deux infirmières ne suggèrent pas non plus qu'elles aient du mal à se supporter. Tout au contraire, ils montrent deux collègues qui se disent des mots gentils, par exemple, « ma mignonne » et « ma belle », lorsqu'elles échangent au sujet du travail. Dans un SMS envoyé par Christina à Pernille, environ deux mois avant son arrestation, elle écrit, par exemple :

« C'est pour moi un plaisir de travailler avec toi. Et nous nous amusons. »

« Nous sommes une bonne équipe », déclare Christina, qui se termine par un « dors bien », suivi, cinq minutes plus tard, de la réponse de Pernille :

« Que tu es gentille ! Merci. Et je te retourne le compliment, nous faisons du bon boulot ensemble. Et c'est un plus si on peut rigoler un peu toutes les deux. »

Chapitre 22

En quittant la salle d'audience A, Pernille a très mal au dos. Dans les semaines précédant sa déposition, elle a maintes fois préparé la séance, en réfléchissant sur les réponses qu'elle donnerait aux questions qu'on lui poserait sans aucun doute. Elle tâcherait d'apparaître calme. Mais quand elle arrive enfin là à la barre des témoins, elle est si concentrée qu'elle oublie de décontracter les muscles autour de sa colonne vertébrale. Le premier souci de Pernille, c'est d'apparaître crédible. Elle veut passer en revue la garde de nuit sans hésiter, répondre immédiatement à toutes les questions et détecter les pièges que la défense tentera sans nul doute de construire lorsque son tour viendra de l'interroger. Sous l'effet de la concentration, elle tend sans cesse tous ses muscles jusqu'à ce qu'il n'y ait plus de questions. Il n'est pas étonnant que sa déposition du 25 avril 2016, dans la salle d'audience A, lui donne des courbatures pendant plusieurs jours après sa prestation.

L'interrogatoire du principal témoin à charge dure cinq heures.

Pour la défense, Pernille est un vrai problème, en raison de la clarté indéfectible de son propos et de son honnêteté quand elle émet des réserves là où il faut, en répondant « je n'en suis pas sûre » ou « je ne sais pas » lorsque la série de questions posées commence à avancer vers des aspects de l'affaire qu'elle ne peut, réellement, connaître. Toute autre attitude aurait pu être exploitée pour diminuer sa crédibilité devant la cour. Si on pouvait seulement prendre Pernille en flagrant délit d'exagération, visant à aggraver le cas de Christina, on aurait l'image d'un témoin qui avance résolument ce qu'elle pense être nécessaire pour faire condamner la collègue.

Pernille maintient sans dévier la déclaration qu'elle a faite à la police la première fois, dans le bureau de son compagnon, Niels. Ses réponses sont les mêmes, au fil de cinq interrogatoires. Ses dépositions correspondent parfaitement bien à celles des collègues, même lorsque les infirmiers viennent, un an plus tard, à la barre des témoins, afin de passer en revue la fameuse garde de nuit vue sous un autre angle. Les temps indiqués coïncident. Et les faits évoqués sont cohérents avec les informations contenues dans les dossiers des patients.

Mais si la défense arrive à mettre en doute la crédibilité du témoignage de Pernille ne serait-ce que d'un iota, celle-ci peut rapidement devenir un gros problème pour le ministère public ; la police ne dispose pas d'autres témoins du même calibre. Même si les enquêteurs ont réussi à réunir un grand nombre de dépositions provenant des employés de l'hôpital, celle de Pernille est la plus importante, dès le premier jour. Cela reste vrai au moment du procès.

Beaucoup de témoins affirment qu'ils éprouvaient depuis longtemps, à l'égard de Christina, un mélange de soupçons et d'inquiétude instinctive, et ces personnes sont largement convoquées et intégrées dans la chaîne des indices et dans le récit global concernant l'infirmière. Mais Pernille est la seule qui puisse dire qu'elle a vu faire Christina. Elle est la seule à pouvoir appuyer ses dires par des preuves concrètes. Et elle est la seule dont la crédibilité ne soit pas remise en question par le fait d'avoir nourri des soupçons à l'égard de la collègue, tout en omettant de la dénoncer à la police. Pernille, elle, a agi.

Quand le procureur Michael Boolsen prépare son plaidoyer, qui résume les explications données par Pernille et les autres infirmiers, il note à l'avant-dernière page de son manuscrit, qu'il doit diminuer un peu l'importance de Pernille et ne pas oublier de dire :

« Pernille Larsen a été désignée comme témoin clé dans ce procès. Je ne m'y risquerai pas. Cette affaire est fondée sur les dépositions cohérentes et pertinentes prononcées par un grand nombre de témoins. »

Le procureur, bien entendu, a lu les articles dans la presse qui soulignent, de différentes manières, que la police, malgré de longues investigations, n'a réussi qu'à trouver une seule personne ayant vu l'accusée agir selon les soupçons nourris depuis des années par de nombreuses personnes. Il sait que si les juges et les jurés finissent par remettre en cause la crédibilité de ce témoin, le procès prendra une tout autre tournure. C'est exactement cela qu'il veut éviter en retirant à Pernille son statut de « témoin clé ». Mais Pernille Kurzmann Larsen *est* bel et bien le témoin clé de l'affaire. Même si M. Boolsen s'essaie à un autre schéma. Maître Lange est parfaitement au fait de cette situation. C'est pour cela qu'il a tenté de trouver des éléments dans le passé de Pernille, susceptibles de la discréditer.

Par le compagnon de Christina, Maître Lange a entendu parler d'une camarade d'études de Pernille, avec qui, paraît-il, elle n'aurait pas vraiment été en relation d'amitié à la fin de leur scolarité. La défense demande à la police de convoquer cette personne à un interrogatoire au commissariat de Nykøbing Falster.

Aujourd'hui, elle se souvient d'avoir pleuré en clamant à l'agent son incompréhension d'être mêlée à l'affaire de Christina, un cas dont elle ignorait tout. Elle ne comprend pas non plus pourquoi il faudrait creuser pour trouver d'éventuels griefs qu'elle pourrait avoir contre Pernille, avec qui elle n'a pas été en contact depuis leur travail commun dans un groupé d'études, plusieurs années auparavant. Pour cette raison, elle ne souhaite pas faire de déposition, fait-elle savoir à la police,

Mais Maître Lange ne s'arrête pas là. Deux mois plus tard, la camarade d'études est, sur son initiative, citée comme témoin dans le procès contre Christina. Mais même si l'avocat l'a placée à la barre des témoins et essaie de présenter la liste de questions qu'il va lui poser, il ne parvient pas à ses fins. Le témoin refuse de parler, même là, face à un juge avec obligation de dire ce qu'elle sait.

« Elle explique son attitude par le fait d'être infirmière diplômée, sans connaître l'accusée et sans avoir, à quelque moment que ce soit, travaillé avec elle », lit-on dans le compte-rendu d'audience.

Maître Lange explique au juge que son but, en faisant entendre ce témoin en particulier, est d'informer les jurés davantage sur la personnalité de Pernille, afin de mieux pouvoir évaluer sa crédibilité.

« Si j'ai des informations concrètes susceptibles de remettre en question la crédibilité du témoin clé, je pense qu'il est vraiment important de les faire ressortir », argumente la défense devant le tribunal. Mais le procureur veut couper court. Il proteste. Les juges sont sortis pour décider si la camarade d'études doit se voir imposer le devoir de témoigner et être exposée à des sanctions si elle persiste dans son refus de répondre aux questions concernant Pernille.

Ils retournent quelques moments plus tard. La déposition du témoin prévue par Maître Lange est « sans importance pour l'affaire en cours ». L'ancienne camarade rentre chez elle, et cette tentative pour saper la crédibilité de Pernille a échoué. Cependant, Jørgen Lange essaie de lancer une attaque depuis l'autre flanc, et c'est ici que Pernille risque d'être en difficulté. La plupart des questions s'articulent autour du thème suivant : Pourquoi avez-vous attendu ?

Le témoin clé peut être décrit de deux manières, avec deux récits. Selon le premier, Pernille est décrite comme l'infirmière qui doit être saluée pour sa capacité à réagir alors que ses collègues n'ont rien fait.

Mais il existe aussi une deuxième version.

Si l'on regarde de près certains points dans la déposition de Pernille en les réunissant par la suite, on obtient un récit beaucoup moins flatteur. C'est celui que Maître Lange souhaite publier. Il insiste pour savoir pourquoi Pernille n'a pas immédiatement appelé la police dès qu'elle s'est estimée convaincue de la culpabilité de Christina, lors de sa dernière garde de nuit. Commenta-t-elle pu continuer à travailler comme si de rien d'était ? Commenta-t-elle pu, plusieurs fois au cours de la garde de nuit, bavarder avec Christina tout en pensant que celle-ci venait de tuer un patient ? Est-elle crédible lorsqu'elle déclare que ses actes étaient motivés par la nécessité de ne pas mettre en garde Christina et de garantir qu'elle soit prise en flagrant délit ? Est-elle crédible, étant donné qu'elle envoie un SMS à Christina, avant la fameuse garde, avec une émoticône de singe, ajoutée au texte : « Je n'ose pas ? » Peut-on avoir confiance en un témoin qui, d'autre part, affirme avoir été profondément inquiète tout en continuant, avec Christina, leur plaisanterie commune sur le fait que leurs gardes communes entraînaient toujours des cas graves parmi les patients ? Commenta-t-elle pu aller dormir lors de cette nuit fatale ? Commenta-t-elle pu agir ainsi, s'il est vrai qu'à ce moment, elle était persuadée que Christina avait tué plusieurs patients ?

Pernille reste, d'après ce qu'elle dit, couchée une heure et demie dans la chambre. Elle dit aujourd'hui qu'elle n'arrivait pas à dormir, mais selon le rapport d'audition rédigé le lendemain, elle déclare, à ce moment,

qu'elle « dormait » et venait de se « réveiller » lorsque Christina est venue dans la chambre interrompre la pause. Quel que soit le choix des mots, il s'agit d'un laps de temps – une heure et demie – pendant lequel Pernille n'a pas de mal à laisser Christina, qui selon elle est une meurtrière, seule avec les patients. Et ce n'est pas tout : comment expliquer qu'une infirmière qui dit avoir été inquiète, quitte son service pour faire une pause avec ses collègues Carina et Mette, pendant que Christina dormait ? Comment caractériser un témoin clé qui s'assied tranquillement et sans trahir d'émotions particulières, avec deux bonnes copines des Urgences 2, alors qu'elle est la seule à savoir qu'un assassin sévit dans le service ? Lors de leur audition au tribunal, les amies en question racontent qu'elles ont passé du temps à préparer des crêpes comme collation nocturne et que Pernille est restée manger et discuter avec elles dans leur bureau pendant une bonne heure. Quelqu'un qui aurait été convaincu de la survenue de plusieurs meurtres sur son lieu de travail, aurait-il agi de la sorte ?

Maître Lange souligne nombre de ces points dans son plaidoyer et met en exergue les éléments que les jurés devaient intégrer dans leurs considérations pour évaluer la crédibilité de Pernille. Il lui reproche aussi son comportement dans la chambre de M. Holm Petersen, lorsqu'elle découvre un liquide blanchâtre dans la perfusion du patient.

« Il me semble par ailleurs étrange que le témoin prenne le temps de photographier la perfusion au lieu de venir en aide au patient, qui, paraît-il, était au plus mal, voire mourant », remarque Maître Lange, avant de passer au point suivant. En argumentant ainsi, il appuie avec précision sur la douleur qui, depuis cette garde de nuit, n'a pas quitté Pernille.

Celle-ci est une femme déterminée, qui regarde les gens droit dans les yeux, parle rapidement et évite d'hésiter quand elle veut leur expliquer quelque chose, afin qu'ils comprennent. Quand elle parle de l'affaire aujourd'hui, elle raconte les actes des différents collègues, précise les heures correspondantes et décrit les conversations qui ont pu avoir lieu. Elle restitue sans hésiter des détails concernant la garde de nuit et les collègues, aussi bien devant la police qu'au tribunal. Mais lorsqu'on lui pose des questions relatives aux patients de cette fameuse nuit, elle se tait. Elle est émue. Pernille se reproche ne pas avoir essayé de les sauver.

« Ce qui me hante depuis, c'est de comprendre pourquoi je n'ai pas tout simplement donné un antidote à M. Holm Petersen, puisque je savais qu'il avait eu du Stesolid. Et pourquoi n'ai-je rien donné à Mme Poulsen ? Je sais où se trouve l'antidote. Elle agit en quelques minutes. Mais je ne l'ai pas fait, sans pouvoir expliquer pourquoi. Quand tu te vois attribuer des patients au début d'une garde, tu as un sentiment de fierté. Tu te dis que ce sont des patients qui relèvent de ta responsabilité et que tu dois faire en sorte qu'ils traversent aussi bien que possible la maladie, la souffrance et les douleurs pendant les heures où tu es au travail. Que Christina vienne les tripoter… Le premier qu'elle prend cette nuit, c'est M. Holm Petersen. Et il est à moi. C'est moi qui devais le garder… Et j'ai failli à ma tâche. Je sais que l'antidote n'aurait pas fait de différence, puisqu'ils étaient déjà agonisants. Ils auraient peut-être gagné quelques heures ou quelques jours, que sais-je, mais… Je ne sais vraiment pas… j'ai cherché à prouver sa culpabilité », dit Pernille, les larmes aux yeux ; elle doit faire une pause dans sa déposition.

Il y a bien des choses qu'elle a faites cette nuit-là qu'elle ne comprend pas.

« Ma meilleure façon d'expliquer cela, c'est de dire que j'étais deux personnes à la fois. Comme si une partie de moi-même ne voulait que tout soit comme avant. Et si je faisais semblant, c'était certainement à cause de cela. J'aurais voulu me comporter autrement, mais je ne l'ai pas fait. »

Chapitre 23

Niels Högel, originaire de Wilhelmshaven au nord-ouest de l'Allemagne, avait toujours voulu être pompier. Tôt dans sa vie, il a été obligé de reconnaître qu'il ne le serait jamais. Il avait peur des hauteurs. Il n'arrivait pas à se dominer. C'est pour cela qu'il a fini par devenir infirmier, comme son père. De cette façon, il pourrait également réaliser son vieux rêve : être quelqu'un qui aide les autres.

Ainsi commence l'histoire de l'homme que les médias allemands désignent comme le pire meurtrier depuis la Seconde Guerre mondiale. Niels Högel est l'affaire d'infirmier criminel qu'a connu l'Allemagne. L'enquête prend des années, au cours desquelles les Allemands voient avec effarement la liste des victimes s'allonger.

Une fois embauché à l'hôpital, Niels Högel a développé une manie : il voulait être le héros qui sauve des vies. Il voulait être celui qui montrait ce qu'il savait faire, mais c'était difficile, dans la mesure où le quotidien de l'hôpital n'offrait que des tâches tout à fait ordinaires. Niels Högel s'ennuyait. Il voulait donc ajouter du suspense à ses gardes. Il commençait à intoxiquer ses patients, sans intention de les tuer, tout au contraire, il voulait qu'ils cessent de respirer pour pouvoir les ranimer et obtenir les tapes sur l'épaule auxquelles il était drogué. Quand il a compris qu'il avait trouvé un raccourci pour obtenir cette satisfaction, il n'a pas pu s'empêcher de créer, de plus en plus souvent, des situations qui l'élevaient au-dessus des trivialités du quotidien, bien plus qu'une échelle de pompier l'aurait fait.

Ses routines étaient globalement les mêmes. Nous en connaissons bien les détails, grâce à ses propres récits lors du procès : À l'hôpital, avant d'agir, il vérifiait que les collègues étaient réunis dans la salle du personnel, avant de se glisser discrètement dans la chambre de sa victime. Il commençait par mettre sur pause les appareils de surveillance. Ensuite, il injectait une dose souvent mortelle à sa victime, avant de se rendre dans un coin en périphérie du service, où il pouvait attendre l'alarme d'arrêt cardiaque qui rappelait, en hurlant, un sauveur. Il disposait d'une poignée de médicaments différents entre lesquels choisir. Connaissant parfaitement les effets secondaires de ces médicaments, il pouvait planifier le scénario avec exactitude.

Au fil des années, il a peaufiné sa technique, de manière à doser, notamment, les médicaments agissant sur le cœur de manière précise en fonction de ce qu'il voulait faire subir à ses patients. De cette façon, il avait toujours une longueur d'avance sur les collègues lorsqu'ils se trouvaient en face de l'une de ses victimes inanimées. Il était célèbre pour son habilité dans ce type de crises, et pour son acharnement dans l'effort devant des spectateurs. Bien des patients ont été sauvés de cette manière. Et le « Rambo sauveur », comme certains l'ont qualifié, a souvent récolté des compliments. Mais souvent, ses figurants involontaires finissaient par mourir. Leur chiffre exact ne sera jamais connu. Et les Allemands attendent toujours la réponse quant au nombre de victimes pour lesquelles M. Högel sera jugé.

Il a déjà avoué avoir intoxiqué environ 90 patients, d'après ses souvenirs, en échouant à ranimer environ 30 d'entre eux. C'est ce qu'il a expliqué lors de son procès à Oldenbourg, au terme duquel il a été condamné à la prison à perpétuité pour six meurtres. À ce moment, la police n'a pas encore sérieusement commencé à déterrer le corps de ses anciens patients. Ce travail a été entamé après la découverte de tant de détails inquiétants lors du procès qu'il s'est avéré indispensable de créer une commission spécifique pour mener des investigations supplémentaires. Cette commission finit par identifier 322 victimes potentielles.

Depuis lors, 130 tombes, réparties entre 60 cimetières différents, ont été ouvertes afin de chercher des preuves parmi les victimes non incinérées de M. Högel. Selon Der Spiegel, ce travail macabre a eu lieu non seulement en Allemagne, mais aussi en Pologne et en Turquie. Niels Högel a lui-même contribué à dresser la liste des victimes : lors de l'un de ses nombreux entretiens avec son psychiatre, en prison, il se souvient parfois de patients non mentionnés jusqu'alors. Il reçoit en juin 2019 ce qui pourrait ressembler à un jugement définitif : Niels Högel est reconnu coupable du meurtre de 85 patients. Le ministère public estime que le chiffre réel est bien plus élevé. Le système judiciaire ne disposant pas d'autres possibilités de sanction à son égard, il est de nouveau condamné à une peine de perpétuité.

Toutes ses victimes ont été hospitalisées à Delmenhorst ou à Oldenbourg au cours de ses cinq ans et demi de service, avant qu'il ne soit arrêté en 2005, à l'âge de 29 ans.

Parmi les organes de presse, Der Spiegel et Nordwest-Zeitung ont ensuite rapporté les propos de plusieurs de ses anciens collègues selon lesquels ils se posaient depuis longtemps des questions au sujet du jeune infirmier. Devant le tribunal d'Oldenbourg, il a été directement dévoilé que certains médecins lui interdisaient d'aller voir leurs patients. Niels Högel était trop souvent dans les parages lorsque les patients étaient soudain sans vie. « Le Högel de la mort », chuchotait-on par la suite, à l'hôpital, lorsqu'il avait eu une garde avec beaucoup de décès. La police n'a été informée que le jour où un collègue l'a vu injecter un médicament non prescrit à un patient. À ce moment, des collègues le soupçonnaient déjà depuis des années.

Les autorités et médias allemands se sont depuis posé la question : comment se fait-il que personne n'ait pas appelé la police ? Il y a eu un débat en Allemagne pour savoir pourquoi le système hospitalier n'a pas réagi au fait que le taux de mortalité annuel aux soins intensifs de Delmenhorst avait augmenté de 84 à 177 et 170 après l'arrivée de Niels Högel. Ou pourquoi personne n'a tiré la sonnette d'alarme lorsqu'a été enregistrée une consommation élevée de médicaments normalement non utilisés dans le service.

L'affaire compte encore plusieurs répercussions judiciaires, visant à comprendre comment le pire tueur en série du pays a pu sévir aussi longtemps au sein des établissements de santé. Le ministère public souhaite voir condamner plusieurs anciens collègues de M. Högel dont la passivité a joué un rôle déterminant. Ils sont accusés d'avoir choisi l'option la plus confortable. Ne rien faire.

Il est extrêmement rare que des infirmiers tuent sciemment leurs patients.

Mais le cas de Niels Högel n'est pas unique. Les hôpitaux du monde entier ont rapporté suffisamment de cas dans le monde entier pour que ce phénomène ait été gratifié d'une sous-catégorie à part dans le genre « tueurs en série » : « angels of death » – anges de la mort. Ou « HCSK », c'est-à-dire « health care serial killers » (soignants tueurs en série), une abréviation utilisée surtout par les criminologues et psychologues pour désigner les quelques cas très rares parmi les soignants qui développent une tendance maladive à faire le contraire de ce qu'ils sont censés faire.

C'est surtout à la suite de l'affaire dite de Charles Cullen que la science a commencé à s'intéresser sérieusement à ce phénomène. Charles Cullen est un infirmier américain qui purge 11 condamnations à la perpétuité dans une prison de l'état de New Jersey. Sous les huées de certains proches de ses victimes, il a été reconnu coupable par un tribunal, en 2006, de la mort de 29 personnes. Charles Cullen se souvient d'avoir assassiné jusqu'à 40 patients. Selon les estimations des experts, il pourrait avoir été à l'origine de la mort de 400 personnes au cours de ses 16 ans d'exercice dans différents hôpitaux. Si ce calcul est juste, Charles Cullen est le pire exemple de ce qu'un ange de la mort peut faire s'il n'est pas découvert à temps. Dans ce cas, le pire tueur en série des États-Unis serait un infirmier.

L'année de la condamnation de Charles Cullen, un article a été publié sous le titre « Serial Murder by Healthcare Professionals » (« Meurtre en série commis par des professionnels de santé »). Cet article est une base pour comprendre le profil de ce type de criminels. Quels sont les motifs d'un « meurtrier médical » ? Existe-t-il des traits communs, un modèle type, une motivation ou un procédé clé ? Les chercheurs ayant rédigé cet article ont voulu y répondre.

Le professeur Beatrice Yorker de la California State University a, en collaboration avec plusieurs collègues, réuni des informations sur tous les meurtres commis en milieu médical qu'ils ont pu collecter. Ils ont trouvé des cas en Autriche, en Belgique, en Angleterre, en Allemagne, aux Pays-Bas, en Pologne, en Russie et dans un grand nombre d'états américains. Ils ont au total réussi à identifier 90 cas répartis sur 21 pays, dans lesquels un soignant avait été accusé de tuer non seulement un, mais un grand nombre de patients, sans que l'argument d'euthanasie puisse être évoqué. 54 de ces cas ont abouti à une condamnation, et il est prouvé que plus de 300 patients ont été tués. De plus, 2100 personnes sont décédées dans des circonstances suspectes alors qu'elles étaient sous la responsabilité de l'un des meurtriers en série figurant sur la liste dressée par Beatrice Yorker et ses collègues.

La victime typique est un patient très malade, vieux, très jeune ou vulnérable d'une autre manière. Ce groupe de patients aura plus de mal à comprendre qu'ils sont exposés à un crime, et il moins probable qu'ils puissent être en mesure de désigner un coupable. En s'intéressant principalement aux patients déjà âgés et malades, le « meurtrier médical » diminue le risque d'être soupçonné par les collègues si ses victimes meurent.

Les meurtriers se répartissent également entre hommes et femmes. Il s'agit, le plus souvent, d'une infirmière ou d'une aide-soignante, mais dans un dixième des cas identifiés par Mme Yorker, le meurtrier est un médecin. L'un de ses exemples les plus effrayants est un médecin anglais, Harold Shipman, condamné en 2000 à 15 fois la réclusion perpétuelle pour 15 meurtres. Après le procès, la police a entrepris des investigations étendues pour vérifier s'il pourrait y avoir encore d'autres victimes. Le résultat est une liste enrichie de 200 personnes dont le décès, d'après ce que les enquêteurs déclareront avec certitude, est également imputable aux agissements du médecin, pendant plus de 25 ans.

Harold Shipman a tué ses victimes avec de la morphine. Ce sont généralement les médicaments qui constituent la méthode préférée des meurtriers médicaux ; les cas où la morphine ou l'insuline sont les armes du crime sont les plus nombreux. Quand le meurtrier est confondu, il commence par dire qu'il voulait abréger les souffrances du patient. Mais il ressort maintes fois de l'enquête policière que de nombreuses personnes non mourantes se trouvent parmi les victimes.

Certains meurtriers sont motivés par l'effet grisant qu'ils obtiennent en régnant sur la vie et sur la mort, le sentiment ultime de puissance. D'autres tuent en raison d'une fascination presque sadique pour la mort. D'autres ont voulu supprimer des patients difficiles, de mauvaise humeur ou trop exigeants, ou bien pour régler un problème de place dans le service, ou parce qu'ils avaient un avantage financier à ce que le patient décède.

Cependant, tous ces meurtriers – loin s'en faut – ne souhaitent pas la mort de la victime. Comme dans le cas de Niels Högel, les enquêtes montrent de nombreux exemples de soignants qui mettent tout en œuvre pour sauver les personnes qu'ils ont rendues malades. Le suspense est ici le mobile essentiel. La meilleure comparaison est peut-être un pompier qui mettrait lui-même le feu, explique l'infirmier américain Richard Angelo, lors de ses aveux. Il voulait apparaître comme « un héros », raconte-t-il. La soif de reconnaissance et l'intérêt suscité auprès des collègues et, éventuellement, de la famille des victimes, sont un mobile récurrent. Il s'applique également à l'infirmière Genene Jones qui injecte des médicaments dangereux à de petits patients du service de pédiatrie de Bexar County, au Texas. Quand ses victimes meurent, elle joue des scènes déchirantes en sanglotant bruyamment et en insistant pour tenir l'enfant dans ses bras. Beatrice Yorker estime qu'il est pertinent d'analyser les meurtriers médicaux en faisant appel au syndrome de Münchhausen by proxy – au lieu de faire du mal à leurs propres enfants, ils exploitent les patients pour attirer l'attention. Mme Yorker souligne que l'on a découvert que plusieurs des infirmiers condamnés figurant sur sa liste se sont injectés à eux-mêmes des médicaments afin de tomber malades. Plusieurs semblent également être hypocondriaques ou souffrir de mythomanie. Un certain nombre ont raconté des scènes violentes qu'ils n'ont jamais subies, par exemple, des incendies et des abus sexuels.

Mme Yorker a mis à jour sa liste de salariés d'une structure de santé accusés de meurtres en série.

Depuis 2006, 41 nouveaux cas ont été identifiés. C'est un chiffre insignifiant, comparé aux millions de soignants qui travaillent à l'hôpital dans le monde entier. Mais les nouvelles recherches font monter le nombre de cas depuis 1970 à 131, répartis entre 24 pays.

L'accusé a été condamné dans 90 cas, ce qui correspond au meurtre de plus de 450 patients.

Chapitre 24

Ians les affaires de meurtre, on évoque généralement sept mobiles. La jalousie est la cause la plus fréquente, suivent la recherche d'argent, puis, la vengeance, ainsi que le désir, qui peut entraîner l'assassinat de la personne violée. L'exclusion est en général le mobile lorsque des membres d'un groupe de rock ou d'un gang tuent un ex-compagnon. Le fanatisme déclenche des meurtres d'honneur et de la terreur. La dernière catégorie de mobiles est le goût du suspense.

Le suspense est lié au fait que le meurtrier prend un immense plaisir en tuant. Ce mobil apparaît dans les récits concernant les assassins américains. Il est rare de le voir mentionné dans l'histoire criminelle danoise. Mais c'est bien cette motivation que le ministère public estime déterminante pour les actes commis par Christina Aistrup Hansen.

Pendant tout le procès, Maître Lange maintient que cette théorie était trop éloignée de la réalité. Il le répète sans cesse pendant l'instruction. Et après avoir entendu les témoignages de tous les collègues devant le tribunal, il n'est toujours pas convaincu. Le procureur a réussi à trouver des réponses plausibles aux questions « comment », « quand » et, partiellement, « dans quelle mesure », mais le « pourquoi » reste sans explication. Il n'y a tout simplement pas de mobile susceptible d'étayer l'idée que sa cliente ait commis les « horribles forfaits » dont elle est accusée, déclare l'avocat de la défense. Objectivement, il a raison en disant que l'accusation sonne comme une folie. Le procureur Michael Boolsen se trouve constamment confronté à cette perception de l'affaire lorsque les gens lui expriment leur avis : « il était improbable qu'une infirmière fasse une chose pareille », dit-il, dans son plaidoyer.

C'est cette opinion de base que son prédécesseur Jeanette Wincentz Andersen a essayé de contester par ses déclarations aux médias, faites à un stade précoce de l'enquête, et qui lui ont causé des ennuis avec la Confédération des infirmiers danois. Le procès de l'infirmière entrant dans sa phase finale, le ministère public aurait intérêt à éviter que les juges et les jurés continuent à estimer improbable, voire absurde l'idée selon laquelle une infirmière tuerait pour assouvir son besoin de suspense. Le procureur de la police rappelle à la cour qu'un infirmier d'Allemagne du Nord a avoué le même type de crime et avait été condamné à la prison à vie par le tribunal d'Oldenbourg. Il évoque les témoignages des infirmiers et médecins qui ont décrit le goût de Christina pour les situations dramatiques et la mise en scène. Puis il lit les conclusions d'une expertise psychiatrique. C'est l'élément le plus convaincant que possède la police pour prouver la probabilité des faits reprochés.

En général, les expertises psychiatriques servent à établir s'il est approprié de condamner l'accusé à une peine de prison ferme. Elles sont souvent présentées aux assises une fois que l'accusé a été reconnu coupable et qu'il s'agit uniquement de définir la peine. Mais Boolsen a demandé aux juges l'autorisation de citer l'expertise faite dans le cas de Christina avant qu'ils ne se retirent pour voter sur la culpabilité de la prévenue. Il affirme que l'avis émis par l'Institut de psychiatrie judiciaire concernant la personnalité de l'infirmière est tout à fait pertinent. Malgré les protestations de Maître Lange, le procureur obtient finalement gain de cause.

L'Institut, qui relève du ministère de la Justice, commence par dire que Christina n'est pas mentalement malade. Elle est donc passible d'une peine classique si elle finit par être reconnue coupable. M. Boolsen continue à réciter les conclusions établies par Dorte Sestoft, chef de service principal de l'Institut, après plusieurs entretiens avec Christina, qui, d'après elle, a apparemment « grandi dans des conditions normales et stables chez ses parents, à Ballerup. »

« Elle est normalement douée. Au départ, elle montre une tendance aux pleurs, mais cesse pratiquement sur commande, et semble par la suite relativement peu affectée par la gravité de sa situation. Le contact oscille entre une attitude presque charmeuse et de brèves brusqueries. Elle semble superficielle dans la relation à l'autre », déclare la psychiatre.

Lors de son examen mental, Christina obtient un score « exceptionnellement élevé » sur ce qu'on appelle « l'échelle de non-crédibilité », ajoute-t-elle, « ce qui signifie qu'elle a projeté une image positive irréaliste d'elle-même dans les réponses. »

Et le procureur de poursuivre :

« Lors de l'examen actuel, le contact avec la personne observée dévoile, au niveau de la personnalité, une émotivité superficielle. À plusieurs égards, le manque de cohérence entre ses affirmations et les réalités de l'affaire est également frappant. L'examen psychologique décrit la personne en question comme mue par des sentiments, présentant un manque de maîtrise de soi, mais aussi une certaine capacité de calcul. Elle fait montre d'un faible niveau de connaissance d'elle-même et d'auto-compréhension. Tout compte fait, nous l'évaluons comme souffrant d'un trouble de la personnalité histrionique.

Histrionique. Voilà la conclusion. Le mobile. Le mobile se situe dans « la structure de la personnalité de l'accusée », déclare le procureur, en regardant les jurés. Associé aux résultats de l'examen mental, ce document juridique provenant de l'Institut de Copenhague présente un atout pour l'accusation : il est particulièrement en phase avec la façon dont les infirmières et les médecins de l'hôpital ont décrit Christina. Ce ne sont donc pas uniquement des mots et des éléments d'argumentation a posteriori. On est ici face à quelqu'un qui est capable de faire ce dont elle est accusée, affirme M. Boolsen dans son plaidoyer.

Le médecin chef de service à l'Institut a joint une description détaillée des expressions caractéristiques d'un trouble de personnalité histrionique. Le procureur a copié la description à la page 18 de son intervention :

« ... le trouble de personnalité histrionique est marqué par un contact émotionnel superficiel et changeant, une tendance à la dramatisation, une facilité prononcée à se laisser influencer, l'égocentricité, la vanité, le manque d'empathie, une vulnérabilité anormale et la recherche permanente de suspense, de la reconnaissance et de l'attention de la part des autres. Tous ces traits ne sont pas nécessairement présents. Une forme de narcissisme, un manque d'égards envers les autres, une susceptibilité excessive et une tendance à la manipulation complètent l'image clinique, mais ne sont pas nécessaires au diagnostic. »

Avant de poursuivre la citation, M. Boolsen lit ce qu'il a noté juste au-dessous :

« Permettez-moi d'éclairer le terme « structure de personnalité histrionique ». Le mot « histrio » signifie en latin classique « bouffon », et a pris, également, le sens de « fanfaron » et de « menteur ». En développant ce thème, je peux ajouter, sachant que cette personne n'est pas psychiatre, que l'ancienne surveillante de l'accusée aux urgences, d'après sa déclaration, la considère comme souffrant du syndrome de Münchhausen by proxy. Le Baron de Münchhausen était précisément un fanfaron et un menteur. »

L'évocation de l'examen mental est l'une des tentatives du parquet qui visent à prouver que les descriptions de la personnalité de Christina et de ses gardes étaient fondées, et allaient bien au-delà des rumeurs provinciales auxquelles Maître Lange voulait les réduire. L'analyse statistique en est une autre.

Michael Boolsen a présenté, avec son analyse, des chiffres confirmant les affirmations de nombreux infirmiers, selon lesquelles plus de patients mouraient quand Christina était de garde, en tout cas lors de sa dernière période de travail au M130, lorsque les collègues avaient l'impression d'une augmentation du nombre de décès. L'analyse a été rédigée par un professeur en statistique de l'Université de Copenhague, Steffen Lauritzen, qui a travaillé à l'Université d'Aalborg et à Oxford. La police lui a demandé de dresser des listes où les heures des décès sont croisées avec les gardes de Christina, et de voir si la relation entre les deux est significative. Ses conclusions sont sans appel. L'homme en costume trois-pièces gris foncé les a apportées, et les récite depuis la barre des témoins :

« Nous avons constaté une mortalité clairement accrue lorsque l'accusée était de garde dans le service de médecine générale M130 dans les années 2011 et 2012. »

« Nous pouvons avec une grande certitude écarter l'idée selon laquelle cette mortalité serait due au hasard, et les données qui sont à notre disposition ne permettent pas de l'attribuer à un autre phénomène.

Steffen Lauritzen a voulu s'assurer que ses conclusions n'étaient pas liées à d'éventuelles restructurations à l'hôpital, des variations saisonnières ou, par exemple, des épidémies de grippe, etc., et c'est pourquoi il compare le nombre de patients décédés avec les gardes effectuées par les collègues de Christina immédiatement avant et après les siennes. Les chiffres de 2011 montrent que lorsque Christina était de garde, la moyenne des décès en M130 était doublée. Cette tendance perdure au cours des neuf mois qu'elle a travaillés dans ce service en 2012.

« La probabilité pour que la corrélation soit due à un hasard est d'environ 1 pour cent », explique le professeur, qui souligne qu'il est statisticien et ne peut se prononcer sur les causes.

Cette analyse ne parle pas des patients victimes d'un arrêt cardiaque dans le service de Christina, mais qui sont par la suite transférés vers d'autres services, où ils sont sauvés ou déclarés décédés. Elle ne dit rien sur le nombre de patients dont l'état s'est aggravé pendant ses gardes, sans qu'ils en meurent.

M. Boolsen estime que l'analyse faite par le professeur de statistiques ajoute encore un maillon dans la chaîne des indices à la charge. Et ce malgré le fait qu'il n'ait pas pu constater une plus grande mortalité durant les gardes de Christina au cours de ses autres années de travail à l'hôpital, ni pendant son premier temps au M130, ni lorsqu'elle a pris son service aux urgences.

Maître Lange estime que ces statistiques ne prouvent rien. Peut-être aurait-on constaté la même tendance chez d'autres collègues, si la police avait commandé le même type d'analyse de leurs gardes. Peut-être pas, puisque dans le cas des horaires de garde de Christina, on cherchait un système. Il n'est pas non plus impressionné par l'examen mental. Qui n'a pas envie que ses mérites professionnels soient reconnus ? Cela concerne un grand nombre de gens, et ne fait pas d'eux pour autant des meurtriers. Mais s'il fallait malgré tout croire que le syndrome histrionique a poussé Christina à tuer pour qu'elle puisse elle-même se sentir en vie, pourquoi avoir choisi des personnes si fragiles, malades et âgées ? Pourquoi avoir intoxiqué des patients comme Anna Lise Poulsen et Viggo Holm Petersen dont il était écrit qu'il ne fallait pas les réanimer ? Au tribunal, les juges et les jurés ont tous écouté des récits mettant en scène des patients qui expirent tranquillement. Où est le drame ? La défense estime que cette tentative de la dernière heure, de la part de l'accusation, pour trouver un mobile n'est pas crédible.

Cependant, le procureur Boolsen souligne toute une série d'éléments qui ne tiennent pas debout dans les explications données par Christina. Les médicaments trouvés chez elle et à propos desquels il est plus que probable qu'elle mente, constituent un fait qui n'est pas si grave en soi. Mais elle n'est pas capable de fournir une explication probable concernant les aspects plus dramatiques de l'affaire. C'est par exemple le cas des deux seringues qu'elle a reconnu avoir tenu à la main, dans la chambre de Mme Rasmussen, même si elle nie que les pistons aient été poussés à fond. Que la première seringue soit celle de 2 ml remplie de Stesolid pour calmer les crampes dans les jambes du patient Henrik, hospitalisé dans une chambre plus loin dans le couloir, sonne improbable. Premièrement, elle n'était pas chargée de ce patient. Il relevait de la responsabilité de Pernille. De plus, le système de surveillance relié au patient aurait bipé s'il recommençait à avoir des crampes. Personne n'a remarqué quoi que ce soit de ce genre pendant la garde de nuit, même pas la troisième infirmière qui a pris son travail aux Urgences 3 à 23 heures et qui explique à la cour que le patient était totalement calme les nombreuses fois où elle est passée le voir. Lui-même nie que Christina lui ait donné des médicaments. Si, malgré ces circonstances, il est vrai qu'elle l'ait fait, elle ne l'a pas noté dans son dossier, alors qu'il s'agit d'un médicament puissant. Cela peut s'expliquer par le fait qu'elle ait été pressée, commence-t-elle à dire à la police. Après coup, elle a eu des doutes, en faisant valoir que l'urgence l'aurait amenée à donner ce médicament.

Son explication est douteuse, tout comme sa tentative de justification concernant la présence de la deuxième seringue chez Mme Rasmussen, celle qui, d'après elle, contenait des antibiotiques destinés à une femme âgée qui attendait dans une autre chambre.

Sa supérieure a informé la police que les infirmiers de l'hôpital de Nykøbing Falster n'utilisaient jamais de seringues de 20 millilitres pour injecter des antibiotiques, entre autres, parce que cette opération prendrait beaucoup de temps : l'injection, dans ce cas, doit se faire très lentement. Pour administrer des antibiotiques, on utilise à la place une poudre dissoute dans l'eau salée, dans une perfusion.

Christina explique qu'elle a été interrompue, à cause de la crise aiguë de Mme Rasmussen, lorsqu'elle devait piquer la patiente, et qu'en raison de l'urgence, elle a fini par vider la seringue dans une perfusion contenant de l'eau salée qu'elle a confiée à une collègue. Mais cette dernière contredit sa version.

Cette collègue, qui d'après Christina faisait partie de sa propre « clique », s'est rendue aux Urgences 3 pour aider à la routine matinale, quand l'alarme d'arrêt cardiaque a perturbé le déroulement de la garde. Que ce soit devant la police ou le juge, elle nie fermement avoir reçu une perfusion des mains de Christina. Ce matin-là, elle s'est, en revanche, vu confier une poche par Pernille ; elle la suspend par la suite dans la chambre 33, chez le patient à qui le médicament a été prescrit. L'explication de Pernille corrobore cette version. Selon elle, elle prépare l'antibiotique dans le local à pharmacie précisément parce que Christina l'a demandé.

Le fait qu'une seringue ait été utilisée lors de ce processus n'est pas non plus indiqué dans le dossier du patient. Ce dernier dit qu'une poche d'antibiotiques a été posée au-dessus du lit, et que la préparation a été faite selon les procédures standard du service. Cette opération a été effectuée, selon le dossier, à 6 h 17, donc trois quarts d'heure après que Christina a été observée chez Mme Rasmussen avec deux seringues dont elle n'a jamais réussi à expliquer la présence de manière satisfaisante.

Chapitre 25

Apeine 70 personnes ont témoigné dans le procès pénal contre Christina Aistrup Hansen lorsque les juges, le matin du 22 juin 2016, sortent de la salle d'audience, avec leur pile de documents haute d'un demi-mètre et que les jurés se retirent pour voter,

au bout de plus de trois mois de procédure. Il a fallu en tout 25 jours pour présenter aux juges et jurés les arguments, les indices et les preuves contre la femme à la queue de cheval, lourdement maquillée et portant un petit foulard et des boucles d'oreille. La plupart des témoins sont les collègues de Christina affectés à l'hôpital de Nykøbing Falster. 28 infirmiers, 10 médecins, 4 aides-soignantes et une secrétaire médicale sont passés par la barre des témoins. Plusieurs membres de la famille des défunts ont également fait leurs dépositions, en plus des experts médico-légaux, d'autres spécialistes et témoins dont la tâche a été

de vulgariser les aspects techniques de l'affaire.

Que les trois juges et six jurés aient pu trouver celle-ci trop détaillée, serait compréhensible. Avant qu'ils ne quittent la salle pour établir ou non la culpabilité de l'accusée, M. Boolsen essaie de résumer :

« La thématique des preuves est tout à fait simple », déclare-t-il, en égrenant les faits suivants, irréfutables : de grandes quantités de médicaments ont été trouvées dans le corps de M. Herskov, de M. Holm Petersen, de Mme Poulsen et de Mme Rasmussen. Ces médicaments étaient absents de leur organisme au moment de leur hospitalisation, et n'étaient pas prescrits, d'après leur dossier. La question qui se pose est donc celle-ci :

« Est-ce l'accusée qui a injecté ces quantités mortelles de médicaments à ces quatre personnes ? » demande le procureur en chef. M. Boolsen admet qu'il n'a pas réussi à présenter une seule pièce à conviction durant le procès. Mais « il en a, à vrai dire, franchement marre de l'affirmation, maintes fois répétée à l'intérieur ou à l'extérieur de la salle d'audience, selon laquelle le parquet n'aurait pas été capable de présenter des preuves. Cette idée est « particulièrement erronée ».

« Les preuves ont été exposées trois mois durant », dit-il, en soulignant leur quantité. Il ne s'agit pas d'une seule.

Trois seringues ont été trouvées avec un mélange de médicaments qui ne saurait être expliqué autrement que par de mauvaises intentions de la part d'un employé. Ces seringues sont les plus importantes des preuves techniques, en plus des avis médico-légaux indiquant les quantités de médicaments contenus dans le sang des victimes.

Cependant, aucune preuve technique ne peut associer Christina à une arme du crime, ni révéler sa présence dans une chambre de patient au moment fatal. Le procureur cite ici le témoignage de Pernille sur ce qui s'est passé dans la chambre de Mme Rasmussen, ainsi que ceux des autres collègues présentes lors de la garde en question ; elles expliquent où se trouvaient les infirmières au moment de la crise des patients. Mais était-ce suffisant ? Le procureur veut que la cour se fie à sa chaîne d'indices. Celle-ci est tellement renforcée par tous les témoins qui ont dit la même chose, qu'il est totalement improbable que le coupable soit quelqu'un d'autre que Christina. Avec un schéma aussi clair, il ne saurait être question de hasard, déclare-t-il.

La capacité de Christina à être présente quasiment chaque fois que les patients commencent soudain à se sentir mal mérite en particulier l'attention des juges et jurés. Elle a sciemment choisi des victimes âgées et faibles pour éviter tout soupçon lorsqu'elles meurent, au milieu d'un service surchargé, continue le procureur. Il estime que l'infirmière les a tuées avec préméditation. Elle a employé les capacités professionnelles que tant de collègues lui reconnaissaient pour intoxiquer des patients ; c'est précisément en raison de ses compétences qu'il faut d'emblée exclure l'idée selon laquelle elle ne serait pas totalement consciente de l'issue fatale qui attendait ces malades.

« L'accusée s'attribue le rôle principal dans une drôle de pièce de théâtre, où les patients sont ses figurants », déclare M. Boolsen.

« Même sa propre fille n'évite pas de se faire exploiter au milieu de ce cauchemar », phrase la plus blessante qu'ait entendue Christina au cours du procès.

« Quels propos de merde, Boolsen ! » s'exclame le compagnon de Christina lorsque le procureur a livré ses dernières remarques, depuis son grand pupitre, et va s'assoir à sa table, à côté de son assistant, du côté droit de la salle. L'avocat l'ignore.

Maître Lange émet les dernières observations. Il saisit l'opportunité pour rappeler l'affaire Plejebo, dans laquelle une aide-soignante affectée à une maison de soins a été accusée d'avoir contribué à provoquer le décès de 22 pensionnaires. C'est l'affaire de meurtre du siècle, disait-on en 1997, lorsque l'enquête a commencé. Mais aujourd'hui, on s'en souvient davantage comme un échec cuisant pour la police et le ministère public. Lors de l'enquête, la police déclare d'avance, de manière totalement surprenante, que l'accusée est coupable. Mais après un certain temps, le procureur doit admettre qu'il n'y a pas de preuves et l'affaire se dégonfle tellement qu'elle est obligée de renoncer à l'ensemble des points d'accusation. L'aide-soignante a touché des dommages et intérêts pour un montant de 700 000 couronnes (environ 94 000 euros). La presse s'est vu infliger le devoir d'autocritique et la question de savoir si les précautions requises avaient été prises dans la couverture médiatique de l'affaire a été soulevée. La police a subi un revers qui est toujours vivace malgré les 20 ans qui nous séparent du procès.

Maître Lange estime que l'affaire actuelle ressemble en grande partie à cette ancienne accusation.

La police a, selon lui, cherché des preuves avec un tel acharnement que l'enquête ne pouvait que continuer. Elle a dû coûter tant de ressources qu'il est devenu très difficile d'opérer une « retraite tactique » en admettant que l'inculpation était une erreur et que l'enquête aurait dû être annulée bien plus tôt.

« La police aurait perdu la face en déclarant, soudain, à l'accusée : « Nous vous remettons en liberté. Veuillez accepter nos excuses. » Ainsi l'avocat de la défense imagine-t-il la situation.

Au cours de son plaidoyer, il surprend en sortant un vieux livre noir à tranche dorée, après avoir dressé la liste des infirmiers, affiliés respectivement, aux « cliques » de Christina et de Pernille et souligné qu'en l'absence de pistolet fumant, l'affaire se fonde sur de vagues intuitions et des témoins clamant leurs soupçons après coup. Il pose le livre sur la pile des 146 feuilles qui constituent ses observations finales. Puis, il l'ouvre à l'endroit du marque-page, et commence le récit rédigé par un auteur qui, il y a longtemps, avait exprimé avec précision ce dont Christina a été victime.

Jørgen Lange lit.

« C'est une histoire épouvantable », dit une poule, et ce, dans la partie de la ville où cette histoire ne s'était pas passée. « Il y a eu une histoire épouvantable au poulailler ! Je n'oserai pas dormir toute seule cette nuit ! Heureusement que nous sommes nombreuses sur le perchoir ! » Et elle raconta, de telle sorte que les autres poules en eurent les plumes hérissées et que le coq en rabattit sa crête… »

Le public de la salle d'audience A à Nykøbing Falster reste écouter le contre de H. C. Andersen sur les rumeurs du poulailler.

Lorsque Maître Lange commence sa lecture avec un ton de voix solennel, M. Boolsen ne peut cacher un sourire ironique adressé à son assistant. Mais l'avocat de la défense est terriblement sérieux. Tout aussi sérieux que quand il exige que la cour prononce la relaxe pour les « absurdités » reprochées à sa cliente.

Et Jørgen Lange termine son conte :

« Et ce fut publié, et ce fut imprimé, et c'est certain :
la petite plume peut devenir cinq poules. »

Le 24 juin 2016, la salle d'audience A est pleine à craquer. L'ambiance est renfermée et étouffante à cause de la chaleur.

Toutes les places assises sont prises, même les chaises supplémentaires qui ont été ajoutées. Plus de 100 spectateurs, journalistes, collègues, habitants de Nykøbing Falster et proches des victimes ont pris place pour entendre la lecture du verdict, par le président de la cour, M. Henrik Linde, dans une affaire jusque-là unique au Danemark.

Ils ont dû faire la queue devant la salle. Une fois les portes ouvertes et le public assis, les bavardages vont bon train, mais vers 10 heures, le silence commence à s'installer progressivement. Il est total au moment où tout le monde fixe les portes du côté droit de la salle. Toutes les personnes présentes se lèvent lorsque les six jurés et les trois juges habillés de leurs capes noires entrent dans la salle, à 10 heures précises.

Le président de la cour, Henrik Linde, lit le verdict.

« L'accusée est reconnue coupable. »

Coupable du meurtre de M. Arne Herskov. Coupable du meurtre de M. Viggo Holm Petersen. Coupable du meurtre de Mme Anna Lise Poulsen.

Coupable de la tentative de meurtre sur Mme Maggi Margrethe Rasmussen. Coupable d'avoir volé des médicaments à l'hôpital.

Coupable d'avoir donné un somnifère puissant à sa fille. Coupable d'abus dans son poste d'infirmière. Coupable de détention de substances euphorisantes.

« Le verdict est rendu à l'unanimité. »

Le tribunal de Nykøbing Falster est persuadé que les événements intervenus à l'hôpital local sont le fait d'une personne qui voulait sciemment tuer ses patients.

Dans son verdict, la cour a particulièrement retenu les énormes quantités de médicaments détectées dans le corps des victimes et qui ne peuvent être expliquées par une quelconque tentative thérapeutique ou de traitement des douleurs. La découverte, par la police, de plusieurs seringues contenant de la morphine à haute dose allait dans le même sens. Il s'agit d'actes totalement conscients, menant à la mort d'Arne Herskov, de Viggo Holm Petersen et d'Anna Lise Poulsen, déclare la cour.

Le verdict couvre en tout 18 pages.

La cour fonde ses conclusions, entre autres, sur les nombreux points convergents entre les trois décès et la tentative de meurtre :

toutes les victimes sont âgées et fragiles. Elles ont toutes reçu, par injection directe dans les veines, une dose de morphine comprise entre 40 et 50 mg et environ 6,5 de Stesolid. Le procédé est chaque fois le même, et les quatre cas présentent tant de similitudes qu'on est forcé de penser que c'est la même personne qui a tenu la seringue.

Après avoir entendu les dépositions de la salle A, les juges et jurés sont convaincus que cette personne ne pouvait être que Christina.

Concernant M. Herskov, la cour souligne que son collègue Peter a vu l'infirmière sortir du local à pharmacie une seringue à la main, peu de temps avant l'alarme d'arrêt cardiaque. L'aide-soignante Louise se souvient « très clairement » que Christina était la seule soignante absente de la salle du personnel dans les moments qui ont précédé à cette alarme. Son cas est aggravé par son incapacité à expliquer ce qu'elle faisait dans la chambre de M. Herskov ce jour de 2012, où elle l'a trouvé sans vie dans sa chambre, avant de déclencher l'alarme.

Concernant la garde de nuit intervenue trois ans plus tard, la version de Christina a fini par être tellement remise en question qu'elle doit tout simplement être rejetée. La cour observe notamment que l'infirmière n'a jamais réussi à expliquer pourquoi elle s'est trouvée, avec deux seringues à la main, dans la chambre de Mme Rasmussen. La tentative de Christina pour convaincre les juges que les seringues contenaient du Stesolid et des antibiotiques destinés à deux autres patients

était « mensongère », déclare la cour, en soulignant qu'elle n'est confirmée ni par les dossiers des patients ni par le récit de ses collègues. De la même façon, Christina s'est enfermée dans une version peu probable de sa découverte, plus tôt lors de la garde de nuit, du malaise de Mme Poulsen. D'après la cour, l'infirmière manquait de crédibilité en affirmant qu'elle avait pu, par la porte entrebâillée, se rendre compte que la patiente était en arrêt respiratoire. De nombreux témoins ont convaincu les juges qu'un tel diagnostic nécessitait qu'on entre dans la chambre, et qu'une infirmière soupçonnant la mort d'un patient, ne serait jamais restée devant sa porte.

« L'accusée est venue dans la chambre de Mme Poulsen », lit-on dans le verdict, qui souligne également le fait que Pernille avait vu Christina sortir de cette pièce avant que celle-ci n'y retourne, avec une autre collègue. En général, les juges accordent beaucoup d'importance aux témoignages de Pernille. Au même titre qu'à la déposition de l'infirmière Mette, qui raconte que Christina, tout au début de la garde de nuit, est allée voir ses collègues aux Urgences 2. Apparemment sans la moindre raison, Christina aurait prédit trois décès :

« D'ici 23 heures, nous aurons trois morts. »

Au milieu de la chaleur étouffante du tribunal, Maître Lange essaie d'argumenter en faveur de circonstances atténuantes.

Il sait que cette tâche est quasiment impossible, dans la mesure où Christina a été reconnue coupable de trois meurtres et d'une tentative de meurtre, mais essaie de plaider pour une peine située aux alentours de 12 à 14 ans de réclusion, au lieu de la peine la plus sévère prévue par la loi, réclamée par le ministère public.

Quand le procureur Boolsen prononce le mot « perpétuité » pour la première fois, un frisson traverse la salle. Mais pour lui, c'est la seule peine envisageable. L'infirmière a exploité la confiance naturelle que la société place dans le système de santé et ses soignants. C'est une personne qui « tue de sang-froid », déclare le procureur, en renforçant une rhétorique passionnelle qui déclenche des mouvements de tête indignés chez les amis et les proches de Christina, assis dans les premiers rangs.

« L'accusée n'est pas un ange de la mort. Elle est un diable de la mort », poursuit M. Boolsen, fournissant ainsi un gros titre aux journalistes,

y compris ceux de la presse internationale, qui se sont jetés sur l'expression « devil of death ». Le procureur conclut en refusant de voir quelque circonstance atténuante que ce soit.

M. Lange essaie tout de même. Il tente de faire valoir que ce dont Christina a été reconnue coupable, a été fait « avec une certaine délicatesse ». Les trois victimes étaient âgées, et, pour certaines, atteintes de maladies incurables. Dans deux des trois cas, leurs proches ou elles-mêmes avaient exprimé le souhait d'en finir. Et Maître Lange d'évoquer la situation de M. Herskov :

« Il était fatigué de la vie, puisque son fils avait disparu prématurément. Je suis sûr que si on lui avait demandé s'il voulait quitter la vie, il aurait dit oui. »

Mais les efforts du défenseur sont sans résultat.

Un vendredi matin, le 24 juin 2016, l'infirmière est condamnée à la réclusion perpétuelle. La seule chose dont elle soit reconnue non coupable, est d'avoir tenté de se procurer un téléphone portable en prison et d'être à l'origine d'un article sur Facebook où une personne anonyme expose ce qu'elle considère comme des injustices faites à l'infirmière dans l'enquête policière, qui était encore confidentielle à l'époque de cet article.

Christina se voit retirer, jusqu'à nouvel ordre, le droit d'exercer comme infirmière. Elle doit également verser 442 775 couronnes (59 500 euros) à Tina, la compagne de M. Holm Petersen et 25 000 couronnes (3360 euros) à Mme Rasmussen. Et parce que l'État ne couvre les frais de justice qu'en cas de relaxe, Christina se voit également présenter une facture d'honoraires d'avocat de l'ordre 1,3 millions de couronnes (environ 175 000 euros). Cette note inclut les 34 visites que Maître Lange lui a rendues en prison et son indemnité kilométrique, portant sur un total de 12 500 km, répartis sur les 15 mois qui se sont écoulés depuis l'arrestation de l'infirmière. S'y ajoute la TVA.

Les journalistes rapportent que certains spectateurs éclatent en sanglots à la lecture du verdict.

Mais l'accusée ne trahit aucun sentiment.

Chapitre 26

Cristina essaie bientôt de réaliser un projet conçu depuis longtemps, mais qu'elle a sans cesse reporté, en se disant « attendons de voir comment ça finira. »

Son avocat fait immédiatement appel du jugement. Le procès sera repris, au Tribunal d'Østre Landsret. Mais Christina ne peut se projeter. Elle ne peut se projeter dans quoi que ce soit.

« Mes parents seront-ils encore là le jour où je sortirai de prison ? Et le reste de ma vie sera-t-il une lutte pour revenir à la vie ? Aurai-je encore, une fois, le sentiment de revivre ? Pourrai-je sortir sans que les gens me regardent en disant : « mon Dieu, c'est elle » ? Ce stigmate me quittera-t-il un jour ? Si je ne peux pas y échapper, je préfère ne pas sortir. L'illusion d'un avenir est tombée avec le verdict », se souvient-elle.

Les derniers temps, Christina a été incarcérée à la prison de Vestre Fængsel, qui comporte une unité médicale. Elle dit elle-même qu'elle a été transférée de Køge Arrest à cette unité pendant le procès, en raison de la crainte qu'avaient les employés de la prison, d'une tentative de suicide. D'après son souvenir, elle a fini par passer plusieurs semaines dans une cellule d'observation, durant les dernières semaines précédant le jugement. Dans la chambre, les meubles étaient fixés fermement au sol, et le personnel venait la voir au minimum toutes les demi-heures. Mais après la fin du procès, on conduit Christina dans une cellule normale, qu'elle doit habiter quelques jours avant d'être transférée à la prison où elle doit purger sa peine. Avant de fermer la porte de sa cellule, le gardien lui demande :

« Ça va ? » Mais Christina ne va pas bien. Elle a juste envie de crier fort. Très fort. Au lieu de cela, elle se couche en pleurant sans arrêt. Puis, elle pense : c'est maintenant.

Il y a une bonne hauteur de plafond, mais elle pousse le réfrigérateur contre le mur et monte dessus, afin d'atteindre la fenêtre en haut du mur, qui peut s'ouvrir et se fermer en tournant la poignée. Elle déchire son drap pour faire un nœud à une extrémité, la sort par la fenêtre. Puis elle referme celle-ci. Comme ça. Le drap est bien fixé, il pendouille le long du mur. Christina a réfléchi aux vêtements qu'elle veut avoir sur elle quand ils la trouveront. Elle a l'habitude de ne porter qu'un t-shirt long, mais aujourd'hui, elle se met sur son trente et un : elle a plusieurs fois imaginé cette scène où les surveillants ouvriront la porte en la trouvant pendue.

Elle se dit qu'elle ne doit pas réfléchir. Puis elle saute.

« C'était une décision froidement calculée. C'était dur pour mes proches. Mais j'avais été honnête en leur disant qu'un jour, on les appellerait pour dire que je ne serais plus là », dit Christina.

Ce jour-là, l'infirmière a tenté de se pendre dans sa cellule.

Une fois franchi le bord de son frigo, elle ne se souvient de rien, juste qu'elle se réveille sans ses vêtements sous l'œil d'une surveillante.

Christina se rappelle chacun des détails de cette journée. Cependant, elle ne souhaite pas donner accès à son dossier médical enregistré en prison, qui aurait pu confirmer si oui ou non sa tentative de suicide était motivée par le procès.

CHAPITRE 27

L'INFIRMIÈRE CARINA CAROC se sentait très impliquée. Elle était responsable des patients dont l'état s'était tant dégradé, deux semaines avant la garde de nuit fatale, que Pernille était persuadée que quelque chose de terrible était en cours. Elle travaillait elle-même un peu plus loin dans le couloir, aux Urgences 2, lorsque Viggo Holm-Petersen, Anna Lise Poulsen et Maggi Rasmussen ont été intoxiqués. Et auparavant, elle avait elle-même effectué un grand nombre de gardes avec Christina, observant le même mécanisme.

Carina est clairement affectée quand elle essaie d'expliquer pourquoi elle a gardé si longtemps pour elle-même ses soupçons concernant Christina. L'infirmière, aujourd'hui âgée de 33 ans, travaille à présent dans un autre hôpital. Elle a essayé pendant plusieurs années de laisser derrière elle l'affaire de Nykøbing Falster. Mais elle l'a suivie. Elle continue à la hanter. Carina a du mal à accepter de ne pas avoir réagi plus tôt alors qu'il s'est avéré que son hypothèse concernant Christina était correcte.

« Je me suis posé la question mille fois, après coup : pourquoi diable n'ai-je rien fait ? Mais… » Carina fait une pause pour se ressaisir. Puis elle se met à pleurer.

« Je ne savais pas quoi faire. On n'accuse pas quelqu'un de tuer d'autres gens. Ça ne se fait pas. Surtout quand on pense qu'on est toute seule avec une telle idée … Je n'avais rien de concret. J'avais peur que ce soit moi seulement qui avais construit une histoire folle dans ma tête. Alors, pourquoi n'ai-je rien fait ? Parce que … Je … je ne pense pas que cette question puisse un jour arrêter de ma tarauder, pour être honnête. »

Carina a expliqué à la police qu'elle avait décidé de parler de l'infirmière à la direction avant que la police n'arrive sur site. Cette décision est intervenue après une discussion avec sa collègue

Mette, au bureau, le matin où Mme Rasmussen en soins intensifs. Mette s'est étonnée que Christina, juste avant le déclenchement de l'alarme d'arrêt cardiaque, lui ait demandé d'aller chercher le défibrillateur. Comme si elle s'attendait à quelque chose. Quelques heures plus tôt, Christina s'était rendue dans la salle du personnel des Urgences 2 pour réclamer des médicaments. Carina était assise dans cette pièce, lorsque Christina, légèrement stressée, lui avait demandé d'aller chercher des médicaments – du Cordarone et de l'Adénosine – dont elle et ses collègues avaient besoin pour les Urgences 3. Carina avait pris deux ampoules dans le local à pharmacie, s'était rendue dans le service voisin et les avait posés sur le bureau de Christina.

Ce n'est que plus tard qu'elle a compris qu'aucun médecin n'avait prescrit ces médicaments puissants à Mme Rasmussen, contrairement aux affirmations de Christina. Mais le dimanche matin, lorsque Carina parle avec Mette, dans le bureau, après cette garde chaotique, elles trouvent tout cela très étrange. Elles évoquent le nombre frappant d'arrêts cardiaques aux Urgences 3 au cours de la soirée et de la nuit. Christina, chaque fois, était sur place. Ce matin, Carine et Mette se disent ouvertement, pour la première fois, qu'elles soupçonnent leur collègue de tuer les patients. Une fois que l'une d'elles l'a dit, l'autre répond aussitôt : « Tiens, c'est que je pense, moi aussi. » Selon leur déposition à la police, elles décident, ce dimanche, de donner l'alerte concernant Christina. Elles veulent s'adresser à la direction une fois que la nuit a porté conseil, et après avoir consulté leurs pères, qui sont cadres supérieurs et savent comment procéder. Les infirmières n'en ont pas le temps. En se levant, Carina découvre les réactions déclenchées par Pernille. La police est à l'hôpital, et Carina est convoquée pour interrogatoire comme l'un des premiers témoins.

Elle se reproche aujourd'hui qu'il ait fallu attendre qu'une collègue fasse une dénonciation à la police pour qu'elle confie ce qu'elle a vécu auprès de Christina. À ce moment-là, Carina s'étonne des arrêts cardiaques intervenus dans son service, depuis des semaines, voire des mois. Le calcul des cas aggrave son sentiment de culpabilité : elle se souvient de 11 ou 12 décès lors des gardes qu'elle a partagées avec Christina au cours des sept mois où elles ont travaillé ensemble aux urgences.

« De la même manière, j'ai assisté peut-être à quatre ou cinq arrêts cardiaques au cours des deux ans et demi suivants où j'étais à l'hôpital. Je souffre… Si seulement j'avais pu contribuer à arrêter ne serait-ce qu'une partie de tout cela », s'exclame Carine, de nouveau prise par l'émotion.

« Alors, pourquoi n'ai-je rien fait ? » répète-t-elle, mais sans pouvoir répondre.

Rien ne vient qui pourrait ressembler à une réponse.

« C'est ça qui me tourmente le plus. »

Carine n'est pas la seule des employés de l'hôpital de Nykøbing Falster à être marquée par l'affaire. Plusieurs d'entre eux avouent qu'ils ne peuvent toujours pas se réconcilier avec ce qui est passé sous leurs yeux. La couverture médiatique de l'affaire n'a fait qu'aggraver le problème, qui, pour certains, s'apparente à un traumatisme, comme le dit une infirmière : il y a des gens qui sont malgré eux impliqués dans une enquête à grande échelle et une affaire de meurtre aux retentissements nationaux, alors que tout ce qu'ils ont fait, c'était d'aller au travail.

Certains soignants ont été contactés sur Facebook ou appelés par des journalistes après l'arrestation de Christina. Et dès que de nouveaux éléments se sont présentés, la presse s'est rendue sur le parking de l'hôpital pour arracher des commentaires aux infirmiers qui prenaient leur service, et qui cherchaient à éviter leur regard en marchant vers l'entrée principale.

Dès le début, la direction de l'hôpital a essayé de protéger les employés autant que possible. Le jour où Christina a été incarcérée, la direction envoie un message à tous les employés de l'hôpital, indiquant que c'est le directeur, M. Arne Cyron, qui doit se prononcer sur l'affaire et que « la presse n'a pas accès à l'hôpital ». Par la suite, le directeur adresse en interne une déclaration de soutien aux soignants, constatant qu'ils sont sur le point d'être « injustement exposés ».

« Il est désagréable d'être confronté à diverses hypothèses et insinuations par voie de presse, et chaque employé est affecté par la remise en question de la qualité et de la sécurité des services de l'hôpital. Nous savons parfaitement bien que vous êtes très consciencieux dans l'exécution de votre travail quotidien et que vous vous sentez atteints dans votre honneur, votre fierté et l'image que vous avez de vous-mêmes.

« J'ai heureusement pu voir un grand nombre de journalistes intelligents et compréhensifs, mais il est regrettable que de nombreux employés aient été contactés par des personnes bien moins sérieuses, qui sont à la recherche d'informations spécifiques. Ici également, les employés, cadres et délégués syndicaux ont fait preuve de compétence en refusant de donner suite. Mais c'est épuisant, pour tout le monde. Nous devons, bien entendu, comprendre que les médias ont pour mission d'éclairer une affaire de ce genre. Cependant, j'aurais aimé que les journalistes suivent un code de conduite éthique qui tienne compte de la situation de la mise en cause et des employés. »

Pour beaucoup d'infirmiers, les interrogatoires sont une expérience choquante. Les officiers de police se sont installés à l'hôpital pour ne pas brusquer les infirmiers, mais la plupart d'entre eux choisissent d'être interrogés en dehors du cadre hospitalier ; ils préfèrent se rendre au commissariat, ce qui est plus discret et permet d'éviter les regards curieux. Mais au tribunal, on ne peut pas se cacher. Ainsi voit-on parfois un infirmier visiblement mal à l'aise s'installer à la barre des témoins, face aux journalistes, assis au premier rang, qui rapportent leur récit à la communauté locale et au reste du pays.

Une fois le verdict tombé, beaucoup poussent un soupir de soulagement. C'est enfin terminé.

Cependant, la plupart d'entre eux devront bientôt recommencer. Les témoins ont reçu une nouvelle convocation au tribunal. Cette fois-ci à Østre Landsret, qui sera le théâtre du procès en appel, le 31 janvier 2017.

Chapitre 28

Afin d'obtenir un autre regard sur l'affaire, les parents de Christina engagent un avocat habitué aux médias, M. Michael Juul Eriksen.

Dans un portrait, le journal B.T. l'a appelé « le meilleur ami du criminel », en ajoutant une petite remarque de la part du journaliste :

« Si un jour j'ai l'intention de tuer mon rédacteur en chef, je sais qui je choisirai Michael Juul Eriksen comme défenseur ! Il obtiendra probablement la relaxe… »

L'avocat fait lui-même référence à cet article sur la page d'accueil, qui réunit toute la série d'affaires célèbres qu'il a réussies, et qui ont fait de lui l'un des avocats les plus connus du pays : les affaires Suldrup, Omar El-Hussein, Gimi Levakovic, Camilla Broe, Jønke et Brian Sandberg. Michael Juul Eriksen a fait libérer des rockeurs, membres de gangs criminels, des accusés de terrorisme et de meurtres, ainsi que de nombreuses célébrités. Il a une capacité particulière à s'attirer les cas les plus spectaculaires ; les médias le qualifient souvent « d'avocat de choc ». La famille Hansen estime qu'il est le choix évident dans une nouvelle tentative pour sortir Christina de sa prison.

Lorsque l'infirmière prend de nouveau place dans un tribunal, désormais avec un nouveau défenseur et son assistant, le changement de scène est complet. Une nouvelle salle. Trois nouveaux juges. Neuf nouveaux jurés. Une nouvelle procureure, Mme Karen Vistisen, qui représente le ministère public et qui a la parole, même si Michael Boolsen est présent, à ses côtés, pour lui prêter assistance. Une nouvelle chance pour l'infirmière, qui, avec sa peine à perpétuité, n'a plus rien à perdre.

Au fur et à mesure du déroulement des audiences dans le vieux tribunal de la Slotsgade, il devient pourtant de plus en plus manifeste que l'affaire ne connaîtra pas de rebondissements spectaculaires. Même si Michael Juul Eriksen essaie d'autres stratégies, le procès en appel du tribunal d'Østre Landsret à Nykøbing Falster est en grande partie une répétition de tout ce qui a été dit et présenté au Tribunal de Première Instance, éloigné de 350 mètres.

Jusqu'à l'arrivée de l'avis.

Un avis qui intervient l'un des derniers jours, à un moment où ne restent plus à entendre que les deux plaidoyers. Avant que les deux avocats puissent formuler leurs dernières remarques, tout le monde attend la déclaration provenant du Conseil médico-légal, le plus haut organe médical du pays, qui se prononce sur des affaires judiciaires entachées de doutes scientifiques.

C'est le ministère public qui a sollicité l'avis du Conseil, en réaction aux dépositions de certains experts qui, à la demande de la défense, ont remis en question les calculs effectués par l'Institut médico-légal selon lesquels les doses administrées aux victimes étaient léthales.

Le professeur Kristian Linnet, directeur du département chimique de l'Institut médico-légal de Copenhague a signé de sa main les conclusions des examens effectués. Au Tribunal de Première Instance, il avait écarté tout doute sur les conclusions, y compris celles des cas Herskov et Rasmussen, pour lesquels il avait fallu calculer à rebours pour déterminer le volume des doses initiales de médicaments injectées. C'est en raison de ces calculs que le volume a été évalué identique à ceux détectés dans le corps de M. Holm Petersen et de Mme Poulsen. Toutes les doses sont léthales, répète Kristian Linnet au tribunal d'instance.

Mais l'expert Kim Dalhoff est d'un autre avis. Lors du procès au Tribunal de Première Instance, le professeur de toxicologique clinique avait critiqué les calculs à rebours après avoir étudié les dossiers des patients au domicile de l'avocat. Au tribunal d'Instance, il répète que ces calculs, selon ses estimations, étaient entachés de trop d'incertitude. Les maladies lourdes dont souffraient les patients ont pu influencer sur la manière dont les substances se sont transformées dans leur corps, explique-t-il. Il n'adhère pas à la thèse selon laquelle les médicaments constitueraient l'unique cause du décès. Il estime qu'on ne peut écarter le fait que les maladies qu'il a vu décrites dans les dossiers des patients ont fini par avoir raison de leur corps déjà très faible.

Pour les profanes, il est extrêmement difficile sinon impossible de savoir qui des deux experts a raison. Le Tribunal de Première Instance avait fondé son jugement sur les conclusions de M. Kristian Linnet et de son institut. Le nouveau défenseur de Christina présente aux juges du tribunal d'Instance, en plus de M. Dalhoff, un nouveau témoin qui va à l'encontre des conclusions de l'institut de Copenhague. La défense a convoqué le psychiatre et l'expert en addictologie Henrik Rindom qui, à la barre des témoins, déclare qu'il est très hasardeux de conclure à la quantité de morphine nécessaire pour tuer quelqu'un.

Étant donné les avis divergents donnés par les différents experts, le parquet a fini par demander au Conseil médico-légal de reprendre l'initiative, afin de dissiper le doute. Même si l'accusation continue à considérer M. Kristian Linnet comme « l'un des premiers chimistes judiciaires du Danemark », selon l'expression de Mme Karen Vistisen.

L'avis, long de 11 pages, a été inclus par le Conseil médico-légal tout à la fin des milliers de pages qui constitue le dossier de l'affaire.

Mais il bouleverse totalement les paramètres de l'affaire.

Concernant les calculs à rebours, le Conseil n'a voulu fixer que des valeurs minimum, c'est-à-dire la quantité minimale de morphine injectée, avec 95 pour cent de certitude, à M. Herskov et Mme Rasmussen, même s'il n'est pas exclu qu'ils en aient reçu davantage. Tenant compte du fait que les organismes humains transforment les substances différemment dans le sang, Kristian Linnet et ses chimistes judiciaires ont calculé une dose d'origine à partir d'une moyenne, avec une marge d'incertitude de +/- 50 pour cent. Le Conseil se place sur le plus bas de l'échelle : dans le cas de M. Herskov, la dose aurait pu être basse : 10,6 mg, soit la valeur minimum. Mme Rasmussen aurait pu ne recevoir que 8,3 mg de morphine sans prescription, déclare le Conseil. On est très loin des doses de 50 et 45 mg calculées par l'Institut médico-légal. Les nouveaux calculs correspondent bien plus aux doses normalement utilisées par les infirmiers dans le traitement, même s'il faut également tenir compte du fait que les patients avaient reçu, en plus, du Stesolid, qui n'avait pas été prescrit non plus. Le Conseil n'a pas voulu conclure formellement à une intoxication. Il ne veut pas non plus confirmer la létalité des doses de morphine détectées dans le sang de M. Holm Petersen et de Mme Poulsen au moment de l'autopsie, respectivement de 40 et 45 mg. Selon toute probabilité, ces doses de médicaments, dont la présence était inexplicable, ont contribué à l'arrêt cardiaque des patients, concèdent les experts du Conseil. Mais ils se refusent à affirmer qu'elles aient fini par les tuer. La cause des décès ne peut donc pas être établie avec certitude, disent-ils dans leur avis.

Mme Vistisen a du mal à trouver une expression appropriée en lisant la réponse du Conseil à haute voix. Elle se trouve soudain au milieu d'une affaire que le ministère public a mis des mois et des mois à instruire, et qui commence à présent, à la dernière minute, à s'ébranler. Elle essaie d'en appeler au bon sens des jurés en leur rappelant que le Conseil fait preuve d'une « extrême prudence ». Il s'avère soudain qu'il reste à poser une question ouverte : peut-on juger une personne pour trois meurtres perpétrés avec une seringue tout en étant dans l'impossibilité d'exclure que les victimes soient mortes pour d'autres raisons ?

La réponse est donnée le 17 mai 2017, après le vote des jurés et des juges.

Non, c'est impossible.

Lorsque l'avis du Conseil s'affiche sur l'écran d'ordinateur de Michael Juul Eriksen, celui-ci est à la maison, occupée à rédiger son plaidoyer. Il a déjà écrit la moitié du texte, mais il doit tout reprendre une fois qu'il a lu les conclusions de ces experts impartiaux. Il le fait avec plaisir. Il se souvient, aujourd'hui :

« Cet avis a déclenché chez moi un grand enthousiasme. Il a changé l'affaire de fond en comble. »

Aujourd'hui encore, il trouve « totalement absurde » le fait que le ministère public n'ait pas auparavant recherché l'avis du Conseil médico-légal. Les avocats de la défense ont toute liberté de lui poser des questions, mais M. Eriksen a sciemment choisi de passer outre. Sa propre expérience avec le Conseil est surtout basée sur toutes les fois où ses experts se sont prononcés sur la possibilité, pour ses clients, de purger des peines de prison. Dans ces cas-là, le Conseil avait pour habitude d'être « très dur » et la défense « avait toutes les peines du monde à obtenir, de sa part, quelque chose de constructif », pense M. Eriksen.

Mais pourquoi, dans la présente affaire, le ministère public a-t-il attendu les deux ans d'enquête avant de recueillir l'avis du Conseil ? Pourquoi ne pas l'avoir fait dès le procès au Tribunal de Première Instance ?

Michael Boolsen s'est vu poser la question « de très nombreuses fois ». Il a l'habitude de répondre, premièrement, qu'il n'était pas légalement obligé de faire appel au Conseil médico-légal. Deuxièmement, qu'il n'avait pas la moindre raison de mettre en doute le récit de Kristian Linnet. Il ne le fait toujours pas.

Quant à Maître Lange, pourquoi n'a-t-il pas sollicité un avis ? Sa réponse est étonnement honnête. L'avocat de la défense a préféré laisser le doute bénéficier à Christina, explique-t-il.

« Nous l'avons envisagé, mais j'ai dit à l'époque à Christina qu'on risquait de se tirer la plus grosse balle possible dans le pied si on demandait au Conseil médico-légal qui des deux messieurs, Kristian Linnet ou Kim Dalhoff, a raison. S'ils finissaient par dire que c'était Linnet, la cause serait totalement perdue. Avec une chance à 50/50, on aurait été plus dans l'idée que le doute profite à l'accusée. Alors, on s'est dit : faisons comme ça. Pour ainsi dire, je n'ai pas osé faire autrement. Parce que ça aurait pu aller dans un sens comme dans l'autre. »

Cet avis définitif va évidemment dans le sens de Christina, pense Maître Eriksen, qui, dans son plaidoyer au tribunal d'instance déclare que le Conseil médico-légal a « totalement anéanti » l'argumentation de l'accusation.

« Avec ce nouvel avis, on ne peut plus supposer qu'un crime ait été commis », déclare la défense.

Mais la cour n'est pas d'accord. Après 18 jours au tribunal d'instance, le procureur avait persuadé les juges et jurés que

M. Herskov, M. Holm Petersen, Mme Poulsen et Mme Rasmussen n'auraient pas dû avoir les médicaments qu'on a trouvés dans leur sang.

Le tribunal d'Østre Landsret ne doute pas non plus que ce soit Christina qui en soit responsable. Et les juges sont certains que l'infirmière était totalement au fait du risque de mort que les médicaments faisaient courir aux patients.

Sur ces points, le tribunal d'instance a adhéré aux décisions de la juridiction inférieure. Il confirme également la culpabilité de l'infirmière du vol de médicaments à l'hôpital et considère, lui aussi, qu'elle a donné des somnifères puissants à sa fille.

Mais il ne veut pas rendre un verdict pour meurtre. Seulement pour tentative de meurtre. De prime abord, cette décision semble étrange, puisque trois des quatre victimes étaient décédées après avoir reçu les médicaments. Mais le tribunal d'instance ne veut pas aller jusqu'à déclarer que les médicaments aient causé la mort de M. Herskov, M. Holm Petersen et Mme Poulsen. D'après le verdict, cela n'a pas été suffisamment prouvé. Pour la même raison, la famille de M. Holm Petersen se voit également annuler les dommages et intérêts que le Tribunal de Première Instance avait infligés à l'infirmière. Mme Vistisen essaie encore de défendre la perpétuité, ou, alternativement, 16 ans de prison. La défense active son plan B, et propose de 10 à 12 ans d'incarcération, au lieu de la relaxe, qui n'est plus d'actualité.

Le 18 mai 2017, l'infirmière voit sa peine de réclusion perpétuelle commuée en 12 ans de prison, pour quatre tentatives de meurtre. Il ressort de l'argumentation du tribunal d'instance que les 11 pages de l'avis d'expert rendu au dernier moment ont été déterminantes. Mais les jurés et les juges étaient unanimes concernant sa culpabilité.

Christina n'est pas présente le dernier jour, au tribunal. Il n'est pas obligatoire que l'accusée soit présente à sa place, à côté de son avocat de la défense, lors de la lecture du verdict. Elle a donc décidé de priver les curieux du spectacle de ses réactions.

Mais si les spectateurs l'avaient observée la veille, au moment d'établir la question de la culpabilité, ils auraient peut-être pu voir, dans ses yeux, pendant une fraction de seconde, une lueur d'espoir. Au moment décisif, lorsque le Président de la cour Karsten Bo Knudsen lit le verdict, le début est si prometteur bien que Christina ose à peine y croire :

« Le verdict prononcé par le Tribunal de Première Instance sur la question de la culpabilité est changé… ». Mais lorsqu'il déclare que le tribunal continue à considérer Christina comme coupable, mais de quatre tentatives de meurtre, elle sait très bien qu'elle retournera en prison après le verdict final. La question qui se pose, c'est pour combien d'années. Christina obtient la réponse dans le bureau du directeur de département carcéral.

Le matin du verdict elle a eu l'autorisation totalement exceptionnelle de regarder sur son ordinateur pendant que le directeur manipule la souris et se connecte aux pages d'accueil de différents médias. Elle lit à l'écran, avec un décalage de quelques secondes seulement, ce que les quelque 40 spectateurs du tribunal d'Instance viennent d'apprendre : « 12 ans de prison pour l'infirmière de Nykøbing Falster », est-il écrit. En sortant de la salle d'audience, Michael Juul Eriksen appelle immédiatement Christina dans sa prison. Peu de temps après, il raconte aux journalistes postés sur le pavé devant le tribunal, comment l'infirmière a réagi :

« Elle est soulagée », dit-il.

Cette réaction est motivée par le calcul suivant, effectué par la défense :

« Elle sera libérée sous condition, une fois qu'elle aura purgé deux tiers de sa peine, c'est-à-dire huit ans, moins les deux ans et trois mois qu'elle a déjà purgés ; elle sera donc remise en liberté dans cinq ans. Et elle pourra purger la dernière période dans des conditions relativement clémentes. »

« Elle est très soulagée de récupérer sa vie, pour ainsi dire » souligne l'avocat.

Si le verdict n'avait pas été révisé, Christina aurait fait partie du petit groupe de vingt personnes qui, au Danemark, purgent une peine à perpétuité, sans savoir quand elle s'achèvera.

Christina aurait pu solliciter une première libération conditionnelle au bout de 12 ans. Elle aurait pu étudier les statistiques qui indiquent que les personnes condamnées à perpétuité finissent par purges en moyenne 16 à 17 ans, avant de retrouver la liberté. Dans son cas précis, elle n'aurait pas pu savoir combien de temps elle aurait dû rester incarcérée. À présent, le fait d'avoir désormais une date probable de sortie et de voir sa peine réduite de nombreuses années, a totalement inversé sa situation, explique M. Eriksen à sa cliente, qui se sent convaincue.

Il lui dit aussi qu'il est prêt à tenter de soumettre son cas à la Cour suprême. La plus haute juridiction du pays ne se prononce pas sur les questions de culpabilité.

– On ne pourrait donc rien changer au fait que Christina ait été reconnue coupable.

– Mais la Cour suprême pourrait modifier sa peine, à condition que le Conseil d'autorisation des recours accepte que l'affaire, en raison de ses aspects généraux, puisse être soumise à un nouveau traitement judiciaire.

« Mais Michael m'a dit, également : « Vous avez été condamnée à la perpétuité. Maintenant, vous avez 12 ans. Je ne pense pas que vous preniez à nouveau la perpétuité, mais il y a un risque que la peine soit prolongée à 14 ans. Êtes-vous prête à jouer le jeu ? » raconte Christina.

L'infirmière et l'avocat finissent par décider qu'ils n'iront pas devant la Cour suprême.

« Aujourd'hui, je regrette de ne pas avoir soumis mon cas à la Cour suprême. Si quelqu'un me demandait aujourd'hui si j'étais prêt à le faire, j'aurais dit oui. On doit faire le bilan avec soi-même : Puis-je vraiment accepter cette situation ? Ici, en prison, de nombreuses personnes disent qu'on arrive, un jour, à un point où l'on se réconcilie avec son jugement. Mais je n'y suis pas encore. Je ne pense pas avoir envie de lâcher ma colère et ma frustration, et je ne sais pas ce qu'il faut pour que j'y arrive. J'ai peur de ne jamais parvenir à ce point. »

Chapitre 29

Dans une maison avec vue, à Rungsted, un petit marque-page est toujours inséré dans un vieux livre placé sur une étagère qui fait face à la fenêtre panoramique, d'où l'on découvre une prairie naturelle et les pelouses rases du golf.

Jørgen Lange prend le livre et trouve la page, grâce à la carte de visite en carton qu'il y a glissée au moment de se rendre au Tribunal de Première Instance de Nykøbing Falster pour plaider. Le marque-page est toujours à sa place, là où commence le conte sur les rumeurs du poulailler.

Aujourd'hui encore, il estime qu'il y en avait trop dans l'affaire de l'infirmière, trop de ragots. Et il se souvient de l'affaire comme d'un exemple d'enquête où la police s'est rendue coupable de prêter l'oreille aux rumeurs au lieu d'agir avec objectivité. La police a dès le départ opté pour la culpabilité de Christina, ce qui a donné une enquête « biaisée », excluant d'office d'autres coupables éventuels.

« Là, je trouve qu'on a commis une erreur fondamentale. Une bonne portion de scepticisme aurait été souhaitable, mais elle n'a pas eu cours du tout dans cette affaire », souligne Maître Lange, qui a présidé la Commission technique des pénalistes danois.

Lorsque l'avocat se voit objecter la présence de médicaments non prescrits dans le sang des patients, il ne la nie pas. Mais pense-t-il qu'une autre personne que Christina puisse avoir été à l'origine de ce fait établi ? Jørgen Lange regarde au loin quand on lui pose la question. Tout comme lorsqu'on lui demande s'il pense que Christina est innocente. Il explique ensuite qu'il ne demande jamais à ses clients s'ils ont vraiment commis les faits dont ils sont accusés. Il ne l'a jamais demandé à l'infirmière non plus.

« Laissez-moi exprimer la chose autrement : je ne trouve pas qu'il ait été prouvé qu'elle l'ait fait », dit-t-il.

« Cette affaire appartient à la catégorie des verdicts douteux », ajoute-t-il.

Maître Lange réfute l'idée selon laquelle cette affirmation viendrait systématiquement lorsqu'il a perdu un procès.

« Si l'on perd un procès ou si le verdict n'est pas à l'avantage du client, on peut plus facilement l'accepter si l'on se dit : « Les preuves y étaient, en tout cas, c'est donc juste ». Mais je considère, même aujourd'hui, qu'il n'y avait pas de preuves réelles dans cette affaire », explique-t-il, ajoutant rapidement : « Ceci dit, je suis comme tout autre citoyen de ce pays obligé d'accepter les décisions judiciaires. »

L'inspecteur de police adjoint Søren Ravn-Nielsen a l'air un peu désabusé quand on lui cite des critiques telles que celles formulées par Maître Lange.

« Il faut se souvenir que deux instances judiciaires ont examiné les preuves qui leur ont été présentées et ont rendu un jugement sur cette base. Toutes les quatre semaines, pendant la détention provisoire et durant toute l'enquête, ces deux instances ont déterminé si la poursuite de l'incarcération était justifiée. Les propos tenus par Maître Lange n'engagent que lui », commente-t-il.

« Nous nous sommes demandé si d'autres personnes avaient commis ces actes ou si quelqu'un avait eu d'autres raisons pour incriminer Christina.

Ces possibilités n'ont pas été évacuées de nos têtes », explique M. Ravn-Nielsen.

Il ajoute que la police, lors de cette enquête si longue, n'est jamais tombée sur des informations pointant vers d'autres coupables que Christina.

M. Boolsen le confirme.

« Aucun élément dans les dépositions des témoins n'a jamais suggéré que nous aurions dû aller dans une autre direction », souligne-t-il.

Il est manifeste que le procureur en a assez d'entendre évoquer ce genre de théories aussi longtemps après les verdicts des deux tribunaux, celui de Nykøbing Falster et d'Østre Landsret, stipulant qu'aucun doute ne saurait être fondé. Cependant, beaucoup de gens croient toujours que l'infirmière était innocente.

Cette attitude surgit régulièrement sur les réseaux sociaux lorsqu'un journal ou une chaîne publie un nouvel article concernant l'affaire. Certains affirment bruyamment que l'argumentation de l'accusation était mince, tout comme le verdict du Tribunal de Première Instance. Suite à une émission de la chaîne TV Øst, les déclarations de soutien à l'infirmière ont afflué dans le fil des commentaires. La grande majorité des 200 réactions est venue de personnes convaincues que l'infirmière aurait dû être relaxée.

Des infirmiers de l'hôpital de Nykøbing Falster déclarent qu'ils se heurtent même aujourd'hui à l'idée de l'absence des preuves. Cette idée a la vie dure. Tout comme les questions posées sans cesse par les soutiens de Christina.

Par exemple, pourquoi l'infirmier Peter a-t-il attendu trois ans pour parler de la seringue que Christina tenait dans sa main en sortant du local à pharmacie, juste avant l'arrêt cardiaque de M. Herskov ? Pourquoi n'en a-t-il pas parlé au moment de son interrogatoire à l'époque ?

Comment Christina a-t-elle eu le temps de donner des médicaments à Mme Poulsen ? Sa fille et sa petite-fille sont venues à l'hôpital peu de temps après la prise de garde de Christina et elles sont restées près de la patiente environ une heure, jusqu'à ce qu'elle expire. Elles ont quitté la chambre uniquement pour se servir deux tasses de café au pichet à pompe posé sur la table située plus loin dans le couloir. La reconstruction effectuée plus tard par la police montre que leur absence est estimée à seulement 1 minute et 55 secondes. Imagine-t-on Christina se tenant prête à donner le dernier médicament dans un espace de temps aussi réduit ? Ce scénario n'est-il pas tout aussi irréaliste que l'idée selon laquelle elle aurait injecté le médicament, dont l'effet est très rapide, avant 19 h 20, l'heure d'arrivée de la famille ?

Si l'infirmière n'avait pas le souci de ses patients, pourquoi a-t-elle autant insisté pour que Mme Rasmussen soit transférée le plus rapidement possible dans le service de cardiologie ? Comment expliquer, dans ce cas, qu'elle ait œuvré à l'intoxiquer ?

Et pourquoi s'intéressait-elle à des patients qui ne devaient pas faire l'objet d'une réanimation, selon la décision médicale, si elle cherchait sa satisfaction, précisément, dans ce type d'opérations ?

Maître Lange, parmi d'autres, se pose ce genre de questions. Ce sont à peu près elles auxquelles ont également recours les parents de l'infirmière lorsqu'ils tentent de convaincre d'autres personnes du manque de cohérence qui caractérise le procès contre leur fille. Ils ont maintenant archivé la documentation relative à l'affaire dans une caisse en plastique sur roues, rangée sous le lit, dans la chambre à coucher. Ce bac contient des articles de journaux présentant les accusations contre Christina, soigneusement conservés dans des chemises en plastique. Le couple a beau cacher ces documents, l'affaire le poursuivra toujours. Gitte et Henrik Hansen, déjà durement éprouvés par le décès de la petite sœur de Christina, morte d'un cancer, ne peuvent se réconcilier avec le fait d'avoir vu, à peine un an et demi plus tard, leur deuxième fille partir en prison pour une durée indéterminée. Ils ont choisi de croire en l'innocence de Christina, dont ils sont totalement convaincus, déclarent-ils.

« Nous sommes toujours persuadés que la police n'a pas pu présenter l'ombre d'une preuve de la culpabilité de Christina », déclare Mme Hansen.

Quand on lui demande, ainsi qu'à son mari, s'ils ont eu des doutes à un moment quelconque, ils répondent immédiatement : non. Jamais. Et c'est pourquoi il est difficile de vivre avec ce résultat. Si une pièce à conviction avait pu être présentée, établissant de manière irréfutable que Christina était à l'origine des surdoses administrées à l'hôpital, les parents se seraient dit qu'il fallait l'accepter, et que leur fille devait être punie. Mais cette preuve n'est jamais venue. Le couple le dit avec le sentiment de certitude qui provient de leur présence, jour après jour, sans exception aux deux tribunaux.

« C'est pourquoi le choc face au déroulement de ce procès a été aussi grand pour nous. Nous n'avions jamais eu affaire au système judiciaire. Mais après avoir traversé ces événements, nous n'avons plus du tout confiance dans la justice ni dans la police danoise », déclare Henrik qui avait imaginé qu'il passerait sa retraite à s'occuper de sa fille et de sa petite-fille. Il ne voit à présent Christina qu'une fois par semaine. Lui et sa femme préparent leur petite Skoda Citigo et font route vers la prison. Ils ont l'habitude de s'arrêter sur une aire de repos pour manger un sandwich et boire une limonade, afin de mettre un peu d'agrément dans ce rituel.

En revanche, ils ne voient presque jamais leur petite-fille Maja. Son père ne les y autorise pas. Il pense qu'ils pourraient influencer Maja en lui imposant un avis sur l'affaire pour laquelle sa mère a été condamnée.

L'infirmière s'efforce de tuer le temps en comptant à rebours les journées dans sa prison de Jyderup, au sein de la section fermée pour femmes. Mars 2023. À cette échéance, elle aura purgé les deux tiers de sa peine, et si les autorités lui accordent une libération conditionnelle, elle pourra sortir.

Si on lui demande aujourd'hui comment elle va, elle répond que sa situation est « imprévisible ». Ses sources de joie entre les murs sont peu nombreuses. L'appel quotidien à ses parents, puis les visites, surtout celles de Maja, qui est accompagnée jusqu'à la prison toutes les quatre semaines, et dont le père Anders n'a pas réussi à obtenir la garde exclusive, malgré des tentatives menées devant les deux juridictions.

Christina reste avec sa colère, sa frustration et son désespoir d'avoir été mise dans une situation pareille pour un temps qui lui semble incroyable long. Pour elle, l'affaire a pris des proportions qu'elle n'aurait jamais dû avoir. Elle est le résultat d'une avalanche qui s'est déclenchée parce que Christina est devenue le centre d'une histoire locale, à laquelle de plus en plus de gens se mettent subitement à contribuer, jusqu'à ce que la police se trouve avec une pile impressionnante d'indices.

L'infirmière ne peut pas faire table rase de son chagrin, et elle a beaucoup de mal à envisager l'avenir, déclare-t-elle. Quand elle est seule dans sa cellule, elle ne peut s'empêcher de penser à ce qui restera d'elle, en tant que femme normale, quand elle passera enfin le sas pour retrouver l'extérieur. Christina remarque parfois que son cerveau est devenu plus lent du fait d'avoir été isolée aussi longtemps. Elle essaie d'y remédier en lisant, surtout de la poésie, de préférence danoise, d'un genre plutôt accessible. Mais il arrive trop souvent que son regard traverse les pages sans enregistrer le texte. Christina a inventé une nouvelle règle : quand elle a terminé un chapitre, elle prend un bout de papier et un stylo et s'efforce de restituer ce qu'elle vient de lire. C'est ainsi que des auteurs comme Tove Ditlevsen et Michael Strunge sont cités dans une cellule de prison, par une infirmière qui craint que sa propre capacité d'expression soit subitement anéantie, la rendant ainsi « indifférente » au langage.

Elle passe aussi « un temps incroyable » à écrire des lettres. Les premières sont notamment des courriers adressés aux autorités. Elle se plaint à la Direction des affaires pénitentiaires et aux autorités sanitaires des conditions de détention à la prison Herstedvester où elle a été incarcérée tout de suite après le verdict. Elle exprime, par exemple, sa crainte d'être contaminée par le MRSA, la femme de ménage du service étant censée être contagieuse. Christina n'a pas non plus accepté de voir sa rétribution fixe réduite uniquement parce qu'elle avait refusé de participer à des réunions thérapeutiques avec les autres prisonniers. Elle proteste également contre les délais pour obtenir la visite d'un médecin ou d'une infirmière. Christina estime qu'elle a été transférée à la prison de Ringe, sur l'île de Fyn, en raison de ses nombreuses doléances. La nouvelle prison « si on veut le dire gentiment », « n'est pas « particulièrement fonctionnelle » et le contact avec le personnel « laisse à désirer ». Ici également, l'infirmière critique vertement le système pénitentiaire danois à qui veut bien l'entendre. Mais à présent, à Jyderup, Christina s'est mise davantage en sourdine. Elle a découvert qu'une attitude de contestation permanente risquait peut-être de réduire ses chances de permission, par exemple, pour un week-end, ou pour fêter un événement familial. Elle s'est donc dit qu'elle n'allait plus faire de vagues, et elle essaie à présent de se propulser dans sa nouvelle vie, une fois sa peine purgée. Elle se concentre sur les livres, et sur la correspondance personnelle qu'elle entretient avec quelques-unes de ses amies de l'hôpital et certains détenus avec qui elle s'est liée d'amitié dans les différents instituts pénitentiaires qu'elle a fréquentés.

Les lettres ont beaucoup d'importance aux yeux de Christina. Elles aident à « entretenir les cellules grises », contrairement à la confection de décorations de Noël, un exemple qu'elle cite de son séjour à la prison de Ringe, où elle dit avoir été payée pour fabriquer 112 étoiles de Noël par jour, seule dans sa cellule ; elle voulait être séparée des autres prisonniers.

Elle remarque que la prison a généré chez elle une plus grande tendance à l'isolement. Lors des activités collectives, elle préfère le plus souvent rester derrière une porte verrouillée ; elle a développé une phobie des espaces réunissant beaucoup de gens. Pour l'expliquer, elle évoque notamment un épisode intervenu quand elle était encore en détention provisoire. Dans la maison d'arrêt de Køge, un détenu a réussi à ouvrir une serrure et à entrer dans une salle de bain où Christina était nue sous la douche. Il est vite revenu dans le couloir – s'il avait eu l'intention de la toucher, il n'en aurait pas eu le temps – mais cet épisode a déclenché chez elle, d'après ses propres dires, le choix de passer plusieurs mois isolée. Volontairement. Parce qu'elle a eu si peur rétrospectivement qu'elle s'assied par terre, sous son bureau, pelotonnée dans sa couette, le regard fixe, dit-elle. Christina raconte aussi des histoires de règlement de compte entre bandes, des bagarres et de torture, où les détenus introduisent la tête d'autres détenus dans des sacs, les brûlent avec des cigarettes et les menacent avec des tournevis. Elle insiste désormais pour rester le dos contre le mur lorsqu'elle entre dans une pièce où il y a d'autres gens, de façon à être sûre que personne ne puisse l'approcher à la dérobée. Pendant longtemps, elle craint de paniquer, raconte-t-elle.

« Après mon séjour à la maison d'arrêt de Køge, je ne voulais pas que quelqu'un marche derrière moi. J'ai gardé ce syndrome. Les gens ne doivent pas non plus poser la main sur mon épaule, de derrière. Ils le savent. S'ils le font, ça m'est très désagréable », dit-elle.

Christina accueille les nouvelles connaissances avec une vague poignée de main. Elle détourne vite le regard après le premier échange visuel. Mais quand elle commence à parler, elle se redresse, et si on l'écoute, elle sort de sa réserve et continue à fixer son interlocuteur. On trouve toujours en prison quelqu'un qui aime bien parler. Une personne que la plupart des gens vont trouver assez éloquente, qui prononce des phrases compliquées à un débit raisonnable, sans chercher ses mots et sans lâcher des « euh…» lorsqu'une personne étrangère lui pose une question. Christina partage très volontiers les histoires de ces quatre années en prison. Et elle parle volontiers de son affaire. Elle a suffisamment de ressources pour sourire lorsqu'on la confronte avec les rumeurs sur les incendies et les vols dont certains collègues la soupçonnent. Christina réagit par un geste de mépris. Cela relève de l'absurde. Il y a, par ailleurs, plein d'aspects de son procès qu'elle mettrait dans cette catégorie et qu'elle développe sans hésiter, encore aujourd'hui.

Elle maintient qu'elle n'a rien à voir avec les grosses quantités de médicaments inexpliquées découvertes dans le corps de M. Herskov, M. Holm Petersen, Mme Poulsen et Mme Rasmussen. Elle maintient aussi les explications qu'elle a données devant les deux tribunaux, même si elles ont été déclarées peu crédibles et, pour certaines, ont été démontées par l'accusation.

« On m'a jugée pour quelque chose que je n'ai pas fait », déclare l'infirmière avec un regard qui ressemble à celui d'une personne convaincue de dire la vérité.

Mais si ce n'est pas Christina, comment expliquer la présence des doses non prescrites dans les veines des patients ? Comment s'y sont-elles introduites ?

L'infirmière a pensé à « mille solutions possibles ». Et elle a ses propres théories. Mais elle ne veut pas les dire, car elle a maintenant atteint un point où elle ne veut plus spéculer, dit-elle, cela ne profiterait à personne, et elle ne voit plus ce qu'elle pourrait y gagner. Et elle répète ce propos sans cesse lorsqu'on lui demande ce qui a pu réellement se passer à l'hôpital de Nykøbing Falster si ce n'était pas elle qui a administré les doses mortelles. Christina est-elle réconciliée avec sa condamnation ? « Non ! Je ne le ferai jamais. »

Pourquoi ne veut-elle pas dévoiler ce qu'elle voit comme une possible explication alternative des découvertes faites par la police à l'hôpital ? « Je ne veux pas faire d'autres spéculations », répète-t-elle. Mais si on est condamné à 12 ans pour un crime qu'on n'a pas commis, comment peut-on y renoncer ? N'éprouve-t-elle pas le besoin de convaincre les gens de son innocence ? « Je ne veux pas faire d'autres spéculations. » L'infirmière laisse paraître une irritation manifeste si on lui pose ce type de questions à la volée. Ses phrases deviennent plus courtes. Elle ressemble à quelqu'un qui commence à avoir envie que l'entretien se termine.

Elle conclut ainsi :

« Je pense tout le temps au fait que si on déterrait 100 personnes mortes à l'hôpital en scrutant par la suite leurs dossiers, on trouverait des quantités de médicaments non notés en raison de l'urgence, du stress et des erreurs de prescription. Je pense qu'on serait surpris. »

L'infirmière n'en dit pas plus, sur ce qui n'est peut-être pas trop loin de la théorie qu'elle souhaiterait partager. Mais celle-ci ne fait que soulever d'autres questions.

Les chimistes ont constaté, dans le sang des patients, des doses de médicaments bien supérieures à celles utilisées dans un traitement. Concernant M. Holm Petersen, la morphine présente dans son corps dépasse de 16 fois celle ordinairement prescrite. Une erreur est-elle possible lorsqu'il s'agit de briser quatre ampoules successivement ? Et n'est-il pas frappant que quelque chose d'aussi invraisemblable et d'exceptionnel ait eu lieu trois fois en une nuit de garde ? Comment peut-on expliquer le fait totalement insolite que différents médicaments aient été mélangés dans des seringues, ce qu'admet, par ailleurs, Christina ? Imagine-t-elle que l'auteur des faits puisse être quelqu'un d'autre ? Qu'il s'agit d'une sorte de piège ou de conspiration dirigée contre elle ? Ou trouve-t-elle plus probable d'être condamnée sans raison pour ce qui était réellement des actes d'euthanasie active commis par un collègue bien intentionné qui n'a jamais osé se signaler ? Et si c'est le cas, comment se fait-il, par exemple, que Mme Rasmussen qui n'était pas mourante, ait également été intoxiquée ? Ou M. Holm Petersen ?

Toutes ces questions ont été posées à Christina, qui répond toujours la même chose :

« Je ne veux pas faire d'autres spéculations »

Elle maintient toujours que les comprimés trouvés à son domicile n'ont pas été volés, mais offerts par des médecins de l'hôpital. Et elle n'a jamais donné de Zopiclone à sa fille. Elle nie aussi avoir menti concernant ses patients pour mettre plus de suspense dans ses histoires. Elle refuse tout comportement morbide et le soupçon de dramatisation lorsqu'elle raconte ses gardes. Elle réfute aussi l'accusation de manque d'empathie face à des décès soudains, tout en admettant qu'elle n'a jamais été « l'une de ces infirmières qui quittent la chambre du patient pour pleurer », comme elle le dit.

« Je peux garder une façade professionnelle quel que soit le poids des circonstances. Et si j'emploie un peu d'humour noir, je peux, bien sûr, avoir l'air de quelqu'un d'insensible. Mais je ne le suis pas. Bien au contraire », déclare-t-elle.

Christina se reconnaît dans très peu des descriptions de sa personne avancées par les collègues du temps où elle travaillait à l'hôpital de Nykøbing Falster. Mais effectivement, elle avait l'habitude de venir près des patients en cas de crise.

« Je m'engageais à fond dans les cas critiques, parce que j'aimais bien ces situations, qui me fascinaient. Les gens disent que ce n'est pas normal d'avoir le courage d'accourir chaque fois que sonne une alarme. Mais moi, j'étais comme ça. Je ne le cachais pas non plus quand je trouvais le travail ennuyeux, en l'absence de patients », raconte l'infirmière.

Elle dit qu'elle a toujours été comme ça. Ce trait de caractère remonte à sa période d'études, quand elle a compris que le métier d'infirmière pouvait avoir son intérêt.

« Ce qui me plaisait, c'était de me trouver dans une chambre où notre formateur avait prévu quelque chose à nous apprendre, quand ça ne se passait pas comme prévu », explique-t-elle.

C'est peut-être ça, l'explication, non pas du volume des doses donnés aux patients, mais du fait qu'elles soient imputées à Christina : peut-être était-elle trop souvent trop près des patients, de manière à créer un mécanisme à partir duquel les membres de cette petite communauté locale ont commencé à broder.

Selon Christina, elle n'a pas une seule fois eu à affronter un soupçon venant d'un collègue, avant d'être arrêtée. Pourquoi personne n'était-il capable de mettre fin à ses agissements s'ils croyaient vraiment ce qu'ils ont raconté à la police ? Christina a toujours du mal à comprendre. Au même titre qu'elle ne peut pas comprendre pourquoi les autres infirmiers n'ont pas trahi le moindre signe de soupçon. Elle n'a pas non plus remarqué un changement dans l'attitude de Pernille.

Christina ne retournera jamais dans un tel environnement. Elle ne retournera jamais à Nykøbing Falster ni dans la région, au Sud, aux alentours de Lolland. Elle n'ira plus jamais travailler dans un hôpital danois quel que soit l'endroit. Christina ne s'est vu retirer le droit de travailler comme infirmière que temporairement ; théoriquement, elle pourra donc un jour tenter de récupérer son autorisation d'exercice. Mais elle ne le fera pas. Même si elle ne peut s'empêcher de dire

« nous » quand elle parle du travail des infirmières, elle a décidé de laisser ce métier définitivement derrière elle. Apparemment, elle le pense assez sérieusement pour ne pas vouloir intervenir quand d'autres prisonniers sollicitent son aide.

« Les gens viennent souvent pour que je leur fasse un bandage élastique ou autre chose de ce genre. On n'oublie pas le geste, mais je n'ai pas la moindre envie de le faire », dit Christina, et elle raconte une autre histoire :

« Il y avait, dans la même prison que moi, une dame âgée, condamnée à une longue peine. Sa santé n'était pas brillante. Je ne voulais pas d'elle dans ma cellule, tout simplement. Ni me trouver dans la salle de séjour avec elle. Je me suis dit : personne ne doit pouvoir faire un numéro du fait que je me trouve à proximité d'une personne qui tombe subitement. Si je vois des gens sous l'emprise de quelque substance, je rentre chez moi en fermant ma porte à clé. Je ne veux pas être là. Je ne veux plus être soupçonnée de quoi que ce soit. »

Chapitre 30

« Je ne juge pas les autres les autres et le fait qu'ils aient omis d'agir sur un simple soupçon. Sur le plan humain, il est compréhensible que la simple idée de ces forfaits apparaisse si absurde qu'on ne réagit pas immédiatement. »

Ce sont les paroles que prononce le procureur Boolsen au Tribunal de Première Instance, après avoir interrogé le dernier témoin sur la liste terriblement longue des employés de l'hôpital de Nykøbing Falster ayant déclaré qu'ils nourrissaient des soupçons à l'égard de Christina Aistrup Hansen.

Par la suite, plusieurs infirmiers ont eu peur que la police n'entame un jour une procédure contre certains d'entre eux, puisqu'ils auraient fui leurs responsabilités vis-à-vis des patients. Cela ne s'est pas produit, sauf dans un cas précis.

Le 8 mars 2018, l'ancien chef de Christina au service M130, la surveillante Lisette, a pris place sur le banc des accusés, dans la salle d'audience A, à l'endroit que l'accusée principale de l'affaire avait occupé quelques années auparavant. Lisette a été inculpée en raison des témoignages de plusieurs soignants qui ont déclaré qu'à défaut d'avoir contacté la police, ils se sont adressés à la surveillante pour l'avertir concernant Christina, dès 2011 et 2012, donc plusieurs années avant l'arrestation de l'infirmière. L'absence de réaction de la part de la surveillante est, d'après l'accusation, un exemple de « négligence grave et répétée », affirme le procureur.

La surveillante explique devant la cour qu'elle se souvient de la plupart des conversations que les employés viennent subitement de rapporter. Elle se souvient en particulier d'un entretien avec l'infirmière Ida. C'était en 2012, la nuit après le décès de M. Herskov. Ida lui a effectivement parlé de son soupçon, selon lequel Christina tuerait sciemment les patients. Cet entretien a eu lieu après la visite rapide de la police qui enquêtait sur l'arrêt cardiaque du patient. Mais la surveillante a rejeté ces affirmations en les attribuant aux intrigues qui avaient cours entre les jeunes infirmiers du service, et elle n'a pas donné suite. Ni la direction de l'hôpital ni les nouveaux supérieurs de Christina aux urgences n'en ont été informés.

M. Boolsen considère que la surveillante a enfreint la loi relative à la protection des patients, paragraphe 75, et ce dans une telle mesure qu'elle devait être condamnée à la sanction maximale prévue dans ce cadre, à savoir quatre mois. Mais deux des trois juges ont voté la relaxe. Ils ont fait valoir que la surveillante avait, malgré tout, effectué « l'analyse des causes principales » après le décès de M. Herskov, et qu'elle avait demandé à la pharmacie de l'hôpital de bien surveiller la consommation de morphine dans le temps à venir.

L'accusation a fait appel, et le tribunal d'Instance a fini par juger que la surveillante aurait dû en faire plus. Elle a été condamnée à une amende de 10 000 couronnes (environ 1300 euros).

Aujourd'hui, elle a le sentiment d'être un bouc émissaire dans cette affaire.

« On m'a poursuivie parce qu'il fallait absolument trouver quelqu'un qui soit responsable du fait que de tels événements aient pu avoir lieu. Il fallait faire un exemple, et parmi tous ceux qui manifestement soupçonnaient Christina et qui de toute évidence auraient dû venir me voir, on m'a choisie, moi qui n'avais jamais eu cette idée », déclare-t-elle.

À présent, Lisette ne travaille plus à l'hôpital de Nykøbing Falster.

Il est relativement facile d'énumérer les conséquences de l'affaire de l'infirmière dans le système hospitalier que Christina a, selon le verdict, utilisé pendant plusieurs années pour intoxiquer des patients.

Au plan national, l'affaire n'a pas entraîné de mesures générales. Mais un an après l'arrestation de l'infirmière, la Direction de la sécurité des patients s'est rendue à l'hôpital de Nykøbing Falster, afin d'établir s'il y avait lieu de renforcer certaines procédures propres aux urgences et au service M130. C'était le cas. La Direction a identifié quatre points qui constituent une menace pour la sécurité des malades : L'hôpital a un cadre trop large pour savoir dans quelles situations les infirmiers doivent administrer tel médicament sans avoir consulté un médecin. Cela augmente le risque de vol et d'abus, qui peut également être lié à l'absence de règles formelles stipulant comment le personnel doit agir s'il découvre une baisse significative dans le stock des médicaments. Il n'existe pas non plus d'instructions écrites pour le cas où un employé soupçonnerait un collègue de commettre quelque chose d'illicite ou de constituer un danger pour les patients.

L'échange de mails ultérieur entre la Direction de la sécurité des patients et l'hôpital montre que celui-ci est réticent à rédiger des instructions dans ce domaine.

« La direction de l'hôpital estime qu'une direction basée sur la confiance demeure la façon la plus efficace de traiter ce type de cas, et qu'il n'est pas utile de formuler plus d'instructions », écrit le directeur de l'hôpital de l'époque, M. Arne Cyron.

Mais les autorités persistent. Par conséquent, l'hôpital accepte d'élaborer un document succinct susceptible d'indiquer à tous les employés comment agir en cas de soupçons. Le texte s'appelle « Cas d'alertes à l'hôpital de Nykøbing Falster » et se trouve consigné parmi les centaines d'instructions et lignes directrices que les soignants peuvent consulter par le biais des systèmes informatiques de l'hôpital.

Voici ce que dit ce texte : « L'employé doit contacter son supérieur hiérarchique s'il constate qu'un collègue (…) nuit, sciemment ou inconsciemment, à la santé du patient, se comporte, y compris sur le plan psychique ou par de la maltraitance, de façon à lui porter atteinte, ou commet un acte illicite. »

Le supérieur hiérarchique doit « écouter » et « analyser l'affaire de manière aussi objective que possible », « informer la personne mise en cause et l'inviter à s'expliquer », « s'entretenir avec ses collègues » et « agir en conséquence ».

Quant aux « cas graves nécessitant une réaction de la part des autorités », ils doivent être soumis à la direction du service, qui doit en informer la direction de l'hôpital, qui, pourra ensuite s'en remettre à la Direction de la sécurité des patients ou dénoncer le cas à la police. Les responsables du système de santé danois se réfèrent aujourd'hui à cette ligne directrice lorsqu'on leur demande comment de nouvelles affaires de ce genre pourront être évitées. La Confédération des infirmiers danois répond la même chose. Elle a également pris l'initiative d'inclure les « alertes » dans la formation continue proposée aux cadres hospitaliers. La direction de l'hôpital où travaillait Christina renvoie au document « Cas d'alertes à l'hôpital de Nykøbing Falster » et à M. Arne Cyron, directeur de l'hôpital au moment de l'affaire, mais aujourd'hui à la tête d'un autre établissement. Il n'a pas très confiance en l'efficacité du document.

« Il y a tellement de consignes – personne n'est capable de lire tout cela », déclare Arne Cyron ; en ajoutant :

« Nous n'avons rien fait pour empêcher une affaire similaire. Cela suppose qu'on puisse « empêcher » ce type de cas. Ce qui est impossible. Les journalistes comme l'opinion doivent tout simplement le comprendre : nous ne pouvons pas prévenir de tels événements. Nous ne pourrons jamais garantir qu'un psychopathe, que ce soit au Danemark, en Allemagne ou en Angleterre, décide d'agir de la sorte. Nous ne sommes pas en mesure d'éviter qu'un agent de police soit pris d'un accès de folie et se mette à tirer avec son pistolet. »

Mais un autre infirmier ou médecin qui voudrait faire du mal aux patients, aura-t-il désormais plus de difficulté à agir ?

« Oui », estime M. Cyron, qui explique que la direction de l'hôpital de Nykøbing Falster, dans de nombreux entretiens approfondis, a exhorté le personnel à réagir en cas de soupçon envers un collègue.

« Grâce à cette affaire, on sait désormais, espérons-le, dans tout le pays et pas uniquement à l'hôpital de Nykøbing Falster, qu'il existe quelques cas extrêmement rares de personnes dans le monde, capables d'inventer une chose pareille, ce qui nous incite à plus de vigilance », dit Arne Cyron.

Il a été pénible à Pernille Kurzmann Larsen et Niels Lundén de voir comment le système de santé réagissait l'affaire a éclaté. Ou plutôt : comment il a évité de réagir. Comme le dit Pernille :

« Nous sommes obligés de reconnaître que nous n'avons rien appris de cette affaire. Elle peut se reproduire, et nous n'en tirons pas les conséquences. C'est cela qui est le pire. C'est cela qui fait que j'ai du mal à laisser cette histoire derrière moi. »

Elle n'a pas une haute opinion de la ligne directrice sur les « alertes » que la Direction de la sécurité des patients a désormais décidé d'appliquer à tous les hôpitaux de la région de Sjælland. Pernille estime que cette initiative est juste bonne à embarrasser les acteurs impliqués. Le problème du manque de réaction de la surveillante du M130 prouve que la règle selon laquelle il convient de se reporter à son supérieur hiérarchique est loin d'être optimale.

Pernille estime que c'est parce qu'elle et M. Lundén se sont adressés directement à la police qu'ils ont contribué à faire en sorte que Christina soit jugée. Des preuves qui ont failli être jetées ont été sauvées grâce au temps gagné en évitant d'impliquer la hiérarchie et en empêchant que l'affaire ne soit d'abord traitée en interne. En agissant ainsi, les deux soignants ont barré la route à Christina, qui sinon aurait échappé à la justice encore une fois », comme le dit Pernille.

M. Lundén est d'accord. Il ne travaille plus à l'hôpital de Nykøbing Falster. D'après M. Lundén, cela s'explique par ses nombreuses requêtes adressées à la direction à la suite de l'arrestation de Christina, et qui ont fini par créer une certaine tension. M. Lundén voulait que l'hôpital soit plus transparent concernant la situation aux urgences pendant le déroulement de l'affaire. Le médecin, par ailleurs bavard, voulait déclencher un débat ouvert sur la manière dont les hôpitaux pourraient mieux se protéger contre les soignants mal intentionnés. Il ne pouvait supporter que le traitement des crises par les supérieurs consiste, selon lui, à envisager avec joie le jour où l'on pourrait essayer de les oublier. M. Lundén critique aussi tout le reste. Entre autres, la valeur symbolique du maintien du salaire de Christina pendant sa détention provisoire. Et il était aussi mécontent du fait que la surveillante du service M130 ait pu continuer à exercer une responsabilité du personnel après avoir été inculpée, puis accusée dans le cadre d'une ramification de l'affaire.

Pour autant qu'il se souvienne, M. Lundén a déclaré à la direction :

« Nous avons des témoins dans un tribunal qui racontent, sous serment, qu'ils ont dit à leur chef que Christina tuait des patients. Ils ont fait exactement ce que veut l'hôpital : s'adresser à la supérieure hiérarchique. Malgré cela, vous leur accordez si peu de confiance que vous refusez de la transférer ailleurs jusqu'à ce que l'affaire soit tirée au clair. Quelle est la valeur symbolique de cette omission ?

« Ils ont étouffé le problème, en omettant d'agir. Ils voulaient juste l'évacuer, afin de se protéger eux-mêmes », avance M. Lundén.

Lui et Pernille se montrent très critiques envers la gestion de l'affaire par l'hôpital. Après leur coup de fil à la police, le couple s'est senti seul, sans appui plus haut dans le système. Pernille, surtout, aurait tant voulu que quelqu'un la soutienne, quand elle a été nommée témoin clé dans l'affaire et que plusieurs autres infirmiers se sont mis à avoir une opinion sur ce qu'elle avait fait.

Lors d'une formation qu'elle a suivie avec des infirmiers d'autres services d'urgences, sans dire qui elle était, la conversation qui courait pendant les pauses a tourné autour de la « pauvre fille de Nykøbing Falster qui a été trahie par une collègue. » Parfois, certains autres infirmiers disaient qu'ils hésitaient à travailler avec Pernille, puisqu'ils craignaient qu'elle puisse les dénoncer pour quelque chose qu'ils n'auraient pas fait. Elle a aussi entendu qu'ils avaient peur de marcher dans le couloir avec une seringue à la main, de crainte que le témoin clé ne le raconte à la police. Et certains se sont même demandé si ce n'était pas Pernille elle-même qui avait administré les doses de médicaments qui étaient au centre de l'affaire.

Dans une tentative visant à réconcilier les deux clans d'infirmiers opposés après l'arrestation de Christina, l'hôpital a organisé une rencontre à laquelle quelques psychologues étaient conviés. Mais d'après Pernille, ce qui continuait à faire défaut, c'était une direction capable d'épauler le couple quand leur situation est devenue difficile, d'autant plus que Pernille s'était vu infliger par la police une obligation de confidentialité, qui a fortement compromis sa possibilité de se défendre.

« La direction n'a jamais envoyé le moindre signal pour aider les quelques-uns qui avaient tout mis en jeu pour arrêter Christina. À aucun moment, quelqu'un ne s'est levé pour dire, parmi les collègues ou devant l'opinion, que la direction soutenait le fait de réagir par rapport à un soupçon. Au lieu de cela, nous avons été amenés à nous débrouiller tant bien que mal, alors que la situation était propice à toutes sortes de bavardages. L'affaire nous a coûté très cher. Je rencontre encore des gens qui pensent qu'il s'agissait juste d'un cas de triangle amoureux. La direction a contribué à créer cette situation », conclut Pernille.

Niels et Pernille pensent que la manière dont l'hôpital de Nykøbing Falster a traité le cas décourage d'autres soignants de rapporter à leur chef ou à la police des soupçons comme celui que le couple a nourri à l'égard de Christina.

« Si nous trahissons ceux qui parlent, comme ça a été le cas ici, on obtient un système d'omerta, où les naïfs s'agitent dans le monde naïf, pendant que ceux dont les intentions sont mauvaises ont la voie libre. Ce n'est pas acceptable », déclare le médecin chef de service.

M. Lundén aurait pensé que l'affaire de l'infirmière aboutirait à un débat public sur d'autres thèmes que le procès lui-même, les rumeurs parmi les jeunes infirmiers et les aspects superficiellement spectaculaires du procès. Il aurait imaginé que les hommes politiques seraient obligés de réagir, et que les autorités sanitaires introduiraient toute une série de mesures consécutives à l'affaire. Un ministre aurait pu prendre l'initiative d'exiger une explication du fait qu'une infirmière comme Christina n'ait pas été arrêtée plus tôt. Mais « rien ne s'est passé ». Le débat n'a jamais atteint un niveau permettant de tirer des renseignements de l'affaire, souligne M. Lundén.

Il a toujours été partisan d'un environnement de travail fondé sur la confiance. Mais dans ce cas précis, il est partisan de la mise en place de nouveaux outils. Il propose une surveillance vidéo des locaux à pharmacie, bien qu'il soit en principe opposé à ce genre de dispositifs. Ou, peut-être, l'installation d'un logiciel qui compare les gardes des infirmiers et les décès, et qui signalerait d'éventuelles coïncidences. Pernille soutient l'idée d'un tel programme informatique. Elle pense aussi que les autorités sanitaires doivent au minimum étudier en détail les gardes de Christina. Peut-être pourrait-on identifier une logique que d'autres hôpitaux feraient bien de noter.

« Mais je pense que le vrai problème est qu'il serait nécessaire, dans ce cas, de reconnaître que Christina a pu profiter du système et le détourner pendant des années, au nez et à la barbe de toute une série de gens compétents. C'est beaucoup. Je le reconnais. Mais nous avons une obligation de faire mieux que les instructions qui ont été rédigées. Celles-ci ne constituent qu'une demi-mesure, que les autorités s'empressent de montrer lorsque la presse vient frapper à la porte », dit-elle.

Pernille sait bien qu'elle soulève un sujet délicat. Elle a elle-même été confrontée à la méfiance à l'égard du métier que l'affaire de l'infirmière a entraînée à l'hôpital de Nykøbing Falster. De nombreux collègues ont réagi par des états de choc, de honte ou de déni total. Beaucoup auraient préféré que l'affaire soit étouffée. Pernille pointe, comme exemple, la revue des membres de la Confédération des infirmiers danois, « Mon journal professionnel », dans la bouche de Pernille. Un seul article y a été publié sur les événements de l'hôpital de Nykøbing Falster pendant le procès. On y lit que le syndicat a enfin amené le procureur Mme Jeanette Wincentz Andersen à regretter sa déclaration selon laquelle il n'est pas exceptionnel que des infirmiers aient l'idée de tuer des patients. L'arrestation de Christina, les audiences dans les deux juridictions, les verdicts et le procès de la surveillante du M130 n'ont apparemment pas été jugés de suffisamment intéressants pour être traités par la revue des infirmiers danois.

« Cela dit seulement à quel point nous avons peur de nous mouiller ».

« Mais si on ne reconnaît pas que Christina est un monstre, on ne sera pas capable de voir quand le cas suivant se présentera. Regardez à l'étranger. Ils y sont, là aussi. C'est complètement fou que nous préférions fermer les yeux et oublier l'affaire. Comment pouvons-nous être sûrs de repérer d'autres cas de ce type ?

CHAPITRE 31

VIGGO HOLM-PETERSEN MANQUE à Tina Hansen ; comme elle, il était casanier. Elle regrette les moments de détente passés ensemble, sur le divan, en regardant des émissions sportives ou historiques à la télévision. Il manque aussi à ses enfants.

Mona Jørgensen a beaucoup de mal à accepter qu'on se souvienne de sa mère comme de l'une des victimes dans une affaire de meurtre connue dans tout le pays. Anna Lise Poulsen était si modeste. Une paysanne qui aurait détesté être au centre de l'attention médiatique.

« Si elle avait su qu'elle ferait l'objet d'un tel intérêt après sa mort, avec des articles dans le journal … C'est bien qu'elle n'ait pas vécu cela. Ça lui aurait fait beaucoup de mal. Elle n'aurait pas pu le supporter », déclare Mme Mona Jørgensen.

Arne Herskov manque à ses frères et sœurs et à leurs enfants. Et à son petit-fils, qui a un fils que M. Herskov n'a vu que quelques rares fois avant que l'ambulance ne vienne le chercher.

Il existe des gens qui souffrent en raison des actes pour lesquels Christina purge une peine de prison.

À l'ouest sur l'île de Falster, dans un coin reculé de la campagne, une autre personne s'est réinstallée dans sa maison mitoyenne, qu'elle occupe seule. Un classeur est posé sur la table carrelée dans le coin du salon. Il contient tous les articles sur les meurtres à l'hôpital, parus dans Lolland-Falsters Folketidende, Berglingske Tidende et Ekstra Bladet. La dame a découpé les articles lorsque le commerçant local a eu la gentillesse de lui dire que le numéro du jour comportait de nouveaux détails concernant l'affaire. Elle a souligné au stylo bleu toutes les occurrences de son propre nom dans les textes.

Maggi Margrethe Rasmussen. Maggi Margrethe Rasmussen. Maggi Margrethe Rasmussen.

C'est en lisant la presse qu'elle a su, précisément, à quoi elle avait survécu à l'hôpital de Nykøbing Falster. Elle n'a pas été elle-même depuis qu'elle est rentrée de l'hôpital, raconte son compagnon qui vient souvent la voir. Le couple pense que la détérioration de son équilibre peut être due à tous les médicaments auxquels elle a été exposée ; cette théorie n'est toutefois confirmée par aucun médecin. Mais dans son esprit, une chose est sûre après tout ce qu'elle a lu à propos de son hospitalisation, dont elle n'a que de vagues souvenirs :

« Je n'aurais pas été en vie si je n'avais pas eu l'antidote », déclare-t-elle.

Maintenant, Mme Rasmussen appréhende beaucoup le moment où elle serait obligée de retourner à l'hôpital. Mme Bente Petersen éprouve des sentiments similaires, en tout cas en ce qui concerne la chambre 30 des urgences. C'est là qu'est mort son beau-père, M. Svend Aage Petersen. Elle a elle-même été hospitalisée entre-temps, mais chaque fois, elle a clairement signifié qu'elle ne voulait pas être installée dans cette chambre.

« Il y a quelque chose de désagréable dans cet endroit, que je déteste », déclare-t-elle.

Par ailleurs, la famille de M. Petersen est convaincue qu'il ne fait pas partie des victimes, même si les enquêteurs ont longtemps suivi cette hypothèse.

« Nous devons croire ce que la police nous raconte quand ils disent qu'elle ne lui a rien fait. Nous nous y sommes résignés », raconte Bente Petersen.

Et pourtant, elle n'a pas pu lâcher l'affaire mentalement. Elle pense à l'arrivée de la famille aux urgences, le soir où M. Petersen est mort et où elle a croisé Christina.

Celle-ci, avec « sa grosse couche de maquillage noir autour des yeux », explique de manière désinvolte pourquoi le beau-père a expiré. Un autre épisode de cette soirée revient sans cesse à la surface, un mauvais souvenir. Bente Petersen ne peut oublier ce qui a été dit lorsque la famille, peu de temps avant la rencontre avec Christina, est arrivée dans le couloir vide au service des urgences, et a demandé à une femme de ménage où il fallait s'adresser.

« Quand nous avons dit le nom de Svend Aage Petersen, elle a dit « aïe aïe » et fait signe vers la chambre 30. Je m'en souviens très bien. Elle a dit deux fois. « Aïe, aïe ». Je ne sais pas ce qu'elle voulait dire par là, mais je n'ai pas pu m'empêcher d'y repenser. L'ambiance du service, ce soir-là, était désagréable. Elle ne m'a pas quittée. »

Nous ne saurons jamais s'il y a réellement eu d'autres victimes des agissements intervenus à l'hôpital de Nykøbing Falster. Plusieurs ex-collègues de Christina estiment que la police et le procureur n'ont pas réussi à faire condamner l'infirmière pour toutes les tentatives de meurtre qu'elle a commises.

Cette attitude se traduit par leur façon de parler des quatre patients victimes en disant « ces quelques-uns pour qui il existe encore des preuves » ou « ceux qu'elle n'a pas réussi à mettre sous le tapis ». Ou, par exemple, lorsqu'une infirmière qualifie Christina, dans un SMS, de « pire meurtrier en série des pays nordiques » (et parmi les dix premiers en Europe).

L'infirmière Mette Larsen, qui travaillait aux Urgences 2 durant la dernière nuit de garde effectuée par Christina, dit de ne pas avoir de doute.

« Je suis persuadée qu'il y a eu plus de victimes. J'ai confié de très nombreux patients à Christina, et je pense qu'elle en a tué plusieurs, depuis ses débuts mêmes à l'hôpital.

Le travail aux urgences est devenu ennuyeux après son départ », déclare-t-elle.

L'aide-soignante Louise Holst, du service M130, n'imagine pas non plus que M. Herskov, M. Holm Petersen, Mme Poulsen et Mme Rasmussen étaient les seules victimes.

« Je pense, à vrai dire, qu'il y a eu plus de meurtres. Beaucoup parmi les personnes malades sont tombées dans un état critique. Et quand Christina a quitté le service, le calme s'est installé », dit Louise Holst.

« Christina aurait dû être condamnée à la perpétuité. Ce qu'elle a fait à Arne Herskov n'était pas une tentative de meurtre, mais un meurtre. Je suis persuadée qu'elle tuait des gens », dit l'aide-soignante qui a été la dernière à parler avec Arne Herskov, avant son arrêt cardiaque.

Niels Lundén se sent également sûr de son fait.

« Cette affaire est bien plus vaste que ne pense le public. J'en suis persuadé », dit le médecin.

« Elle a frappé en 2012. Puis, elle a essayé d'en tuer trois autres en 2015, dont la dernière a été sauvée. Que pensez-vous qu'elle ait fait entre ces deux dates ? A-t-elle fait quelque chose ? Oui, bien entendu. Si elle provoque un arrêt cardiaque sur trois patients au cours d'une nuit de garde, pour laquelle la police intervient, et qu'il y a eu 50 gardes de ce type en un an, il suffit de faire le calcul. Je pense qu'on arrive à un nombre à trois chiffres. Toutes les fois où l'on m'a raconté une folle nuit de garde avec au moins deux morts me disent maintenant que je peux en être sûr », explique M. Lundén.

Pernille Kurzmann Larsen ajoute :

« La façon dont elle s'est comportée cette nuit me dit que ce n'était pas la première fois qu'elle le faisait. »

Et d'ajouter :

« Mais je pense que les procureurs ont fait tout leur possible pour ne faire ressortir que ce qu'ils étaient en mesure de prouver.

Le procureur Michael Boolsen le confirme, jetant un œil rétrospectif sur une affaire pour laquelle il a passé des milliers d'heures à évaluer les pistes et les indices. Pour établir les actes d'accusation, il s'est basé sur ce qu'il appelle un « examen approfondi » de la part de la police.

« Mais en tant que procureur, j'ai été obligé de renoncer aux cas supplémentaires où nous avions des soupçons directs, mais pas de preuves. Je dois agir en fonction de faits réels, c'est-à-dire : les preuves », déclare M. Boolsen.

« Il n'y aura pas d'autres répercussions de l'affaire », annonce-t-il. L'affaire de l'infirmière, qu'il considérera toujours comme « totalement unique en son genre », est donc terminée sur le plan juridique. Mais en a-t-il accepté le résultat ? Michael Boolsen *perçoit-il, au fond de lui-même*, l'affaire contre Christina Aistrup Hansen comme terminée ?

« Maintenant, j'ai trente ans d'expérience dans la police et en tant que procureur. On apprend dans ce métier qu'il n'est pas toujours possible de prouver la culpabilité, même si l'on a clairement le sentiment qu'elle est là. En tant que procureur, on est obligé, dans une certaine mesure, de mettre de côté les sentiments et de se concentrer sur ce qui est défendable professionnellement. Si l'on n'apprend pas cela au bout de trente ans, c'est qu'on a un problème », dit-il.

M. Boolsen a une compréhension particulière pour les proches de certains patients ou pour des collègues de l'hôpital qui ont eu du mal à accepter l'issue de l'affaire.

« Mais », ajoute-t-il :

« tel est le prix pour avoir un état de droit. La charge de preuves revient à l'accusation. Étant donné les possibilités d'enquête dont nous disposions, nous n'avons pas pu trouver, dans le grand nombre d'affaires supplémentaires, les preuves selon lesquelles certains de ces patients auraient été tués. L'incinération est une pratique très courante dans ce pays. »

Chapitre 32

Pernille se voit sans cesse poser la même question, par la police, les avocats de Christina et par les collègues et amis, à savoir pourquoi elle n'a pas dénoncé sa collègue un peu plus tôt.

Pourquoi fallait-il passer par une garde de nuit avec plusieurs arrêts cardiaques ?

Après coup, elle a trouvé une analogie pour essayer de répondre à des gens qui n'ont pas travaillé aux côtés de Christina durant des gardes à l'hôpital de Nykøbing Falster.

Pernille le raconte ainsi :

« Si l'idée vous vient à l'esprit que Christina a fait ce qu'elle a fait, c'est comme si nous pouvions imaginer qu'il y a des monstres sur le lit où nous nous couchons la nuit.

Si vous y croyiez, vous ne trouveriez jamais le sommeil. Personne n'a envie de nourrir une telle pensée à un endroit où l'on se sent en sécurité. Par conséquent, il est plus facile d'éviter de regarder sous le lit.

Il en est de même de Christina.

La simple pensée qu'elle ait pu agir de la sorte était si morbide et absurde qu'il était plus aisé de se dire : « J'évite de regarder ». Pour être bien dans un travail, il faut exclure d'emblée l'idée qu'une personne qui a d'autres desseins que l'amélioration de l'état des patients, déambule à l'hôpital. C'est cela notre tâche, à nous les infirmiers : aider les patients à aller mieux.

Cependant, j'ai fini par regarder sous le lit. Et, comble d'horreur, un monstre m'a regardé droit dans les yeux. Quand je me lève et crie : « Il y a un monstre sous le lit ! », les autres restent tranquilles, en disant : « Mais non, ce n'est pas vrai, n'est-ce pas ? Mais si, c'était vrai. Et si cette affaire a pu durer aussi longtemps, c'est parce qu'il s'agissait d'une infirmière, qui a profité de la confiance que nous inspirait son uniforme. La confiance qui fait que lorsque les gens s'alitent, ils nous obéissent quand on leur dit de juste fermer les yeux. »

Post-Scriptum

J'ai rencontré pour la première fois Christina Aistrup Hansen en prison, le 3 septembre 2017 – trois mois et demi après le verdict du tribunal d'Instance. Elle s'est rendue à la salle de visite en apportant deux cannettes de soda, une pour chacun. Elle est aimable, un peu réservée au début, mais très intéressée par mon projet, que je lui avais exposé dans une lettre : j'avais commencé à travailler sur un livre concernant l'affaire pour laquelle elle a été condamnée et que j'avais partiellement couverte dans le quotidien *Politiken*.

Dès le départ, Christina me signifie que les éventuelles interviews devront éviter des questions sur elle-même et sur des sujets personnels. Elle ne veut répondre qu'à des questions factuelles relatives à son affaire, déclare-t-elle quand je mets mon dictaphone en marche pour la première fois.

Lors de mes visites dans les prisons de Herstedvester, Ringe et Jyderup, Christina me parle pourtant spontanément de son enfance, de sa scolarité, de ses amours de jeunesse, de sa proximité avec ses parents, de sa crainte qu'ils se séparent et du décès de sa petite sœur. Elle raconte des épisodes traumatisants vécus en prison, et les mois qu'elle aurait, selon elle, passés en isolement volontaire (d'une durée de sept mois et 21 jours, dans la prison de Ringe) en raison de ses accès de panique. Elle dit qu'un psychiatre a diagnostiqué chez elle un début de syndrome de stress post-traumatique. Qu'au cours des trois premières semaines après son arrestation, elle a perdu huit kilos ; elle ne parvenait pas à garder la nourriture. Qu'elle a reçu des médicaments très puissants en prison pour pouvoir se calmer, et qu'elle a oublié des jours entiers du procès au Tribunal de Grande Instance en raison de toutes les benzodiazépines qu'elle a dû avaler en amont des audiences. Christina me raconte ses violentes crises d'abstinence. Et toutes les fois, nombreuses, où la voiture de police est arrêtée sur le chemin du tribunal parce que l'infirmière, installée sur la banquette arrière, avait envie de vomir. Elle me raconte que des officiers de police sont allés la voir sans prévenir, pour la faire avouer sans que son avocat soit présent. Ainsi que son amitié avec un criminel âgé dont elle est devenue proche et qui l'a prise sous son aile, afin de lui apprendre les règles du jeu à l'intérieur des murs. Et les membres d'une bande qui obtiennent qu'elle cache des substances dans sa cellule sans que les surveillants s'en rendent compte. Elle parle d'un syndrome vestibulaire qui, par période, lui a paralysé tout le côté droit, ce qui explique pourquoi elle n'a pas pu répondre à des lettres pendant un certain temps. Elle revient aussi sur sa tentative de suicide dans la Vestre Fængsel, qu'elle m'avait racontée quand nous nous sommes vus pour la première fois ; elle les a expliquées dans deux lettres d'adieu, qui n'ont jamais été envoyées, mais que j'ai eu le droit de lire.

Je n'ai pas pu vérifier les récits de Christina concernant son séjour en prison. Elle n'a pas voulu me donner accès à ses dossiers médicaux, où serait indiquée la tentative de suicide dans sa cellule, si elle a eu lieu. Elle n'a pas non plus voulu me donner des extraits de ces dossiers, qui appuieraient certaines informations qu'elle a données sur son état physique et mental après son arrestation. Christina explique que sa prison actuelle ne dispose pas des documents liés à ses institutions carcérales antérieures, et qu'elle ne souhaite pas les demander, car le personnel de Jyderup, dans ce cas, pourrait consulter son historique. Ces autres prisons n'ont pas le droit de commenter ses affirmations concernant son séjour chez elles, à moins qu'elle ne les y autorise. Je lui ai envoyé une demande dans ce sens, mais elle n'a pas voulu la signer.

Nous avons maintenu le contact, par des lettres et des visites, pendant un an environ. Quand je lui ai rappelé qu'elle devait me fournir la documentation qu'elle m'avait promise et quand je lui ai demandé pourquoi elle ne voulait pas que j'appelle les prisons précédentes pour qu'elles confirment ses dires, elle n'a plus répondu à mes sollicitations. Depuis lors, j'ai envoyé de nombreuses lettres, mais Christina a mis fin à nos échanges.

Celles de ses amies que j'ai contactées ont refusé de me parler et je n'ai donc pas réussi à me faire confirmer certaines de ses affirmations. M. Peter Hansen, son désormais ex-compagnon, n'a pas voulu contribuer à ce livre.

Pernille Kurzmann Larsen, qui travaille toujours aux urgences de l'hôpital de Nykøbing Falster, a mis quelques mois à décider si elle acceptait, oui ou non, de me recevoir et me parler de l'affaire.

Grâce aux entretiens que j'ai pu mener par la suite avec elle et M. Lundén, j'ai compris que le couple souhaitait finalement participer à l'élaboration du livre. Il est manifeste qu'ils souffrent du récit de l'affaire qui court dans l'opinion. Ils pensent qu'il est biaisé – Pernille rencontre sans cesse des gens qui pensent que Christina a été injustement condamnée en raison de rumeurs et d'intrigues au sein d'un groupe de jeunes infirmiers. Pernille est profondément marquée par son rôle principal dans l'affaire.

« J'ai été laissée dans un vide où la seule chose que les gens aient à dire est basée sur des articles parus dans les médias sur un possible triangle amoureux. J'ai besoin que ma version de l'histoire soit connue, et que les gens puissent comprendre que je ne suis pas la détective amateur glaçon qui a été dépeinte lors du procès », explique Pernille un jour, quand je lui ai demandé pourquoi elle s'était laissée interviewer.

Pernille et Niels affirment que la raison principale qui les a poussés à accepter cette collaboration est qu'ils voulaient mettre l'accent sur ce qui manque, malgré les quelque 3000 articles et reportages télévisuels ou d'émissions radio sur l'affaire : un débat portant sur ce que nous avons appris. Comme le dit Niels :

« Ma responsabilité en tant que médecin est d'abord vis-à-vis des contribuables qui financent mon salaire. Quand les choses sont mal faites, j'ai l'obligation de le dire. C'est pourquoi je dois impérativement tirer la sonnette d'alarme lorsque nous, en tant que système, n'avons rien entrepris pour empêcher qu'une telle affaire ne se reproduise et avons, par conséquent, abandonné nos patients. Je peux très bien comprendre que certains choisissent de regarder ailleurs lorsque le monde se montre mauvais. Mais

Christina est la preuve que le mal existe devant nos yeux, et que j'ai pu, moi-même, le côtoyer sans le découvrir. Il nous faut donc un débat ouvert, pour savoir comment on pourra mieux repérer les gens de son espèce. »

La direction de l'hôpital de Nykøbing Falster a été informée de tous les griefs formulés par Pernille et Niels. Elle donne sa réponse par mail :

« Il est bien sûr triste que certains collaborateurs restent avec le sentiment que l'hôpital et sa direction n'ont rien appris de cette affaire. Ce n'est absolument pas notre vision des choses.

La direction mentionne qu'elle a remédié aux quatre points relevés par les services de santé après leur visite d'inspection, en élaborant, entre autres, une ligne directrice écrite pour les « cas d'alerte » et pour le traitement des médicaments, qui est « totalement conforme aux recommandations de la Direction de la sécurité des patients, avec laquelle l'hôpital a étroitement collaboré en aval de l'affaire. »

« Nous estimons que l'affaire a incité tous les acteurs du système de santé danois à s'écouter mutuellement et à prendre au sérieux tout état d'alerte et de toute inquiétude ; c'est en tout cas ce que notre hôpital retient de l'affaire », ajoute la direction.

« En ce qui concerne l'absence de débat entre les collaborateurs et de changements au niveau du personnel, il convient de prendre en considération le devoir de confidentialité qui s'impose à la direction du service et de l'hôpital, sur toute question relative aux employés. La direction n'a pas le droit de débattre avec les employés d'affaires dont des aspects concernent d'autres membres du personnel, et aucune mesure relative au personnel ne doit être prise sans qu'un vrai procès interne soit déclenché. De la part des employés, cette situation peut certes donner l'impression que rien n'est fait, mais comme nous l'avons dit précédemment, tel n'est pas le cas », écrit la direction.

Arne Cyron, qui est resté à la tête de l'hôpital jusqu'en septembre 2017, estime « très contrariant » le fait que Pernille et Niels aient vécu cette situation aussi « négativement ».

« Leurs observations concernant l'affaire et leur courage pour communiquer de si graves soupçons méritent gratitude et considération. Je ne peux que regretter qu'ils éprouvent ce sentiment », écrit M. Cyron, qui ajoute qu'il a insisté, au cours de « plusieurs entretiens » avec Pernille et Niels, pour qu'ils lui disent sans hésiter s'ils avaient besoin d'aide.

À la question de savoir pourquoi la direction n'a jamais déclaré à la presse ni aux collègues qu'elle soutenait la démarche du couple, Arne Cyron répond ainsi :

« Les membres de la direction n'ont pas voulu risquer d'influer sur l'enquête, ni donner l'impression d'avoir pris position sur la question de la culpabilité. »

Sources

Outre plus de 50 sources verbales – infirmiers, médecins, aides-soignantes, avocats, employés au sein de la police et de l'accusation, l'Administration pénitentiaire et Confédération des infirmiers danois, amis et connaissances des personnages principaux de l'affaire, ainsi que des experts en droit, médecine légale, sciences policières et criminologie, le présent livre se fonde sur une documentation écrite de plus de 3000 pages.

Il s'agit notamment des dossiers de l'enquête menée par la police de Sydsjælland et Lolland Falster auxquels elle m'a donné accès, ainsi que ceux des deux procès, au Tribunal de Grande Instance et au tribunal d'Instance.

DOSSIERS DE L'ENQUÊTE

– Rapports de dénonciation
– Listes des pistes recueillies
– Plans du service M130 et des urgences de l'hôpital de Nykøbing Falster
– Photos des mêmes services, prises par la police le 01.03.15
– Photos des seringues trouvées et d'autres pistes possibles, prises par la police le 02.03.15
– Rapports des examens du lieu de crime effectués par la police et examens des lieux de découverte d'indices
– Rapports de perquisition
– Rapports d'autopsie
– Rapports d'examen du corps
– Certificats de décès

– Échanges de mails entre la police et les experts au sein de la Direction sanitaire et le département chimique de l'Institut médico-légal

– Rapports de recherche d'ADN et d'empreintes digitales du Centre national de police scientifique

– Déclarations de la police scientifique

– Déclarations de l'Institut médico-légal concernant les examens des victimes

– Déclarations du Conseil médico-légal

– Déclarations de l'Institut de psychiatrie judiciaire, notamment le rapport de l'examen mental de l'accusée

– Professeur Steffen Lauritzen : « Analyse des décès intervenus à l'hôpital de Nykøbing Falster » le 08.02.16 et le 01.04.17 (version révisée)

– Échange de mails entre la police et la direction de l'hôpital de Nykøbing Falster

– Différentes lignes directrices provenant de l'hôpital de Nykøbing Falster demandées par la police et adressées dans le cadre de l'enquête

– Planning des gardes hospitalières

– Journaux des patients, diagrammes d'observation de base et bilans hydriques

– Notes rédigées par les infirmiers dans le cadre de l'hospitalisation des patients

– Copies d'écran des listes électroniques de médicaments administrés aux patients

– Sorties imprimées des résultats des examens de scan des patients Arne Herskov et Maggi Margrethe Rasmussen.

– Liste des décès du service M130, établie par l'hôpital

– Liste des incidents intempestifs enregistrés à l'hôpital de Nykøbing Falster

– Liste des SMS et images échangés entre les téléphones portables de Christina Aistrup Hansen, Pernille Kurzmann Larsen, Niels Lundén et Anders Hansen

– Mails échangés entre Christina Aistrup Hansen et Niels Lundén

S'y ajoutent les comptes-rendus de 100 auditions de témoins, notamment des infirmiers, médecins, aides-soignantes, brancardiers et proches des victimes,

– établis par la police de Sydsjælland et de Lolland-Falster au cours de la période 04.03.12 au 06.03.12 et du 01.03.15 au 04.03.16.

COMPTES-RENDUS D'AUDIENCES

– Protocole de l'audience de renvoi de Christina Aistrup Hansen, effectuée au Tribunal de Nykøbing Falster le 02.03.15

– Protocoles des audiences relatives à la prorogation du délai de la détention provisoire au Tribunal de Nykøbing Falster, du 24.03.15, 21.04.15, 19.05.15, 16.06.15, 14.07.15, 11.08.15, 08.09.15, 06.10.15, 21.10.15, 10.11.15, 08.12.15, 05.01.16 et 02.02.16

– Protocoles relatifs au traitement des recours par le Tribunal d'Østre Landsret (notamment concernant la prorogation du délai de la détention provisoire) du 13.03.15, 26.03.15, 24.04.15, 20.05.15, 07.07.15, 14.08.15, 11.09.15, 09.10.15, 19.11.15 et 08.02.16

– Comptes-rendus de l'affaire pénale de Christina Aistrup Hansen, plaidée au Tribunal de Nykøbing Falster les 11.03.16, 14.03.16, 21.03.16, 30.05.16, 09.06.16, 13.06.16, 22.06.16 et 24.06.16

– Extrait du protocole de l'affaire en appel de Christina Aistrup Hansen, plaidée au Tribunal d'Østre Landsret les 31.01.17, 01.02.17, 02.02.17, 21.02.17, 22.02.17, 23.02.17, 28.02.17, 01.03.17, 02.03.17, 07.03.17, 08.03.17, 09.03.17, 21.03.17, 22.03.17, 23.03.17, 04.04.17, 02.05.17, 03.05.17, 17.05.17 et 18.05.17

– Extrait du protocole de l'affaire pénale de la surveillante Lisette, plaidée au Tribunal de Nykøbing Falster les 08.03.18, 13.03.18, 16.03.18 et 27.03.18

– Extrait du protocole de l'affaire en appel de la surveillante Lisette, plaidée au Tribunal d'Østre Landsret les 12.11.18, 13.11.18 et 14.11.18

– Extrait du verdict prononcé par le tribunal d'Instance d'Oldenbourg, condamnant l'infirmier allemand Niels Högel le 26.02.15 à la prison à perpétuité

AUTRES DOCUMENTS

– Mails internes adressés par le service du personnel et la direction de l'hôpital de Nykøbing Falster aux employés dans le cadre de l'affaire de l'infirmière, y compris des mails et lettres d'information rédigés par l'ancien directeur, M. Arne Cyron (accès accordé par la Région Sjælland)

– Mails échangés entre l'hôpital de Nykøbing Falster et la Direction de la sécurité des patients, à la suite de l'affaire de l'infirmière (accès accordé par la Direction de la sécurité des patients)

– Mails échangés entre l'hôpital de Nykøbing Falster et la Direction de la sécurité des patients, dans le cadre de la visite d'inspection au M130 et au service des urgences en mars 2016 (accès accordé par la Direction de la sécurité des patients)

– Mails échangés entre la Confédération des infirmiers danois et la police de Sydsjælland et de Lolland-Falster, concernant le procès en diffamation annoncée à l'encontre de Mme Jeanette Wincentz Andersen (communiqués par la Confédération des infirmiers danois)

– Liste du nombre de décès enregistrés entre 2009 et 2018 au M130 et aux urgences (accès accordé par la Région Sjælland)

– Plaidoyers de l'accusation et de la défense au Tribunal de Grande Instance, au procès pénal de Christina Aistrup Hansen (accès accordé par le Tribunal de Nykøbing Falster)

RAPPORTS ET ANALYSES

– Arbejderbevægelsens Erhvervsråd : "Det delte Danmark : Til- og fra- flytning til Lolland Kommune" (mai 2016)

– Det Nationale Institut for Kommuners og Regioners Analyse og Forskning : "Kvalitet i den akutte behandling på Nykøbing Falster Sygehus

– En organisatorisk og sundhedsfaglig audit" (octobre 2012)

– Région Sjælland : "Rekrutteringsindsatser 2017 – De rigtige kompetencer nu og i fremtiden" (février 2017)

– Région Sjælland : "Budget og Nøgletal 2018" (décembre 2017)

– Région Sjælland : ”Drifts- og udviklingsaftale 2019, Nykøbing Falster Sygehus” (janvier 2019)

– Région Sjælland : ”Rapport fra ekstern audit, Kirurgisk Afdeling, Nykøbing Falster Sygehus den 22. og 23. juni 2016” (août 2016)

– Styrelsen for Patientsikkerhed (Direction de la sécurité des patients) : ”Tilsyn på Nykøbing F. Sygehus, marts 2016” (juillet 2016)

– Sundhedsstyrelsen (Direction sanitare) : ”Danskernes Sundhed – Den Nationale Sundhedsprofil 2017” (mars 2018)

ARTICLES CITÉS

– B.T. ”Her dør alt for mange” (du 30 décembre 2010)

– B.T. ”Sygeplejerske sigtet for drab : Anklager vil finde motivet i amerikansk rapport” (du 12 août 2015)

– Ekstra Bladet : ”Her er Danmarks farligste sygehuse” (du 17 janvier 2012)

– *Politiken* : ”Sygeplejersker skriver brev til anklager : Træk dine ord om drab tilbage” (du 18 août 2015)

– Spiegel Online : ”Der Jahrhundertmörder” (du 13 avril 2018)

– Sygeplejersken : ”Anklagemyndighed beklager udtalelse” (du 28 septembre 2015)

– TV Øst : ”Hovedstadskommuner betaler for socialt udsattes flytning til Lolland” (du 1er novembre 2017)

ARTICLES DE RECHERCHE ET LIVRES RELATIFS AUX « HEALTH CARE SERIAL KILLERS » (DÉCRITS AU CHAPITRE 23)

– Lubaszka, Christine Katherine et Shon, Phillip C. et Hinch, Ronald : “Healthcare Serial Killers as Confidence Men” (article publié pour la première fois dans le Journal of Investigative Psychology and Offender Profiling i 2014)

– Ramsland, Katherine *:* Le livre ”Inside the Minds of Serial Killers : Why They Kill” (2006)

– Wilson, David et Yardley, Elizabeth : "In Search of the "Angels of Death" : Conceptualising the Contemporary Nurse Healthcare Serial Killer" (article publié pour la première fois dans le Journal of Investigative Psychology and Offender Profiling en 2014)

– Yorker, Beatrice Crofts, etc. : "Serial Murder by Healthcare Professionals" (article publié pour la première fois dans le Journal of Forensic Sciences i 2006)

– Yorker, Beatrice Crofts : L'avis d'experts « Public Inquiry into the Safety and Security of Residents in the Long-Term Care Homes System », rédigé en mai 2018, dans le cadre des investigations canadiennes visant à savoir comment l'infirmière condamnée Elizabeth Wettlaufer pouvait réussir à tuer huit patients avant d'être arrêtée (communiqué par Beatrice Crofts Yorker)